传统文化教学研究论丛

从小楹联到大诗教课程开发

林秀芳　编著

山东大学出版社
SHANDONG UNIVERSITY PRESS
·济南·

图书在版编目(CIP)数据

从小楹联到大诗教课程开发 / 林秀芳编著. -- 济南：山东大学出版社，2021. 9
（传统文化教学研究论丛）
ISBN 978-7-5607-7147-2

Ⅰ. ①从… Ⅱ. ①林… Ⅲ. ①中华文化-教学研究-小学 Ⅳ. ①G623. 202

中国版本图书馆 CIP 数据核字(2021)第 192362 号

责任编辑 张彩芸
封面设计 杜 婕

出版发行 山东大学出版社
社 址 山东省济南市山大南路 20 号
邮政编码 250100
发行热线 (0531)88363008
经 销 新华书店
印 刷 济南华林彩印有限公司
规 格 720 毫米×1000 毫米 1/16
22. 5 印张 390 千字
版 次 2021 年 9 月第 1 版
印 次 2021 年 9 月第 1 次印刷
定 价 56. 00 元

总 序

十九大报告指出，文化是一个国家、一个民族的灵魂，文化兴则国运兴，文化强则民族强。社会主义建设不是从天上掉下来的，是从传统的基础上发展起来的。中国特色社会主义文化源于中华民族五千多年的文化文明历史。中华文化源远流长，有着丰富的文化底蕴。了解我国的基本国情，认识到中国特色社会主义道路的必然，就会树立起道路自信、理论自信、制度自信和文化自信。中国特色社会主义建设就是在继承和发扬优秀传统文化的基础上建设我们的国家。

教育是文化传承的基本载体，其核心是对人的价值观念的铸造、精神的培育与文化的承袭。学习掌握中华文化的思想精华，对于树立正确的人生观、价值观、世界观具有重要意义。我们回想一下，抗日战争的时候，不只是在国内的中国人，海外的华人也都起来支援抗日。这是什么力量？这是民族的力量。所以，加强中华优秀传统文化的教育是立德树人的重要内容。

教育负有提升全民族的文化自信的责任，教育不能失魂落魄，要大力培育中华民族精神的根和爱国主义的魂。教育首先要培养人，培养中国人。孔子说要培养君子，所谓“君子”，主要指有高尚品德的人。一个人有了德才能做善事，一个人只有才没有德，可能坏事做得更大。

同时，中华文化从来就具有包容性，吸收了人类一切文明成果，丰富了中华传统文化的内容。邓小平指出：“教育要面向现代化，面向世界，面向未来。”教育要在继承我国优秀传统的基础上，吸收世界教育的先进理念和改革的经验，改造传统的教育模式和教育内容，为社会主义现代化建设培养高素质的人才。开展中华优秀传统文化的重要性不言而喻，我认为主要体现在以下几个方面。

第一，中华优秀传统文化是中华民族安身立命之本。中华民族在五千多年绵延不断的文化发展过程当中，创造了博大精深的优秀文化。这是中国人的基因，是中国人的根和魂。一个民族失去了自己的优秀传统文化，这个民族也就不复存在了。古代世界四大文明：巴比伦文明、埃及文明、印度文明、中华文明，唯独中华文明绵延不断。就因为中国人民始终把中华优秀文化作为自己的根和魂。她已经成为中华儿女的基因，生生不息地流淌在我们的血液当中。

第二，中华优秀传统文化是中华民族共同培育民族精神的源泉。怎样培养我们的学生？下一代民族精神的培育要靠教育来传承。我们要在学生中加强中华优秀文化教育，培养学生具有理想信念、高尚品德、真实本领、奉献精神，用他们学到的知识和技能建设美好的家园。

第三，中华优秀传统文化教育是培育弘扬社会主义核心价值观的重要组成部分。社会主义核心价值观包括国家层面、社会层面和个人层面，是在中华优秀传统文化的基础上发展起来的。弘扬中华优秀传统文化，我们就会坚定走中国特色社会主义道路的信心。文化自信是其他三个自信的基础。文化可以渗透到一个人的心里，渗透到一个人的血液里，是深层次的、不容易改变的。

第四，弘扬中华优秀传统文化为实现中华民族伟大复兴的中国梦提供了巨大的动力。中华文化有悠久的历史，为人类文明做出了巨大的贡献。当然，过去一百多年我们落后了；但是，中国人民在中国共产党领导下推翻了三座大山，站起来了；经过改革开放，已经富起来了；为了实现中国梦，我们要强起来。弘扬中华优秀传统文化是实现中华民族伟大复兴的巨大动力。

明确了传承中华优秀传统文化的重要性，教育工作者还要研究向学生传承什么文化和怎样传授。教育对于文化有传播、选择、创造的功能。中国传统文化是在历史的长河中形成的，其中有落后的观念和习俗。教育要选择其中优秀的内容继承和发扬。同时要有所创造，推陈出新，创造符合时代精神的新文化。

李文军是北京师范大学教育管理学院1995级的硕士生，那时我还兼任教育管理学院的院长，也算是我的学生。后来，他到山东大学读中国哲学博士，博士毕业到山东省教育科学研究院工作后，热心中华优秀传统文化教育教学研究工作，2020年组织编写了《传统文化教学研究论丛》。这套丛书向学校和广大教师推荐传统文化教育教学科研成果和传统文化教育课程设计基础理论与方法，提供近年来开展传统文化教育教学成功的课例。

真心希望丛书的出版，能够为学校加强中华优秀传统文化课程建设提供有益的资源，更期望中华优秀传统文化真正融入国民教育体系，提升学校和教师们传统文化教育教学的能力与自信，激发教育改革和创新的活力，落实立德树人根本任务，为实现教育现代化做出积极贡献。

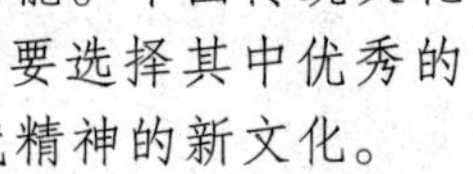

2021年4月24日

（顾明远，北京师范大学教育学部教授，中国教育学会名誉会长）

序一

1912年，中华民国临时政府教育总长蔡元培颁布《普通教育暂行办法》，宣布“小学读经科一律废止”，此后在中国存续2000多年的经学教育走向生命的终结。一时间，赞同者有之，反对者亦有之。民国时期，读经与反读经的较量持续多年，终未决出胜负。

1993年2月13日，中共中央、国务院发布《中国教育改革和发展纲要》，重新提出：“要重视对学生进行中国优秀文化传统教育。”中华优秀传统文化教育重回学校的进程逐渐开始。2013年11月26日，习近平总书记视察孔子研究院，发出了传承、弘扬中华优秀传统文化的号召。此后，中小学校的中华优秀传统文化教育如火如荼地开展起来。

检视当下中小学校实施的中华优秀传统文化教育，其主要集中于两个方向。一是“学校文化特色方向”。这个方向的主要做法有二：其一，在校园环境与视觉形象上凸显传统文化特色；其二，举办各种各样的“传统文化进校园”活动。二是“学科教学方向”。这个方向的主要做法也有两项：其一，在语文、历史、政治以及其他学科中渗透中华优秀传统文化教育；其二，开设中华优秀传统文化教育校本课程与地方课程。

“两个方向”与“四种做法”推动了中华优秀传统文化教育“进课本、进课堂、进学校”，对于弘扬中华优秀传统文化起了一定的作用。之所以评价不高，是因为“两个方向”与“四种做法”存在诸多问题。

“学校文化特色方向”存在的突出问题是形式大于内容：校园里矗立起了“至圣先师”孔子塑像，墙壁悬挂上经典名句，“非遗”项目或传承人走进校园，如此而已。“学科教学方向”存在的问题，一是学科渗透不足，以语文为例，在语文中加强中华优秀传统文化教育，分为显性方式和隐性方式，显性方式是增加古诗文的数量,隐性方式是在不增加“量”的情况下,拓展、渗透中华优秀传统文化教育。事实是不仅显性方式与隐性方式都做得不够,而且语文中的中华优秀传统文化教育沦为纯粹的语文教育。二是存在“二重二轻”:重经文背诵、重知识讲授,轻精神内涵阐释、轻价值观引导。

当今中小学校开展的中华优秀传统文化教育,最普遍的形式是诵读《三字经》《百家姓》《千字文》《弟子规》《论语》《大学》《中庸》等经典。“黎明即起,诵读经典”成为很多中小学的“亮丽风景”。

经典是具有典范性、权威性的万世之作,中华民族正是通过对经典的传承与弘扬,构筑了精神家园。但是,时过境迁,我们不能照搬古经来教育当代的学生,更不能让学生对传统经典不加选择地死记硬背,因为这已经不适合当代学生发展的需要。

我们谈论的“四书五经”等传统经典,属于历史上的统治文化,还有一种与统治文化并存的文化形态,即民间文化。这种民间文化,中国历史上多谓之“风俗”“习俗”等。1846年8月22日,一个名叫威廉·汤姆斯(William Thoms)的英国人给《雅典娜神庙》杂志写了一封信,提议以撒克逊语“Folk”(民众、民间)和“Lore”(知识、学问)合成一个新词“Folklore”,它既用来指民俗文化事象,也用来指研究这种事象的学问。这个名词渐为各国学人所认同,我国学界也以“民俗”来指称民间文化。中国民俗学界泰斗钟敬文先生主编的《民俗学概论》定义“民俗”云:“民俗,即民间风俗,指一个国家或民族中广大民众所创造、享用和传承的生活文化。”进入中小学校的非物质文化遗产,如剪纸、年画、风筝、泥塑、皮影等,都属于民俗范畴。

中华优秀传统文化教育必须高度重视民俗资料的运用。中华优秀传统文化教育不是学校教育的特色,而是底色,民俗就是家长、老师、学生与邻里所有人的日常生活方式,是活态的、当下的传统文化,是学校进行中华优秀传统文化教育的绝佳材料、便捷路径。在这个方面,山东省威海火炬高技术产业开发区田村小学①林秀芳校长及其团队是成功的实践者。

林秀芳校长及其团队打造的中华优秀传统文化教育品牌是“楹联教育”。

楹联又称“对联”“对子”“对语”“联语”“联对”“联句”“偶语”“偶句”“偶联”“楹帖”“楹语”“楹句”等。根据用途、场合不同,有春联、寿联、婚联、贺联、挽联、灯联等种类。最为人们喜闻乐见的是春联,漆黑的大门上,大红的纸、吉祥

① 2021年8月17日,经威海市行政审批服务局批准,威海火炬高技术产业开发区第二小学正式更名为“威海火炬高技术产业开发区田村小学”。由于本书编写时学校名称尚未更改,因此,书中仍沿用“威海火炬高技术开发区第二小学”这一名称。——作者注

的语、浑厚的字,充满了喜庆、祝福、美意。

对仗工整的句型,平仄协调的声韵,比喻、拟人、双关、象征、反复、夸张、顶真、回环的修辞方法,使楹联成为学校教育的有效方式,至迟在唐代,启蒙教育就有"对课",鲁迅、老舍、冰心等文学大师幼年都上过"对课"。国学大师陈寅恪先生在《与刘叔雅论国文试题书》一文中建议清华大学入学国文试卷用"对对子",他说:"所对不逾十字,已能表现中国语文特性之多方面。"他认为"对对子"的好处有四:其一,"能否知分别虚实字及其应用";其二,"能否分别平仄声";其三,"可以测验读书之多少及语藏之贫富";其四,"可以测验思想条理"。

正是发现了楹联的诸多优点,2016年,林秀芳校长从楹联切入,撬动中华优秀传统文化教育。她是学校第一位楹联教育实验教师。也是这一年,林秀芳校长成为山东省"互联网+教师专业发展工程"中国优秀传统文化与教育专题省级工作坊主持人。在中华优秀传统文化研究与教育方面造诣深厚的两位专家——山东省教育科学研究院李文军副院长、山东省教育科学研究院传统文化教育中心耿成义主任——带领下,中国优秀传统文化与教育专题省级工作坊汇聚了一批优秀专家,指导全省中小学校的中华优秀传统文化教育。在指导他人的同时,她虚心向工作坊的专家、同仁请教,反思自己的楹联教育实践,站在课程育人的高度,深入思考楹联教育的价值、楹联教育与国家课程的融合、楹联教育的发展方向等问题。她的楹联教育从楹联创作教学拓展到大诗教,从校本课程拓展到校本课程、地方课程、国家课程的有机整合,从创作到书写,从感悟到践行。她的探索、实践将楹联教育推向一个新的高度。

记得2017年初冬,我到威海火炬高技术产业开发区田村小学(当时的校名为"威海火炬高技术产业开发区第二小学")参加"互联网+教师专业发展工程"中国优秀传统文化与教育专题省级工作坊"传统文化与学科教学"现场会,看到了孩子们兴高采烈地"对对子""写对子",看到了校园每一个角落的精美楹联,看到了师生互动、妙趣横生的楹联课堂……一个可爱的男孩子把他创作的藏有我名字的楹联赠予我,这副楹联也成为我向家人、同事炫耀的资本。

林秀芳校长的楹联教育取得了丰硕的成果。她的《绝句》《初识楹联》等公开课在省内外的课堂上展示,大获好评;她的《联花吐蕊对课传香》《疫情下小学家校协同的"中华诗教"网络教学策略》等论文,发表在《现代教育》《教育家》等杂志上;她带领的团队开发的《小楹联大诗教》校本课程获省一等奖;她的团队教师冲进了"迦陵杯·诗教中国"比赛的舞台,她的学生登上了中国教育电视台《出彩读书郎》专题节目;她所带的学校成为中国楹联教育基地、山东省传统文化体验教育优秀实验基地、山东省"中华诗教"联盟主持校,《中国教育报》《教育家》杂志、“学习强国”学习平台、楹联诗词学会等予以关注、推广。

林秀芳校长将她的思考与实践凝结为这本著作，可喜可贺。她嘱我为之序，我对中小学校的中华优秀传统文化教育知之甚少，于楹联创作更是不入门的外行，然为林秀芳校长楹联教育的满腔热情、傲人成绩所感动，故将自己一点感想写下来，借林秀芳校长大作一隅，向林秀芳校长和她的团队致敬，向各位老师、同仁求教。

刘德增

2021 年初秋

（刘德增，齐鲁师范学院副院长、教授，山东省政协常委、山东省政协教科卫体委员会副主任，中国民俗学会常务理事、中国秦汉史研究会常务理事、山东省教师教育学会副会长兼秘书长）

序二

楹联艺术肇始于唐宋，发扬于元明，兴盛于清代民国，虽长久不被正统文学界所接纳，但在传统士子文人的精神世界，尤其是清代以至民国时代的文苑中，代表着独有的文学取向和成就。于今观察，犹可作为中国文化的一个风格独具的精神创造。

楹联是汉语魅力的集大成者，是汉字文化最美的艺术样式之一。以文字的整齐、词语的对仗、音律的平仄、意义的开张为基点，从诗歌形式抽绎出的对偶句凝结汉语的神奇，负载文化的魂魄，由此形成了体小而用大、言约而意丰、律苛而韵扬的对句艺术。从伊始的五言对句、节庆祝祷，不断拓展丰厚，萃取并融合诗律、词曲、文赋的菁华，撷英联珠，变化万端，终至清代与民国时期，于万千艺林中成蔚然而深秀者。小小的楹联，成就一个浩瀚的世界，正所谓“以芥子之至微，含纳须弥山之至伟”。

楹联是诗心的幻化，是诗教的延展。在更为宏阔的公共空间，从家室、庭院到园林、廊庙，从登坛设祭到山川风物，联语所系，“片辞数语，着墨无多，而蔚然荟萃之余，足使忠孝廉节之悃，百世常新；庙堂瑰玮之观，千里如见。可箴可铭，不殊负笈趋庭也；纪胜纪地，何啻梯山航海也。诙谐亦寓劝惩，欣戚胥关名教”（陈继昌为梁章钜著《楹联丛话》序）。一联读罢，常于声和韵协、琅琅上口的美感之外，感发历史人文、乾坤流转、人情国事的大感慨、大思考、大省察，这正是楹联与诗教最深刻的内在关联和意义。

楹联渊源既久，然而专事寻幽辑佚、传递教养的著作，直至清代始有李渔的《笠翁对韵》，继有梁章钜《楹联丛话》《楹联续话》《楹联三话》，复有民国吴恭亨《对联话》及倪星垣《联语粹编》等。《笠翁对韵》以韵律求联对之法，包罗天文、地理、花木、鸟兽、人物、器物等的虚实应对,从单字对到二、三、五、七、十一字对,协声依韵,层累而进,是声象之道的楹联教育。而梁氏开楹联研究先河,广搜博辑,类以故事、应制、庙祀、廨宇、胜迹、格言、佳话、挽词、集句集字、杂缀谐话等编次,兼述人事物理,是以史观道的楹联研究。

林秀芳校长积年致力于楹联教育,蕴藉既深,而成此著。在我们亟须寻求传统文化的价值转换和创新发展的今天,她的可贵,尤在于从"小楹联"切入,由"大诗教"悟出。在她的观念里,从"小楹联"到"大诗教"是以"创作"为主线的,这种创作过程能使学生因获得程序性知识而终得深刻的记忆,进而发生行为的改变,诗教自在其中,树人亦自在其题中也。当师生从小楹联的创作一路走向诗词创作时,这些创作经历会不断培养其诗心,促使其形成诗家思维,高雅其言行举止,扩大其人生格局,诗意校园氛围自然形成,"诗教"之"大"便得到深层次落实。

林秀芳校长带领团队运用螺旋课程理念与方法,将学科知识结构与学生认知水平相统一,从联语的结构入手,从诗歌的源头探取,终以至大至厚的诗教为旨归,并建成一套从小楹联到大诗教的课程开发体系。在教学实践中,她注重知识的形成过程,关注能力、素养的提升,以"低起点、小台阶"设置楹联诗词创作梯度,推进大诗教课程,纵向将楹联诗词专题创作与教师培训、师生活动、地方传统文化课相融合,形成有机衔接;横向将大诗教课程与各学科课堂融合,形成诗教课程在各学科领域的协同配合,既落实了《中华优秀传统文化进中小学课程教材指南》,又促进了师生的专业互动和共同发展。这部《从小楹联到大诗教课程开发》,不仅仅是她及团队的教学实践经验总结,也是一部系统论述楹联诗词课程研究的创新之作。

以一己之力穷究中华文化的博大,是极其困难的。但是,在通往文化堂奥的万千途径中,把握其要略,确认其指向,沿一条方便法门循序渐进,终得探源幽眇,豁然开朗。林校长的楹联教育正是这样的积极而有成效的求索之路。

鲁迅先生曾自述少时接受楹联教育的过程,他说:"给我读的书渐渐加多,对课也渐渐地加上字去,从三言到五言,终于到七言。"(《从百草园到三味书屋》)当多年之后,鲁迅给瞿秋白题赠楹联"人生得一知己足矣,斯世当以同怀视之"的时候,少年所历经的技术训练已然隐于身后,显现的正是我们感知到的鲁迅对人生、文化的澄澈的了悟。这,或许就是从小小的楹联入手,林校长所期望看到的那个远方……

明代学者谢榛说诗家有“四关”:“凡作近体,诵要好,听要好,观要好,讲要好。诵之行云流水,听之金声玉振,观之明霞散绮,讲之独茧抽丝。此诗家四关,使一关未通,非佳句矣。”(《四溟诗话》)对于联语亦当如是。况且,我意当复加一关,即“悟之云开朗月”,此一关之紧要,正是楹联诗教的境界。

聊以为序,以示钦敬。

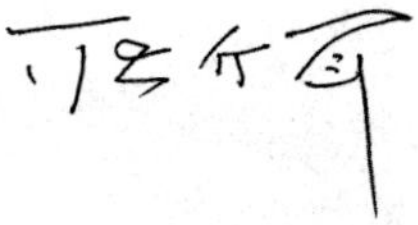

2021 年 7 月 31 日于荆山房

(耿介耳,原名耿成义,山东省教育科学研究院传统文化教育中心主任,编审,中国教育学会传统文化教育分会副理事长)

前 言

2011年，因威海火炬高技术产业开发区实验小学（以下简称“威海高区实验小学”）学校文化建设需要，我作为校内第一位楹联教育实验教师，零起点开始，一边学一边从一年级开始楹联教育教学研究，五年时间，我们完成了一至五年级楹联教、学、评相关思考以及教师楹联创作与指导能力培养策略的探索。

2016年9月，我调到威海火炬高技术产业开发区第二小学（以下简称“威海高区第二小学”），鉴于学校语文学科弱势、百年老校发展、家校协同特色深化以及师生素养提升的需要，我将楹联引入校园，以期从楹联切入，撬动中华优秀传统文化教育，促进学校整体文化底蕴的提升。仅半年多时间，学校变化显著，不仅在接下来的几年中连续获得国家级省级多项称号，且于2017年11月、2020年10月先后承办山东省“传统文化与学科教学”现场会、山东省“中华诗教”（经典诗文）联盟第一次线上研修活动，广受好评，并得到媒体广泛关注。

2021年，在山东省教育科学研究院副院长、山东省“互联网+教师专业发展”工程中国优秀传统文化专题省级工作坊指导专家团队组长李文军先生指导下，我开始梳理近十年的思考与收获，成就了这本《从小楹联到大诗教课程开发》。

本书包括六章二十三节，大致可分为三部分，分别回答了“课程开发由来、具体内容措施、意义”三个问题。第一部分包括第一、二、三章，主要介绍了“从小楹联到大诗教课程开发”的过程、政策及理论依据和基本路径，回答了“课程开发由来”这一问题。第二部分包括第四、五章，解读了课程开发的具体内容措施，提供了四十多节课例，包括楹联诗词创作专题课，楹联诗词与语文、数学、科学、音乐、综合实践、信息技术等课程整合课例，以及有楹联诗词加盟的STEAM课例，每节课例后面有评析及相关学生作品举例，从具体个案的角度对课例内容进行进一步说明。第三部分是第六章，站在研究成果的意义角度，从诗教课程的育人效应、诗教与疫情下网络育人策略、教师文化素养提升等方面对诗教课程的育人价值进行思考。

“小”“大”“人”是本书突出体现的三个核心词。“小”，既指楹联作为文学体裁之“小”，又强调其因“小”而简单易学、因凝练而更易提升语感、因小的独特魅力而成为撬动大诗教的关键。“大”，既指诗教在内容上的广博，又强调其因广博而具有的文学的、艺术的、思想的、行为的教化作用，以及大诗教对小楹联的包含关系。“人”，是指小楹联、大诗教的着力点在“人”，其强调的是“人”在从小楹联到大诗教过程中，发生的由外而内、由内及外的全方位的积极变化与提升。

“写”“玩”“行”是本书提出的从小楹联到大诗教到人的变化提升过程的三字策略。“写”，是指从小楹联到大诗教的方法，即创作或习作。本书结合楹联创作权威机构——中国楹联学会的《联律通则导读》（增订本）①和当下小学生年龄特点、中小学一线教师文化底蕴现状、语文教师文学基础现状及工作特点，提出了小学生楹联创作基本要求、楹联课程设计方法及楹联课程实施路径与评价，清楚明了，可即取即用。“玩”是小学楹联课程实施的主要路径。“玩”在师生学习过程中起着重要的作用：从审美角度看，“玩”的过程是人体多种感官内外谐和、身心如一的感性活动，是身体内外多种认识机能均得到开发，并以协调、和谐的方式运行，在愉悦的情感体验中达成对知识的获取的过程；从美育学的角度来说，“玩”既有利于培养人们“丰厚的感性”，又有利于个体从知识的储存者向知识的创造者转变；②从文学角度看，对联“对”的过程、诗词“填”的过程即是师生一起“玩”文字的过程，这一过程中，“玩”的人成为真正的主体，涌现出独特而完整的世界。在这里需要多说几句，因为倡导在“玩”中学，所以小楹联大诗教评价的主旨是“不要求太专业化，鼓励师生能开口、敢开口”；小楹联到大诗教到传统文化教育层层推进的策略是“以点撬面”，“减缓坡度、低起点、小台阶”，其课堂教学则以“温故知新”为原则，“高、大、上、难”是本书拒绝的四个字。“行”，首先指从小楹联步入大诗教的过程是师生同步“行”的过程，古人讲究“在对对子中学习对对子，通过对对子学会对对子”，《语文课程标准》讲：“语文课程是实践性课程，应着重培养学生的语文实践能力，而培养这种能力的主要途径也应是语文实践。”③因此，要想学生“行”，教师首先要“行”动起来；要想教师“行”，领导首先要“行”动起来。其次，“行”还指20世纪八九十年代心理学家、应用语言学家对“写”与“行”的关系的研究，研究表明，知识通过写作应用被大脑记忆的过

---

① 参见刘太品、叶子彤主编：《联律通则导读》（增订本），中国诗词楹联出版社2017年版。

② 参见刘强强：《论中国传统思想与艺术中的“玩”》，《美术研究》2021年第3期。

③ 中华人民共和国教育部：《语文课程标准》，北京师范大学出版社2011年版，第3页。

程是大脑信息加工程度最深的，它可长期存在并促使行为发生改变。[①] 这也是我们自2011年开始，近10年的研究实践中没有刻意开展说教性教育活动，有的只是低难度、多形式、广角度的“写”的行动，但来访同仁、入校家长及社区代表皆对师生言行交口称赞的原因。

有学者提出：“在人的全面发展过程中，文学教育具有的和应该发挥的作用没有得到足够的重视。”“中小学语文教师文学素养低、文学理论陈旧的现状是造成文学教育出现问题的直接原因。”[②]本书产生于学校文化建设的需求，落脚于师生语文素养、人文素养及创造型思维、逻辑概括思维能力等的提升，是站在小学一线对专家学者所提问题的探索与响应，更是对2021年1月19日教育部印发《中华优秀传统文化进中小学课程教材指南》的深入落实。鉴于个人学识有限，虽经专家指导，但书中依然难免有不当之处，还请有缘相识的专家同仁批评指正，在此感谢所有有缘的朋友。

---

① 根据20世纪八九十年代美国的加涅(Gagne)、安德森(Anderson)，加拿大斯温(Swain)等心理学家、应用语言学家的研究，知识通过写作应用被大脑记忆的过程是大脑信息加工程度最深的，它不仅指向大脑的长期记忆贮存区，而且可以长期存在，并成为一套办事的操作步骤，使其发生行为的改变。

② 郑国民等：《当代语文教育论争》，广东教育出版社2006年版，第1页。

目 录

绪论　以楹联开启文以化人的诗教课程

九叶派诗人郑敏曾写过一篇文章《诗歌，哲学的近邻》，其中谈到，哲学的智性思考让自己从更高层面去把握生命的冲动，以新的眼睛去打量世界，由此而呈现出更为永恒本质的美。东方古典诗歌所推崇的境界，本身就是一种超越世俗的哲学观照。[①] 中国是诗的故乡，中华民族是崇尚诗意生活的民族。叶嘉莹先生说："无论是写作也好，讲授也好，我所要传达的，可以说都是我所体悟到的诗歌中的一种生命，一种生生不已的感发的力量。"[②] 诗词歌赋是中华优秀传统文化的瑰宝，是中华民族崇尚诗意生活的载体，也是学校教育"文以化人"的丰富而宝贵的资源。

一、文化，带学校教育向更深处漫溯

"文化"，对每一位教育者来说，再熟悉不过。校园中，特色文化、课程文化、家校文化……随处可见。然而，奥地利诗人霍夫曼斯塔尔（Hofmannsthal）《友人之书》中有这样一句话："熟悉妨碍你理解熟悉的事物。"文化与学校天然结缘，如此熟悉的事物、如此深厚的缘分我们是否真正深结于心，带学校教育走向深处？我常常自问，也常常在自问中思考、探究、实践……

文化，带校园理念走向自然厚重。《易经》讲："刚柔交错，天文也；文明以止，人文也。观乎天文，以察时变，观乎人文，以化成天下。"自然的美来自刚柔交错，自然的道亦来自刚柔交错。人类社会的美在文明，其道亦在文明。观察这些美，感悟其中的道，文化便在其中。因此，校园中，当我们把花

---

① 参见白杰：《诗教传统下的"小历史"叙述》，《名作欣赏》2021 年第 23 期。

② 叶嘉莹口述，张候萍撰写：《红蕖留梦——叶嘉莹谈诗忆往》，生活·读书·新知三联书店 2013 年版，第 405 页。

草的柔与树木的刚、藤木的柔与建筑的刚、诗文的柔与生命的刚、师生情的柔与景物外象的刚相和，以景喻人，托情于物，“天人”便合而为一，物与人便同生共荣，文化便荡漾其中；当我们观察师生家校关系的变化，思考师生成长的关键，挖掘校史中生成人文美的因素，追溯人文现象背后的思想根源，以中华优秀传统文化完善其体系，学校理念便在文化引领下走向自然厚重。

文化，让学校课程更有厚度。2020 年 10 月，中共中央、国务院印发了《深化新时代教育评价改革总体方案》，指出坚持把立德树人成效作为根本标准。2021 年 1 月，教育部印发《中华优秀传统文化进中小学课程教材指南》《革命传统进中小学课程教材指南》，指出充分发挥中小学课程教材承载的中华优秀传统文化教育功能、革命传统教育重要作用，对于培养青少年做堂堂正正的中国人、德智体美劳全面发展的社会主义建设者和接班人具有重要意义。短短四个月内发布三个重要文件，传递了一个重要信息——“育人”是学校教育的重中之重，课程是学校教育的重要载体，“文化”是实现学校课程“育人”功能的重要因素。当我们充分挖掘课程中的文化元素，课程便在已有学科素养基础上共同搭建了不同角度、不同层次、梯度上升的立体育人场，场中文、理、艺、体等不同领域的文化使学生在诗意、理性、艺术、健康的成长体验中感悟生命的真谛、做人的真理。课程，因文化更有厚度。

文化，让教师课堂更有深度。当课程与文化深度结缘，课堂便成为向文化深处探源、向育人方向行进的过程——一节《乡下人家》语文课不仅仅是学习一篇文句优美的文章，而是探向中华民族向往平和恬静、返璞归真、顺天应时的田园情怀；一节数学“混合运算”可能藏在一幅国人喜爱的楹联中；一节音乐课上的“秧歌舞”可能藏在一场军民同心、以少胜多的战争中；一节道德与法治课“从富起来到强起来”，藏着党领导人民团结一心、奋发图强的经济发展史……国学经典、传统节日、红色基因等与学科学习相伴，家国情怀、意象文化、红色文化等与课堂相融。课堂，因文化更有深度。

文化，让家校教育协同更有力度。家庭是人生第一所学校，习近平总书记在多次会议中强调要注重家教、家风。“家风”是什么？“家风”是建立在中华文化之根上的集体认同。因此，当我们以形成文化共识为方向开展讲座、进行家访时，思想的共鸣会让家校教育更有温度；当我们以中华民族精神为引领开展亲子共读时，文化的洗礼会让家校育人目标更一致；当我们以“文化开启智慧”为目标开展研学、开办家长社团、开发“家长锦囊”时，心灵的默契会使家风建设更纯良，家校协同更深入……

文化如水，润物无声；文化是魂，凝心聚神；文以化人，玉汝于成。

二、诗教，使课程文化向更宽处拓展

2020年10月，我曾上过一节诗教公开课——《绝句》，在我与学生互动的过程中，我深深地感受到诗教的魅力。“诗教”首先要有“诗”，要有“诗”的阅读、创作、鉴赏等；“诗教”还要有“教”，有教学、教育，但更多的应该是“教化”。在营造一种良好的文化氛围下，打开课程视野，让学生主动参与、体验，主动发生言与行的变化，实现“文以化人”的过程。

诗教，使课程视野更宽阔。“课程视野”是指教师在课堂教学中将知识、内容还原到原生态的生活场景之中，以体现学习内容的本真价值。① 诗教之“诗”，从《诗经》开始，就是社会生活的一面镜子，“诵其言谓之诗，咏其声谓之歌”，抒写人间百态，是《诗三百》最精彩的华章。② 《诗经》之后，屈原“时不可兮骤得”的知人论事，陶渊明“草盛豆苗稀”的田园观察，杜甫“寄书长不达，况乃未休兵”的诗史特色……不仅能将知识、内容还原到原生态的生活场景之中，更能在其创造的艺术世界里让学生感受中华语言之美，感悟诗人的爱国之心、生活热情以及对家国血脉相连的深思。因此，当诗教之“诗”与学生课程对话时，“一去二三里，烟村四五家”的数学启蒙练习、“草色遥看近却无”的生命现象追问、“日出江花红胜火，春来江水绿如蓝”的音美艺术效果呈现等，会引领学生跨越学科界限，步入更广阔的生活视野。这正像山东省教育科学研究院传统文化教育中心耿成义主任在《文化的对话与互鉴》一文中讲到的：“对话，促进文化的自我审视和文化生命更新，进而完成思想视域的扩大和文明的包容并进。”③ 诗教与课程的对话，使课程视野更宽阔。

诗教，使课程体验更深切。对于诗，只去背不去写永远也体会不到诗的妙处和意境，也永远得不到通过它进行能力培养的红利。写诗是学生启蒙阶段及青少年阶段提高能力的最传统、最便捷的方法之一。因为写诗，能够将以文字为载体的创造型发散思维能力和逻辑概括思维能力这两种貌似截然相反却非常重要的能力有机统一起来。“在心为志，发言为诗，情动于中而形于言”（《毛

① 参见汤立宏：《课程视野：核心素养理念下的办学涅槃》，《中国教师报》2019年11月27日。

② 参见邢晔：《重建理解：基于诗教的源流与内涵》，《教育研究与评论》2020年第3期。

③ 耿成义：《文化的对话与互鉴》，《半月谈·文化大观》2020年第1期。

诗序》），古代大儒“皆作赋以风，咸有恻隐古诗之义”（《汉书·艺文志》）。创作古诗词是最能深层次带动师生体验，促进师生文学素养、人文素养提升的途径。当学生用诗“兴、观、群、怨”之时，便是他们内心体验最深切之时。诗教与课程结合，使课程体验更深切。

诗教，使课程育人功效更突出。同古人写诗一样，小学生写诗亦是其内在生命的直接表露。“在绝大多数诗歌中，诗人都公开或侧面‘亮相’，它们都是诗人人格的显露，都是诗人心灵的公开展览。”① “正得失，动天地，感鬼神，莫近于诗。”（《毛诗序》）以写诗为主要着力点的诗教，不仅能更直观地展现学生内心情感的变化，也更能借助这一深切的体验过程，使诗的教化作用更加有效，使学校课程育人功效更突出。当学生写下“圆柱圆锥涌入脑，复学复课扬起神”时，那份因疫情居家学习几个月后，重新与老师面对面学习数学的积极与欣喜，激起他们对校园、对学习的热爱；当学生写下“追金色理想，寻延安春光”时，是他们受到语文课《延安，我把你追寻》的启迪获得的思想感悟；“无法难行半寸，有典相伴一生”是他们道德与法治课学习后的深层思考；“圆月承清梦，载人览星空”是他们学习科学课《登上月球》之后对古人登月之梦，今天祖国强大、科技发展的自豪；“繁茂女贞结硕果，书香校舍育英才”写出了他们对校园的爱……在近十年的教学实践中，学生伴随写诗而发生的言与行的变化是明显的、可喜的。

三、楹联，开启文以化人的诗教课程

但是，当下中小学师生对诗词创作“望而生畏”的现象却是普遍的：老师觉得没有足够的底蕴不敢上，学生觉得肚子里没词不敢作或不知道怎样作。那么，如何化解这一难题呢？我们想到了“诗中之诗”——楹联。借助楹联的特点，以简约的楹联习作课程为出发点来撬动诗教，收到了超越预期的效果。

以楹联之“小”开启简约的楹联习作课程。楹联是中国特有的文学样式，它特点突出，主要表现在以下几点。一是小。楹联可以字而论，如一字联、二字联、三字联；难度小，如字词游戏一年级就可对。二是小中有趣。即使一字亦有讲究，如“云”可对“雨”“雪”，却不能对“风”“霜”；“笑”可对“哭”“说”，却不能对“打”“骂”“讲”“写”。看似游戏，却能令人在一次

① 吕进：《新诗的创作与鉴赏》，重庆出版社 1982 年版，第 28 页。

次恍然大悟中惊艳身心，感知汉字音、形、义一体的特点，在名对名、动对动、平与仄相替的对称美观念中播下思维的种子。三是凝练。能用一字不用二字，能用二字不用三字，如“冯妇虎”“叶公龙”等。四是对中取小，化整为零。如“锦绣山河”可对“盎然春意”，却不能对“春意盎然”；“欢声笑语”不能对“繁荣昌盛”，却可对“茂叶繁花”。四字词语需拆解，囫囵吞枣、整拿整用行不通。对中有趣，对中有律，在品字用字中“语感”悄然而生。五是小中有雅，小中有多。楹联虽小却诗味十足，雅俗共赏。春联、行业联、风景联……随处可见，无须刻意营造，对字对词、读联学联、作联用联的活动平台便搭建而成，楹联习作课程水到渠成。

以简约的楹联习作课程撬动诗教课程。楹联习作课程简约与实用并存，其目的是以“易”化解师生畏难情绪。因此，简约的楹联习作课程关注“一趣二常”，即趣味游戏、常态生活、常见联类。其学习方法只有一个字——“对”，即“在对对子中学习对对子，通过对对子学会对对子”。其撬动诗教课程的杠杆也是简易、简单的——“低起点、小台阶”，即放低起点、要求，放矮台阶，人人皆能快速学会，人人皆能登上讲台。此外，撬动诗教课程的杠杆还有“六保”措施，即保证方法、资源、课时、平台科学稳定，保证课堂实效、家校同频。

从简约的楹联习作课程到诗教课程，我们深深体验到以诗词为载体的优秀传统文化教育的魅力。于是“从小楹联到大诗教”快乐学联学诗课程形成。我们引导学生从身边事物入手，争学“小解缙”，将提升学生的学用整合思维能力确立为基本课程目标，不要求太专业化，鼓励学生能开口、敢开口。首先，课堂教学的核心方法为“温故知新”，通过温习学过的字词、对句、联句及诗作增加学生对课堂的亲近感，然后引导他们发现楹联的特点、绝句的特点、绝句与楹联的亲缘关系等。其次，老师带领学生练笔，通过平等的切磋探讨，提升学生的存在感，使他们自主地投入联诗填写练习中，激发他们学习的兴趣。最后，在楹联习作的基础上转向“绝句”、词牌以及现代诗歌、散文的习作，实现从小楹联向大诗教的跨越。

十年来，我们且行且思、且思且改，在以“楹联诗词创作教学”为研究对象、以“楹联”为切入点、以楹联之“小”为关键借力点撬动诗教课程的过程中，中华优秀传统文化教育的力量对校园的改变愈来愈明显。我们的校园，诗与生命无处不对话；我们的课堂，诗与课程无时不相和；我们的师生，写诗与诗教同声相应。学校理念从传统文化溯得源头，“天人合一”是校园生命存在的哲学思想；“忠义孝信、形神皆健、善学好思、尚美雅行、互助乐劳”是学子培养五育目标；师生一体、学用一体、课堂内外一体、展评一体是学校管理、学校课程、家校育人文化呈现的常态。师生在楹联诗词学用与国家、地方、校本三级课程整合的过程中，不断感受联诗带来的艺术的、审美的、深层次的教化作用，语文素养、文化素养、思维能力不断提升。共同的成长与发展，成为师生在从小楹联到大诗教课程开发过程中获得的最大福利。

2014 年 9 月，习近平总书记在看望北京师范大学师生时表示：“我很不赞成把古代经典诗词和散文从课本中去掉，‘去中国化’是很悲哀的。应该把这些经典嵌在学生脑子里，成为中华民族文化的基因。”①《中华优秀传统文化进中小学课程教材指南》提出“开展对联欣赏、撰写等传统语言实践活动”，并为中小学传统文化教育指明了“素养导向、系统规划和全科覆盖”的方向。我们愿在习近平总书记的教导中，在该指南的引领下，以楹联诗词创作为切入点，不断深入实践，让中华优秀传统文化成为师生成长、学校特色持续发展的不竭动力！

① 《习近平：我很不赞成把古代经典诗词和散文从课本中去掉》，人民网，2014 年 9 月 9 日，http：//politics. people. com. cn/n/2014/0909/c1024-25628978. html。

第一章　楹联习作的课程价值

“德艺兼修毓智仁上品，古今相济携真善雅行。”① 楹联，讲求对仗工整，平仄协调，是中华优秀传统文化的瑰宝。2005 年，我国把楹联习俗列入第一批国家级非物质文化遗产名录。楹联习俗在华人乃至全球使用汉语的地区以及与汉语汉字有文化渊源的民族中传承、流播，对于弘扬中华民族文化有着重大价值。我们多年的实践证明，在中小学引导学生习作楹联，为研发富有文化特色的现代课程提供了重要资源与平台，是开展传统文化教育的良好形式，也是落实立德树人根本任务的有效路径。

第一节　楹联的基本特点

“撑天柱地两行字，纳古涵今一副联。”② 楹联，又称“对子”“对联”等，是悬挂或粘贴在壁间柱上的联语。楹联最基本的特征是词语对仗和声律协调。③ 据说，宋乾德二年（964 年）的春节前夕，平日善习联语对句的后蜀主孟昶在新年来到之际，要求群臣在“桃符板”上题写对句，以试才华。孟昶看过君臣的对句均不满意，亲自提笔，在“桃符板”上写下“新年纳余庆，佳节号长春”。这是中国用文字记载下来的第一副春联，也成为后人在门前彰

---

① 中国楹联学会副会长肖良平先生题写在威海高区第二小学教学楼大门的一副楹联，是学校对学生做人与学习成长期望的诗意表达。

② 此联是中国楹联学会大楼联、官网联，是中国楹联学会原会长孟锦繁先生书、蒋有泉先生撰成，联句高度概括了对联艺术的博大精深和社会价值。

③ 参见刘太品、叶子彤主编：《联律通则导读》（增订本），中国诗词楹联出版社 2017 年版，第 9~11 页。

显文雅时尚的开端。[①] 但写于唐开元十一年（723 年）前后的莫高窟藏经洞出土的卷号为斯坦因 0610 号敦煌遗书记载：“岁日：三阳始布，四序初开。福庆初新，寿禄延长。又：三阳开始，四序来祥。福延新日，庆寿无疆。……”这比孟昶的春联要早 200 多年。[②] 宋代时，人们将这种对句转移到厅堂前部成对的楹柱上，于是就有了“楹联”的称谓。千百年来，雅俗共赏的楹联发展为一种独特文学和民俗文化，成为学校开展中华优秀传统文化教育、研发富有文化特色和地域特点现代课程的重要资源。

一、楹联的文化优势

如上所述，楹联又叫“对联”“对子”。这三个名称中，“楹联”为雅称，“对联”为正称，“对子”为俗称。楹联，是一字一音的汉语独特的艺术形式，是一种对偶文学。楹联作为一种文体，始终是中华文化长河中一朵瑰丽的奇葩，它有五大优势。

一是独有性。诗歌、小说、戏剧等，我们有，外国也有。但楹联，只有中国有，它是深深烙印着中国印迹的一种文体。

二是短小精炼，简单易学。小学生作对联，一字对、二字对、三字对、五字对皆可，即使是四、五年级，最多达到九字对、十一字对就可以了。这么少的文字，对初学者来说并不困难。因此，自古至今，小朋友们都很喜欢。鲁迅就在《从百草园到三味书屋》中写过这样的话：“对课也渐渐地加上字去，从三言到五言，终于到七言。”其中，一个“终于”足见少年鲁迅对对课期盼之切。

三是用字讲究，可快速提升语感。楹联用字很少，意思表达却需要准确生动，因此，作联者必须反复掂量、琢磨，长此下去，便会对汉字产生敏锐的感觉，语感便生成。

四是资源丰富，学用方便。从先秦时代到当今社会，上至达官贵人、文人雅士，下至平民百姓、山野村夫，人人爱楹联，家家贴楹联，因此，它是小学生学习资源最丰富、实践平台最广阔的母语实践活动，是《语文课程标准》

---

① 谭蝉雪先生认为，中国最早的楹帖出现在唐代，莫高窟藏经洞出土的敦煌遗书就是明证。参见谭蝉雪：《我国最早的楹联》，《文史知识》1991 年第 4 期。

② 此为谭蝉雪、郝春文释录。参见杨琳：《敦煌文献〈春联〉校释》，《中国典籍与文化》2011 年第 1 期。

中“语文是实践性很强的课程”的最充分体现。

五是楹联是诗词创作及拓展阅读的基础。会作联的人，学作诗作词很简单；但是，楹联想作得好、作得妙，必须要有满腹的诗书，要大量阅读。因此，楹联虽小，牵动面却很大，它是学科教学之外，引导学生拓展阅读的最佳切入点。

二、楹联的结构特征

楹联一般包括三部分，即上联、下联、横批（横批有时有，有时没有。一般春联会有横批），楹联结构如图 1-1 所示。

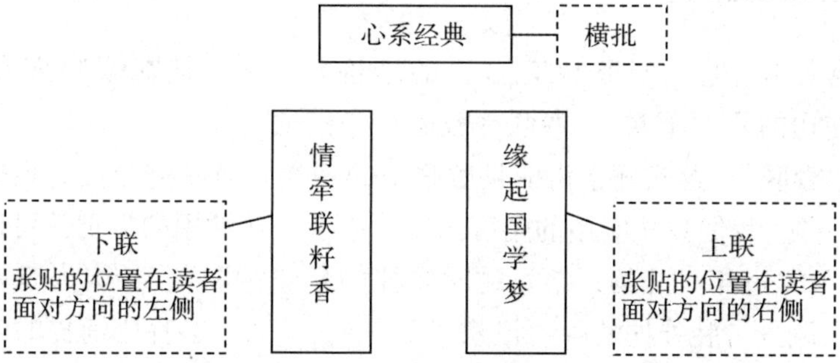

图 1-1　楹联结构示意图

词语对仗与声律协调是楹联的基本特征，本书将其归纳为四个要求：字数相同、内容相关、词性相当、平仄相谐。字数相同是指上联与下联的字数必须相同。内容相关是指上下联之间不能扯不上边儿。词性相当是指名对名，动对动，数量对数量，颜色对颜色，方位对方位。平仄相谐是指用普通话的四个声调与平仄对应，“平”对应普通话的一、二声，“仄”对应普通话的三、四声。“平仄相谐”若细细地究起来，会有很多条规律，“平平仄仄平平仄，仄仄平平仄仄平”，尽管语文老师对此也懂，但常常会被它捆住、吓住，不敢往下作了。其实，在日常教学中，低年级要求学生只要记住两个字的平仄就可以了：一是上联的尾字，必须是仄声——三声或四声；二是下联的尾字，一定是平声——一声或二声。如：

健康美丽总相伴，知寒知暖步鑫源。

寿比南山松不老，福如东海水长流。

祥龙贺岁金穗报丰年，喜鹊迎春红楼凝瑞雪。（注意，这个联就挂反了！）

中高年级开始关注音节点的平仄，即相邻两个音节点或上联下联相对应的音节点的平仄相反，如图 1-2 所示。

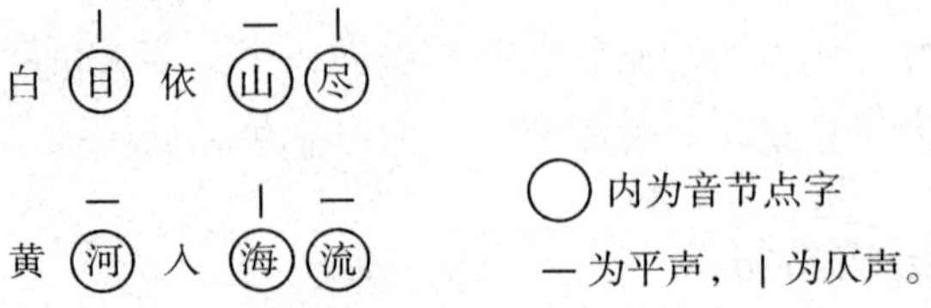

图 1-2　音节点平仄示意图

三、楹联的分类

像其他文体一样，对联也有自己的结构特点——挂在读联人右边的叫“上联”，左边的是“下联”，春联一般还有“横批”。

提到“春联”，这实际上讲的是楹联中的一类。楹联的分类有很多，分类标准也不一样。我们只从实用的角度出发，掌握一些常用的类别就可以了。比如，“春联”是过年时挂的；结婚的时候挂的是“婚联”；给老人贺寿用的是“寿联”；在风景名胜处挂的叫“风景联”；酒店、药店各种店铺挂的叫“行业联”；朋友相聚，表达情谊，用“题赠联”……这些都是按用途进行的分类。

对语文老师来说，除了这些之外，还得掌握一些不同技巧的、常用的、大家感兴趣的楹联种类。常用的有以下几种。

第一，嵌字联。对联中包含专有名词，如人名、地名、药名等。

中国楹联学会原会长孟繁锦先生赠现任中国楹联学会副会长方留聚先生嵌名联：

联因特色留香远，人以高怀聚墨多。

晚清文学家王闿运先生题杭州曲园嵌字联：

曲径通幽处，园林无俗情。

嵌字联因为将人名或地名等原名嵌入，往往给人以亲切感，是朋友题赠时很好的一种形式。

第二，叠字复字联。重复的字连续出现，或者同一个字有规律地重复出现。

杭州西湖孤山中山公园联：

水水山山，处处明明秀秀；晴晴雨雨，时时好好奇奇。

《儒林外史》联：

读书好，耕田好，学好便好；创业难，守业难，知难不难。

第三，顶针联。上联或下联的分句中，前面的句尾字和后面的句头字相同。如：

空中腾雾，雾成云，云开见日；水面冻冰，冰积雪，雪上加霜。

常德德山山有德，长沙沙水水无沙。

第四，回文联。用回文形式写成的联，顺读、倒读都可以，意思不变，而且有趣味。如：

客上天然居，居然天上客。①

地满红花红满地，天连碧水碧连天。

第五，集句联。从古今文人的作品中分别选取两个句法特点一致的句子，按照对联的形式要求组成联句。如：

风定花犹落，鸟鸣山更幽。②

不管什么联，在创作时都要遵守一个原则——对仗。

四、楹联的教育作用

楹联提升人的赏析能力和美感。楹联具有独有性和不可替代性。说它独有，是因为在众多文学体裁中，唯独对联，是世界上其他任何一个国家都没有的。用著名学者周汝昌先生的话来说，它是中国几千年文化史上的高级创造积累的特殊成就。这是我们的荣耀，也是祖先留给我们的宝贵遗产。说它不可替代，是因为，它虽字数寥寥，形式简练，但是它所带给我们的那种对称美、声律美和修辞美，是其他任何一种文学样式无法替代的。

如，北京颐和园涵远堂联：

西岭烟霞生袖底，东洲云海落樽前。（14 个字，览尽天下壮观）

虚心竹有低头叶，傲骨梅无仰面花。（引人以深思，给人启迪）

飞瀑半天晴亦雨，寒潭终古夏如秋。（把人带入风光旖旎的世界）

楹联提升人的语言品味和素养。楹联，作为一种凝练的语言形式，它要求作联者必须用心辨字，精心用词，潜心修辞，不断地这样用心下去，学联者的辨字、组词、造句、修辞以及思维能力会得到迅速提升，语文综合能力、个人素养、生活品味都会在这一过程中得到大幅度提升。所以，作联者到了一定程度，其言谈举止，一定会多一份诗意，多一份雅致和精练。

---

① 这个联既是回文，又是嵌名。清代，北京城里有一家饭馆叫“天然居”。

② 上联取谢贞《春日闲居》中的诗句，下联取王籍《入若邪溪》中的诗句。王安石将其集句成联。

第二节　楹联的课程价值

"一处翠青知文雅，百般红紫斗芳菲。"①楹联，作为语言文字应用的载体，"既是文化的载体，又是文化的重要组成部分"②，其极具亲和力的特点及内含的课程价值，对无痕提升师生语感、培养语言文字综合应用能力等有着"四两拨千斤"和"一处翠青"带动"百般红紫"的重要作用。教育部颁布的《中华优秀传统文化进中小学课程教材指南》也明确提出："开展对联欣赏、撰写等传统语言实践活动。"可见，楹联是学生学习古诗文的良好资源，也是学校开展中华优秀传统文化教育教学的优质资源。

一、楹联中的文学与语言资源

（一）楹联中的文学资源

楹联与骈文和律诗有直接关系，在其发展过程中，还吸收了古体诗、散文、词曲等的特点。在古诗文中，很早就出现了一些比较整齐的对偶句。如民间有"凿井而饮，耕田而食"和"日出而作，日入而息"等，《诗经》中有"青青子衿，悠悠我心"（《郑风·子衿》）等，《道德经》中有"信言不美，美言不信。善者不辩，辩者不善"（第八十一章）和"独立而不改，周行而不殆"（第二十二章）等，《论语》中也有"君子坦荡荡，小人长戚戚"（《述而》）等。骈体文以崇尚对偶著称，初唐王勃《滕王阁序》中"落霞与孤鹜齐飞，秋水共长天一色"，是千古对偶名句。格律诗要求句式、平仄和意思都要相对，如唐朝杜甫《登高》中"无边落木萧萧下，不尽长江滚滚来"和"万里悲秋常作客，百年多病独登台"，其对仗极为工稳。此外，楹联兼有通俗性和高雅性。楹联的规则并不复杂，易学、易懂、易记，包容大小、思想深浅不一的题材，俗雅皆可成联。

---

① 这是由学校教师创作的、张贴在学校小多功能厅门上的一副对联。

② 《中华优秀传统文化进中小学课程教材指南》，原句为："语言文字既是文化的载体，又是文化的重要组成部分，能够全面体现中华优秀传统文化蕴含的核心思想理念、人文精神和传统美德。"

（二）楹联中的语言艺术

一副标准的楹联，它最本质的特征是词语对仗和声律协调，要求是字句对等，词性对品，结构对应，节律对拍，平仄对立，形对意联。汉语是以单音节字为基本单位的语言，是楹联字数相等的保证条件。汉语每个字的独立性强，有确定音调平仄区分，字与字之间能建立起平仄声调相谐的关系，是生活化的语言凝练艺术。

（三）楹联中的审美资源

楹联大多数是写成文字，张贴或悬挂在建筑物或特定器物上。方块形的汉字，方方正正，整整齐齐，在书写中各自占有相等的空间位置，具备实现整齐对称的条件。因此，楹联给人一种和谐对称之美，是生活化的装饰艺术。逢年过节，家家写、户户贴楹联，是文学之高雅在民俗中得到生活化的体现。此外，楹联俗而能雅，规则简单，形式纯粹，中小学生可以诵读和创作，但是其艺术性和包容性之博大精深，会引领学生的追求，没有止境。

二、楹联富有课程亲和力

《中华优秀传统文化进中小学课程教材指南》强调："遵循学生认知规律，贴近学生实际。"《语文课程标准》强调："激发写作兴趣。"① 根据以上要求，我在一年级、三年级、四年级分别上过楹联公开课，出乎意料的是，每一节课都充满了欢声笑语和思维碰撞迸发出的灵感。这让听课老师大出意外，一个个满脸写着纳闷。我细细梳理了一下这种和学生一起"把玩"文字的课堂，找到了可以概括这三节课共同特点的四个字——简单有趣。下面希望通过相关分析，能对我们常态的语文课有所启发。

（一）简约楹联与简单课堂

楹联的简约，带来了课堂的简单。

一是课堂结构设计简单。三节公开课都只有三项内容，即阅读积累、听故事感悟、对对子游戏。阅读积累无非听听、读读、诵诵，低年级再加上一点手脚等的辅助动作；听故事感悟，就是提供一些与对联有关的故事，让学生感悟

---

① 中华人民共和国教育部：《语文课程标准》，北京师范大学出版社 2011 年版，第 24 页。

对联的创作规律，感受对联言简意深之美；对对子游戏则类似于平时老师们常做的反义词、近义词游戏，老师说一个字，学生对一个字，老师说两个字，学生对两个字，只不过，这里要对出的字或词，不是记忆而来，而是从《笠翁对韵》[①] 的对句中找到的词，或者由《笠翁对韵》中的字词拓展出的词。三项内容都非常简单，且易于操作。而恰恰是因为简单，学生心情得到了放松，身心得到了愉悦，思维的火花便跃动起来。

二是对联创作形式简单。从听课老师的表情我们可以猜想到，大家之所以感到意外，只因为课前人人都觉得对联高深、对联难创、对联难教，总认为对联应该是学富五车的老先生才能做得了的事儿。而我的三节课只字不提难，只字不提"平仄"，不讲对联创作知识，每一节课都是"游戏对联"。简单说，就是"玩"，玩字、玩词。比如，老师说"天"，学生立刻从《笠翁对韵》中找到"天对地"，然后对"地"；老师说"山花"，学生又从文中找到"海树"；老师再出"山花红"，学生对"海树绿"；接下来，老师出"山花红胜火"，学生对"海树绿如蓝"……这样一串对下来，学生还没回过神来，一副对联就出来了！这不仅出乎听课教师的意料，更让学生在意外中获得一种成就感。于是，思维便更加活跃。这也许正应了苏联教育家苏霍姆林斯基的那句话："让受教育者感觉不到你在教育他，你的教育就成功了。"

（二）趣味楹联与有趣课堂

雅俗共赏的趣味楹联，贴近学生的生活和心理特点，以生成有趣课堂。

一是"手脑并用"让学生觉得有趣。诵读过程中，学生既要动口，又要动手，还可以扭扭身体……各种感官的运用，让孩子们感到有趣。小学生最大的特点就是喜欢听故事。用故事引领学生感悟对联创作规律，自然会大受欢迎。如老师引用故事：明人解缙在门前做了一副对联："门对千根竹，家藏万卷书。"富豪叫人把竹砍掉，解缙补上一对反义词"短"与"长"，第二副对联就出来了："门对千根竹短，家藏万卷书长。"富豪很恼火，把竹子连根挖掉。解缙又补上两个字"无""有"，第三幅联就出来了："门对千根竹短无，家藏万卷书长有。"两对反义词的加入，使每一次的对联都特别贴近当时的情况。而这两对反义词又是大家熟知熟识的，学生略一思考，便"哦——"的一声，恍然大悟。这"悟"，不仅悟到了对联的意思，而且还"悟"到了上联

---

① ［明］李渔：《笠翁对韵》，于智荣：《对联写作与考试》，吉林文史出版社 2010 年版，第 5~136 页。

加一个字，下联就得加一个字，上联有几个字，下联就得有几个字，于是“上下联字数要相等”的创作规律便深刻地印在学生头脑中了；根据门前竹林的样子，解缙在上下联各接一个字，就成一幅新联，再接一个字，又是另一副对联、另一个景象，于是学生又悟到“对联可以无限延长”，“做对联得根据生活中的现状来做”……这样“悟”下来，学生怎能不兴奋：你看，我自己都可以悟到对联创作的规律！“趣”字怎能不住进心田？

二是“对对子游戏”让学生觉得有趣。对对子游戏，实际上就是师生创作对联并一起修改对联的过程。但这个过程很隐蔽，犹如手拿一件精致的古玩，看起来轻松愉悦，无论怎么玩似乎都可以，但“玩”字背后似乎又有一定的讲究。比如，老师根据《笠翁对韵》出上联“夏天”，学生对“冬天”（原文是“夏对冬”），师：“不对，‘天’对‘天’重复了，再想想，改成什么？”生：“冬日”“冬季”。师：“都可以！”学生高兴了。师再出：“夏天荷叶绿。”学生：“冬日菊花黄。”老师：“菊花是冬天开的吗？”生恍然大悟：“冬日梅花红”“冬日雪花白”……对完，颇有些自豪地看着老师……灵感被激发，自信心被激起，学生心花怒放。再如，一节课快结束时，教师出一上联“天上小鸟飞”，让学生对下联，这是为进一步内化并巩固课堂所学而设的，为了不让学生有被测试的紧张感，老师请学生边对下联边做出与之相吻合的动作。这一来，学生又乐了，于是对“地上大狗叫”，一边对一边学着大狗又跳又叫；“地上乌龟爬”“地上马儿跑”“地上娃娃笑”……教室里又是笑声一片，把玩文字把学生对汉字的兴趣推到了新的高潮，学生对楹联的喜爱从此产生……

三是楹联激发学生阅读热情。俗话说：“书到用时方恨少。”这句话虽说道理明晰，但倘若没有亲身体验，大都会成为人们自我解嘲时的佳语。而楹联，因为要用寥寥几个字呈现博大的世界，表达深刻的寓意，所以作联者若没有丰厚的底蕴或博闻强记的本领，那么时时刻刻都会有“书到用时方恨少”的体验。当这种体验不断积累加强时，它便成为作联者自发阅读的动力。

记得有一次我与学生们一起读《笠翁对韵》，读到“严滩对邵圃”时，我出上联“严滩风景美”，孩子们愣了：“邵圃有什么特点？”我笑着告诉他们：“严滩和邵圃其实含着两个故事。严滩是指东汉皇帝刘秀的好友严光钓鱼的地方。严光有才，却不肯出来做官，隐居在山中种地钓鱼，后人称他钓鱼的地方叫‘严滩’。邵圃是秦代东陵侯邵平的瓜圃，秦被汉消灭后，他不肯为汉朝做官，就在长安种瓜卖瓜，据说他的瓜很甜，所以人们称他的瓜园为‘邵圃’。”孩子们听后“哦——”的一声恍然大悟，又问：“老师，你是怎么知道这些的？”我答：“读历史书呀！”于是《上下五千年》一书在班级流行开来。又有一日，我跟学生一起对联：“春到芍药美，秋来芙蕖娇。”学生又问：“老师，芙蕖是什么？”我答：“和芍药一样，是一种花，它还有一个名字叫荷花。”“啊！？”学生惊叹：“是荷花呀！？它还叫这个名字！？我们怎么不知道，老师你又是从哪儿知道的？”“《百科全书》呀！”于是，又一本书在班级流行开来……像这样因为作联引发的流行书热，数不胜数，一浪接一浪，不断地在班级里掀起，有的三年级的孩子甚至兴奋地告诉我，他在试着读《周易》！我暗自庆幸：走进楹联真好！它简直是激发学生阅读兴趣的灵丹妙药！

三、楹联诗词助力提高学习成绩

随着国家课程教材的更新换代，以楹联诗词为主要代表的中华优秀传统文化在中小学生语文教材中的比例不断发生变化。小学部编教材古诗文占30%，比原人教版教材多了55篇；中学古诗文达到51.7%，高中达到60%以上。近些年中考、高考语文卷中，楹联诗词也频频出镜。吉林省2001年的中考试题中已经开始出现对联题目，现在已经成为常态。但是，学生对这类题型的适应性却不容乐观。如2014年山东高考试卷中的对联题，难住不少学生：

用下面的短语组成两副有关春节和端午节的对联。要求：上下联各为七字，语意连贯，符合节日和对联特点，不得重复使用短语。（4分）

门上桃符　碧波竞舟　江边柳线　青艾驱瘴　迎春绿　十里欢　耀眼红　千家乐

再如，2014年北京高考语文试卷也增加了对联等在日常生活中体现传统文化的内容：

1. 冬尽梅花点点（　　）

A. 万户杨柳依依　　B. 千家喜气洋洋

C. 春回爆竹声声　　D. 春天微风缕缕

2. 下列关于“对联”的表述，正确的一项是（　　）

A. 字数限于四言和六言　　B. 上下联讲究对仗和押韵

C. 只适合在喜庆场合张贴　　D. 常常与书法艺术相结合

还有，2014年上海等地使用的全国高考语文卷：

下面都是春联的上联，请选择其中一题对出下联。

第一题：（1）春晖盈大地　（2）科学能致富

第二题：国兴旺家兴旺国家兴旺

2015 年高考语文试卷全国 I 卷：

阅读下面这首唐诗，完成 8~9 题。

发临洮将赴北庭留别

岑　参

闻说轮台路，连年见雪飞。
春风曾不到，汉使亦应稀。
白草通疏勒，青山过武威。
勤王敢道远，私向梦中归。

9. 诗的尾联表达了作者什么样的思想感情？对全诗的情感抒发有怎样的作用？（6 分）

2019 年高考语文试卷全国 I 卷：

阅读下面这首宋诗，完成 14~15 题。

题许道宁画

陈与义

满眼长江水，苍然何郡山？
向来万里意，今在一窗间。
众木俱含晚，孤云遂不还。
此中有佳句，吟断不相关。

15. 诗的尾联有什么含义？从中可以看出诗人对这幅画有什么样的评价？（6 分）

各地中考和全国高考试卷的这些变化，引导课程改革的动向。这不仅说明楹联实用，而且说明对楹联的重视越来越成为当代语文教学的共识。

第三节　楹联课程与育人困境破解

“名师执教培桃李尽心尽力，学子知勤成栋梁为国为民。”① 楹联作为中华优秀传统文化长河中一朵瑰丽的奇葩，虽短小精炼，却以独立文体的身份行走

① 中国楹联学会顾问胡春奎先生题写在威海高区第二小学报告厅大门两边的一副楹联，体现了师生工作学习的初心。

在大街小巷、家家户户，成为各种场合、各层面人群雅俗共赏的宠儿。它既天生带有诗的基因，又因凝练活泼成为语文等学科教育教学的重要载体。

一、老问题的新出路

当下语文素养提升的探索和实施的各类举措呈现诸多问题，有些研究成果学术性太强，尚未形成较为成熟的可操作性策略，对于语文教师教学实践的指导性不强。

（一）当前语文教学面对的主要问题

1. 因与生活脱节，缺乏实践性导致泡沫化现象严重

当下语文素养提升策略的主要着力点是立足课堂，通过课堂模式转化、课堂教学环节的设计提升学生的语文素养，甚至“附加”提高人文素养的环节。事实上，语文学习并未真正与生活紧密地联系起来。学生语文的学习、语文的素养并没有与他们的生活能力有机融合在一起，学生的迁移、应用、实践能力还相对较低。怎样才能真正将孩子对汉语言的敏感、语感进一步有效地、快速地激发出来，并且应用到生活点点滴滴的感悟之中、交流之中？笔者认为是在生活这个大舞台中。学生只有通过真实的情景、真实地实践应用，才能有效提高与人交往的能力，提高善于表达自己思想和感悟的能力，同时也能拓宽其知识的视野，提高审美能力和思维品质。一个人只有在积极的语言实践活动中才能不断地建构起自身的言语经验系统，从而提升语文素养。

2. 因受众少，非整体推进导致活动实际成效低

依靠背诵大量经典、阶段性的优秀成果展示乃至口头作文大赛、诗词大赛等赛事活动来促进学生语文素养的提升固然“热闹”，但实际问题是，这些活动更多的是依托或者局限于少部分基础较好的学生。有专家指出：“为了提升学生语文素养，开展丰富多彩的语文实践活动，探索多种综合性学习模式，但忽视甚至放弃学生的基础教学已经是应该引起关注的问题。”① 我们认为，形式丰富的诵读经典诗文活动如果只停留在少部分语文先天素养较好的学生身上，将难以实现学生整体语文素养的提升。

3. 因过度功利，导致高耗低效的盲目提升

虽然教师们关注到了语文的实践性、与生活的联系性，企图通过大量的阅

---

① 尼玛扎西：《提升语文素养从夯实基础知识做起》，《读与写》2011 年第 8 期。

读教学、写作教学来加大语言训练的力度，但写作课上“凌空蹈虚”现象严重，花费了大量的时间，高耗低效，既导致学生的基础不牢固，也使学生兴趣低落。还有不少老师将语文素养切割成语文知识和技能的一小部分，一谈到“教学”“复习”就是写对多少个词语、写对多少个句子，写文章也是要求学生用多少华丽词语、成语，仅停留在这个阶段。“当前的小学经典诗文诵读实践却存在着许多误区与偏差：教师在日复一日、年复一年的‘传道、授业’中磨平了锐气与棱角，丢失了诗意与激情；学生在热热闹闹的诵读中失落了真正的对话，钝化了思维的锋芒。”①

4. 因一味追求体悟，缺乏科学系统的提升策略

有专家提出，人们对语文素养工具性与人文性相统一的特点缺乏科学的认识，人们对语感本身理解得不全面，认为语感既然是“言语对象的直觉同化”，语感又无法训练和培养，那么，“语感就无法教了，而只能靠学生自己去体悟”。因此，尽管人们普遍意识到语感重要但对怎样培养语感却知之甚少，导致目前科学训练语感的现象非常之少。主要表现为——情感教育多，言语教学少；语感体悟多，科学训练少。②

（二）楹联课程闯出的新出路

综上所述，一方面，我们认为，喜闻乐见的楹联、朗朗上口的绝句律诗就是承接传统与现代语言的载体；创设适当的情境，让学生乐学好学传统的诗词歌赋就是一种提高学生语感、提升学生语文素养的有效途径。我国独有的楹联不仅特色浓郁，而且短小精炼、简单易学，是小学生走入汉语言文化很好的敲门砖。楹联用字讲究，它的对仗要求需要作联者反复品字嚼词，在这一过程中，创作者的语文综合能力会得到快速提升。它资源丰富，生活中随处可见，既可以为学生提供学习资源，又可提供实践平台。它是诗词创作及拓展阅读的基础，会作联的人，必会作诗，其言谈举止、举手投足，也会多一份诗意、雅致和精练，同时，联若想作得好、作得妙，也必须要“腹有诗书”，因此，楹联虽小，但牵动面却很大，它是最佳的切入点！

另一方面，2011 年，我在威海高区实验小学应学校要求进行一年级楹联教学研究，从零开始，从无到有，边学习边实践的过程中，我发现自身对汉语

① 张桂明：《对小学开展经典诗文诵读的实践思考》，《基础教育研究》2009 年第 7 期。

② 参见何世勇：《学生语文素养的培养误区及其对策》，《池州学院学报》2007 年第 6 期。

言敏感度的变化悄然发生：一是在口头表达时，对汉字词语运用的精炼程度、准确程度不断提升；二是在阅读散文等经典作品时，对语言文字的感悟比过往有更深层次的理解。同时我惊奇地发现，一年级学生虽然学习汉语拼音时间不长，认识汉字并不多，但是经过楹联创作的指导及练习之后，他们对汉语的运用、表达生活感受时用词的准确程度，明显高于那些未参加过楹联创作指导和练习的学生。因此，怎样以楹联教学为依托，找到一条基于楹联课程开发的师生语文素养提升的策略与途径，成为本书的研究课题。

二、解决问题的过程与方法

基于上述问题，我们开展了专题研究，确立楹联作为学校课程改革的突破口。

（一）阶段一：短时高效推进楹联创作校本研究与课程开发

1. 组建课题组，进行校本教研

发挥近年来楹联课程研发的优势，组建由语文骨干教师组成的课题组，进行楹联课程的开发以及有效的楹联教学研究，通过先后在不同的年级上楹联课进行学情调研并组织交流研讨：以一年级为试点年级，完成一年级课程开发与研究；以一年级试点教学经验为基础，在三至五年级分别选取至少一位优秀教师，通过同课复上，检验对联教学方法在不同年级的可行性，积累不同年级学生接受程度的差异及有效的教学方法；有针对性地对近一阶段的课题研究成果进行推广，逐渐由骨干教师辐射到全体语文教师。

2. 采用短时高效的楹联创作教学策略，使师生快速学会对联

解决学生语感培养高调低效、语文学习无趣的问题，主要依靠楹联创作的实操训练。一是在创作中咀嚼文字。楹联创作讲究用字精准、对仗工整，师生在楹联创作过程中，反复斟字酌句，咀嚼体悟，语感的培养与训练就有了切实的载体与途径，创作者的语文综合能力会得到快速提升。二是在实践中注重策略。采用了“低起点、小台阶”的推进策略，具体内容如下。

（1）低起点，指师生楹联学习要降低难度，评价要减缓坡度，有序安排楹联创作“字数相同、内容相关、词性相当、平仄相谐”四个要求，使师生轻松掌握。尤其是第一个月，无论教师，还是学生，只要敢作、能作，只要符合楹联字数相同、尾字平仄要求，就是好联，如一年级小朋友的“地上草儿笑，空中国旗飘”，上联尾字仄声，下联尾字平声，好联！第二个月要求不

变；第三、第四个月，教师的作联要求提高到词性，如体育老师毕军涛的“大圣辞岁去，小凤迎春来”，名词对名词，动词对动词，好联！第二学期，教师的要求提高到每一个音节点的平仄，像一年级语文老师张艳艳的“千家齐奏和谐曲，万户共吟祥瑞歌”，每个音节点的平仄前后上下正好相反，好联！对学生的要求按年级统筹梳理为：一年级及二年级上学期只论字数、尾字平仄，二年级下学期及三年级上学期加入词性，三年级下学期及四年级加入音节点平仄，五年级加入诗词。这样，楹联“对仗”的四个要求，学生四年内完成三条即可，师生思想轻松、学习快乐！

（2）“小台阶”，指教师培训方式及楹联活动方式。是以校长亲身示范与引领为主，以阶梯式的分级培训和丰富的楹联活动，消除师生的畏难情绪，使师生愉悦接纳楹联文化，让楹联文化短时高效走进师生生活。在这一过程中，充分发挥本人作为中国楹联学会会员的优势条件，在校内开展有梯度的教师楹联专题引领培训活动，如“走进楹联与诗词”“教师现场楹联创作指导”“楹联作品修改窍门”“教师新年嵌名联贺卡赠送与解读”“相约春季”“楹联课堂示范”等，不断提升教师楹联创作水平并同步带动学生水平的提高。具体分八步走。第一步，五分钟微课，组词成联，打开心门，打消畏难情绪。第二步，面对面评改，一对一引领练习、快速提升。第三步，点与面牵手，校长为点，备课共享、引领教学研究。第四步，手把手指导，梳理编写教材。第五步，点对点串联，用生活中的每一个亮点，点燃师生创作的热情，快速提升楹联创作水平。如清明节楹联创作、元旦联墨展示、运动会楹联创作、每月精品上墙、每学期校报登稿等。第六步，同课复上，辐射带动。由新秀备课，平行班复上，校长室跟进，多轮听评悟改，提升教学水平。第七步，联吟结合，借助吟诵进一步规划格律，体验联句之美。第八步，“写”“读”“用”串联，推进诗词学习与创作，进而整体推进中华优秀传统文化学习与应用。“小台阶”使师生在短时间内从无到有，愉快地学习、实践、体验多彩的楹联文化，形成了浓郁的校园楹联文化氛围。不同年级开展的不同内容形式的楹联课研究，带动了楹联专题课的大胆尝试，如嵌名联创作、叠字复字联创作等，学生们喜闻乐见，联教策略有效基础扎实。

3. 开发图文并茂、有内涵、序列化的楹联课程资源

《语文课程标准》在资源开发与利用建议部分讲“充分利用已有的资源，

积极开发潜在的资源”①。对小学师生来讲，巨大的潜在资源就是常态课堂和常态生活。2016 年 9 月起，我们以“常态践行”“自然整合”为关键词，以地方课与楹联课整合为途径，通过常态教学、生活创作、专题展示等方式，引领师生在践行中感悟传统文化，在弦歌中享受传统文化，使楹联诗词、经典蒙学等优秀传统文化、高雅艺术成为教师幸福指数及自身文化素养提升的依赖。但是，要让学生真正从经典中提升言语组织能力，获取语文综合素养能力，还需要我们破译经典与语文综合能力提升之间的密码，依据科学的资源系列、一定的教学梯度进行系统的教学。于是，我们以《声律启蒙》② 为蓝本，以《笠翁对韵》为练习，以吟诵、创作为扶手，编写了一套《小学对课》以及与之配套的教学大纲、教案、课件等课程资源，期待学生能够在五年的学习中提升语文素养。

《小学对课》课程内容主要以《声律启蒙》为主体，以吟诵为扶手，让学生认识声韵、声调的韵律编排，掌握对仗技巧，进行语音、修辞的训练。结合诵读《笠翁对韵》引申对联创作，初步进行诗词学习与创作。教材按一至五年级分设五册，每册设教学内容十二课，每四课加一个实践活动。在课例编排中以“温馨对话”“再现原文”“重温故事”“诵读记忆”“品味咀嚼”“游戏对子”“评价天地”七大版块呈现，其中，“温馨对话”旨在引领学生整体了解本课内容，使课例学习有方向；“再现原文”包含《声律启蒙》原文及注释两部分；“重温故事”以讲故事的形式讲述原文中的经典历史典故；“诵读记忆”“品味咀嚼”“游戏对子”以背诵竞赛、吟诵感悟、互对对子等学生喜爱的活动组成；“评价天地”则是学生对自我学习情况的评定。一至四年级完成《声律启蒙》上十五的积累。其中，一、二年级每年级每学期 2 个韵部，三年级每学期 3 个韵部，四年级按每学期 8 个韵部的进度完成 1 个新韵部的学习和上十五整体的复习。五年级主要进行诗词学习与积累。在此基础上，各年级以《笠翁对韵》为练习题，有梯度地进行对对子练习与创作。其中，一年级以楹联初识及春联、风景联创作为内容，二年级以叠字联、嵌名联创作为内容，三年级以复字、行业联创作为内容，四年级以顶针、回文联为创作内容，五年级以诗词创作为内容。

通过对联习作序列课程资源，给学生创设品味汉字音韵美的情境，了解古

---

① 中华人民共和国教育部：《语文课程标准》，北京师范大学出版社 2011 年版，第 34 页。

② ［清］车万育：《声律启蒙》，于智荣：《对联写作与考试》，吉林文史出版社 2010 年版，第 141~275 页。

代对课教材音韵编写的规律，激发学生对母语文化认识了解的兴趣，培养学生热爱祖国语言文字的情感，使之在理解、鉴赏、品味对联的过程中，受到高尚情操与趣味的熏陶，开阔视野，发展个性，丰富学生的校园文化生活，弘扬中华优秀传统文化，也使教师在课程资源开发过程中成长起来，学校楹联学与研的氛围初成。

（二）阶段二：将楹联创作与师生的生活、观察与感悟紧密结合

教师的成长奠定了联教根基。然而，“语文课程是实践性课程，应着重培养学生的语文实践能力，而培养这种能力的主要途径也应是语文实践”①。对学生来说，一周一节或者两周一节的楹联课堂学习，远远不能满足其能力发展的需求。

1. 精心设计楹联校园文化，积极开展各种校园文化建设活动

注重环境熏陶，突出楹联特色。学校教学楼门口、大厅书吧门口、多功能厅门口均悬挂中国楹联学会副会长肖良平、顾问胡春奎先生等联界大家为学校书写的对联；各教学楼走廊内都悬挂有教师学生自己创作、书写的楹联作品，二楼艺术长廊中有对联配画……极富个性和独具特色的楹联文化氛围，使师生每天置身于楹联的海洋，醉染楹联文化的艺术精华。

2. 用心指导专题创作实践，自主生成特色楹联生活

用心指导，体现在精心备课上。无论“威海早春”还是“校园秋景”，老师们都会提前采风，集体讨论、设计创作实践活动。比如，风景联的编写。春天，老师和学生站在树下，通过对树进行细致的观察，抓住树的特点、枝叶的神采，体会观树的感受……每一棵树都有学生创作的属于自己的对联；夏天来了，师生们抓住夏天的特点提炼出关键词语进行景区楹联创作……学校每学期都可收到五千多幅楹联作品。而“小小楹联家”“校报征稿”评选等活动，也逐渐成为孩子们心中最重要的盛典。校园里，谈词赏联、读书诵诗的学生明显多了起来，无论是传统节日还是现代节日，师生们自发进行节日联的创作。在特色的专题创作实践中，师生对生活的观察能力，状物写景、表达内心感受、传递信息的能力，炼字品词、组词成联的能力不断增强，特色楹联生活氛围不断浓郁。

① 中华人民共和国教育部：《语文课程标准》，北京师范大学出版社 2011 年版，第 3 页。

（三）阶段三：激发师生自我素养提升意识，形成丰厚积淀

伴随楹联创作水平的不断提高，师生的自我要求也不断提高，这种不断提高的自我要求推动师生自主进行经典积累，并梳理形成各年级的吟诵篇目、必备古诗词及拓展阅读篇目。

1. 阵地实践，诵展赏讲，激发自我提升意识

如上所述，随着师生语感的不断提升，他们对楹联作品的审美、创作能力不断提升，对汉语言的品味能力不断提升，对自己楹联作品的要求也不断提高，但恰在此时，“书到用时方恨少”的感觉浓浓地、深深地笼罩着老师和学生，促使他们不断汲取营养。于是，阵地实践从个体向全员延展并激发着每个人的自我提升意识，归纳起来可以四字概括：诵、展、赏、讲。“诵”，指诵读经典，《百家姓》《弟子规》《孝经》《声律启蒙》《龙文鞭影》《笠翁对韵》《论语》等先后进入学生的积累圈，师生根据个体实际，全部或部分熟读、背诵、践行，三者至少达二。“展”，指学生有每日散学集体吟诵展、间周个体与全体结合诵写展、学期大型综合展等，教师有年级阅读积累展、阶段师生诵写展、学期大型综合师生展等。“赏”，指每周二放学后教师之间进行的楹联作品赏析活动，每周“地方/楹联”课上教师面向学生进行的联诗作品赏评活动。“讲”，指寒暑假返校后全体教师依托假期自主学习开展的“国学经典讲堂”，骨干教师面向家长开展的家校经典阅读讲座，以讲促教，以师带生，师生素养同步提高。

2. 楹联切入，吟诵推进，撬起整体国学教育面

师生自我素养提升意识的激发不仅靠活动，也靠内容梯度及推进策略的科学性。在我们制定的策略中，楹联创作是关键切入点，吟诵是推进的力臂，这不仅激发了师生传统文化学习的兴趣，也成了学校传统文化教育的主要着力点。传统文化逐步成为学校文化的底色，它的琴书相和，使读书与音乐、学习与休闲自然融合；它的学用一致，使鸡兔同笼、桥梁建筑与数学思维相互契合，武术、养生与体育相互契合，四大发明与科技相互契合……“做人”与“生活应用”被推至师生面前。于是，围绕“做人”与“生活应用”，我们撬起了一个完整的面——“整体国学教育”，在这之上，又进一步推动了“生活文化”的形成。如语文学科知识学习、传统文化学习与即兴的楹联创作、每周的好书推荐、每季的花卉领养等结合起来，数学技能、思维训练与买菜、打车、算日期等生活实践结合起来，音美科学技艺学习与生活创意、生活品味结

合起来，体育学习与身心健康结合起来，开学典礼与理想教育结合起来，《百家姓》《孝经》等经典吟诵与道德与法治教育结合起来，《弟子规》吟诵与生活德育结合起来，民俗民风体验与审美艺术教育结合起来，爱校爱社区义工活动、小学生大讲堂、小手拉小手志愿者行动等与风雅少年评价结合起来，共同形成强大的文化氛围，帮助学生明确“中华大家庭”概念，涵养家国情怀，树立正确的人生观、价值观，并在常态就餐、散学、集会等礼仪规范中，逐渐拥有儒雅的气质和洒扫应对的智慧，形成个体丰厚的文化积淀。

（四）阶段四：将楹联创作与课堂教学有效整合，实现常态化

母语，伴随着师生的点滴生活，是每个人随时随地都会运用到的。如何让语文教学真正回归母语？让语文教学与学生生活有效链接？这是本人在这一阶段继续深入思考的问题。尽管校园有了自发读书，有了楹联教学，但这些依然无法成为每一个学生生活的常态。而凡是非常态的生活、非常态的教学研究，它的生命力永远要大打折扣。那么怎样使其成为一种常态生活呢？就是让楹联教学与语文常态课教学进行有效整合。于是我们开始了此类课的研课、磨课、展课教研活动，以思路式的同课复上，在同年级中汇聚集体的力量，第一个人备课上课大家集体评课，找出问题，提出改进的策略，由第二个人进行改进方案复上、接力，短时高效地形成了几种楹联与语文课整合的常态化模式及常态化能力培养方式。

一方面，加盟替代，优化常态语文课堂。思路式同课复上的研究支撑是组建楹联特色课教研组，校长任组长，下设五个年级组，组内老中青教师力量互为补充，同时邀请教育专家林志芳博士为楹联与学科教学整合课进行现场指导，在反复磨课、研讨与实践中，提出了以楹联替代课堂随笔的思路，借助楹联用字少、创作用时短的优势，压缩练笔时间，优化语文教学。其加盟替代、优化而成的课型有三种课堂模式。模式一：阅读总结性对联创作。应用于写景类、故事类课例教学，比如写景状物的课文，对一段引人入胜的景物描写可以反复咀嚼品味，提炼创作成一副对联；故事类课文可以将文中人物的语言、动作、心理或读者的阅读感受、成长收获凝练创作成一副对联。模式二：内容补白式对联创作。让学生发挥想象对文本空白处进行补充，可以表达主人公的一个心愿，也可以补充文章中的一个场景，补充的方式是一副对联，既节约时间，又优化表达，提升语感，提升母语学习效果。模式三：方法提炼式对联创

作。“引导学生掌握语文学习的方法”① 一直是《语文课程标准》强调的问题。然而，方法的泛泛讲解、反复唠叨常常效果不佳甚至适得其反，将阅读方法提炼成对联呈现在课堂，既简洁明了、易记易懂，又使学生的语文学习充满诗意韵味，充满母语学习的亲切。于是楹联就成为空气，伴随着师生每天的呼吸和成长。

另一方面，双向思维，培养常态表达能力。双向思维既包括由繁及简的逻辑概括思维，又包括由简及详的创造型发散思维。这二者看似截然相反，但却高度统一在楹联创作的学与用中。如前面“加盟替代、优化常态语文课堂”中谈到的，以楹联替代随笔的过程，即是由繁及简的概括过程，在这一过程中，学生需要用心阅读品味，专心地聆听教师的指导、启发，全心地遣词造句，语感及概括表达能力便得到快速提升。在此基础上，本人在与专题教研组共同研究过程中，还在课堂上增加了楹联创作后的分享环节，即请学生用一段话对他创作的楹联作品进行现场解读，不仅提升了学生的创造型发散思维能力，还将学生课堂楹联创作与学生的口头表达链接起来。一副楹联带动学生两次思维运动、两次不同形式的表达，为师生语文素养的提升打开了一条宽阔的道路。

三、成果的主要内容

经过努力和探索，我们基本形成了从小楹联到大诗教的课程体系，其成果主要有以下五部分。

（一）形成了一整套适用于小学生的图文并茂、有内涵、序列化的楹联课程资源——《小学对课》

《小学对课》是我校楹联系统教学的指南，教材采用“低起点”“小台阶”策略，各年级学习目标清晰，与特色楹联课相辅相成，学生喜闻乐见。具体内容前文已详细介绍，此处不再赘述。

以下是从我校山东省现场会一节楹联专题课中节选的教学设计，以符合学生身心规律的方式，使学生愉悦地了解嵌名联、体验嵌名联，进而创作嵌名联。摘自四年级“《六鱼》——学习嵌名联”。

我们可以把名字分开嵌入对联，这样的对联就是嵌名联。比如：

① 中华人民共和国教育部：《语文课程标准》，北京师范大学出版社2011年版，第19页。

树高鸟宿，德厚士趋。——赠陈树德

仔细看，你还看到了谁的名字？

芙蓉灼灼，杨柳依依。——赠张蓉

你发现了谁的名字？什么感受？

壮志心中立，远山脚下行。——赠聂志远

小朋友们都很兴奋，采访一下，在对联中看到了自己的名字，什么感受哇？

怎么把自己或别人的名字嵌入对联中呢？

1. 选择一个名字，以“冯美佳”小朋友为例。

2. 观察美佳作为一个词语是否合适？不合适，那我们把美佳拆开，分别组词：

美——美丽，美人，美好，美玉……

佳——佳人，佳节，佳作，佳期……

观察词语，佳人和美玉可以怎样联系在一起呢？美玉送佳人，下联可以对什么？宝剑赠壮士。

通过开发校本课程，带动课题组核心成员及语文教师积极参与课程建设，搜集资料、编写教案、制作课件、研究课堂教学模式、设计专题活动，教师的课堂研究目光更加敏锐，教育思考更加深入，反思改进更加自觉。教师不仅拥有了楹联创作指导能力，更确立了正确的课程观，明白了如何将课堂教学与身边的生活紧密结合，如何简单有效地对学生进行言语综合能力训练。

（二）找到了一条“放缓坡度”“低起点、小台阶”为关键词的学楹联、做楹联、品汉字、提语感的短时高效的教学策略

“放缓坡度”是对“低起点、小台阶”的概括。“低起点”，指向师生楹联学习的评价，强调“充分考虑学生随着年龄增长由浅入深、从感性到理性的认知发展特点，努力贴近学生生活、学习、思想实际”①，由易到难，化繁为简，注重保护师生的楹联创作兴趣，有序安排楹联创作“字数相同、内容相关、词性相当、平仄相谐”四个要求，师生学习、创作轻松完成。“小台阶”，指向教师培训方式及楹联活动方式，校长亲身示范、引领，形成“五分钟微课”“上示范课”“面对面评改作品”“手把手指导教材编写”“创意师生活动”“指导同课

① 中华人民共和国教育部：《中华优秀传统文化进中小学课程教材的指南》，中华人民共和国教育部网站，2021 年 1 月 19 日，http://www.moe.gov.cn/srcite/A26/S800/202102/t20210203_512359.html。

复上”等阶梯式分级培训策略，打消师生的畏难情绪，使师生愉悦接纳楹联文化，让楹联文化短时高效走进师生生活。短短几个月，师生从无到有，愉快学习、实践、体验多彩的楹联文化，形成了浓郁的校园楹联文化氛围。此策略以“在对对子中学会对对子，通过对对子学习对对子”为方法，使师生不仅快速学会对联，而且在创作对联的过程中不断品味感悟汉语言文字的魅力，从而爱上语文、爱上汉语文化。方法简单实用，可在小学师生中轻松普及。

（三）探索出专题楹联教学、楹联与语文课堂教学整合等多种课堂教学模式，将楹联与现代语文教学有效链接起来

创设三种楹联专题课型。一是以“读、听、对”三字为模式的低年级入门课。读，是读《声律启蒙》（《笠翁对韵》）或读要学习的某类楹联名句。听，是进一步拓宽积累，激发兴趣的环节。对，是实践的过程。学生读过、背过、听过之后，老师现场出联，如“云”，学生对“雨”；“浮云”，学生对“细雨”；“天上浮云去”，学生对“河间细雨来”……这样不断地对下去，不断地实践下来，学生自然就学会了对对联。二是以“谈、写、说”为模式的中高年级专题创作课。谈，是谈生活观察，或阅读感悟，或资料搜集所获等，比如，学生结合自己的观察，谈初冬与秋天、深冬的不同；谈，既是集思广益的过程，也是筛选、提炼词语的过程。写，是以谈为基础，静心思考、用字点睛的过程。说，是回过来梳理表达思考过程或联句意境的过程。如四年级一男生作威海初春联：“娇花飞红韵，嫩草上青霄。”他说：“我看到路边景区的石阶两旁，开出了一朵朵嫩嫩的小花，虽然不多，但远远望去，像一抹娇艳的红色飞在草上。而那小草，绿绿的，沿着石阶，一路向上，像要一直跑到蓝蓝天空上去似的……”短短五言联句，经他一说，变成了一篇清新的散文。三是以“谈、拓、连”为模式的低年级专题创作课。专题创作课在低年级，考虑其词汇量不足的现状，更多强调教师的扶助作用，引导学生拓展词汇、连词成句，为中高年级做铺垫。

整合楹联创作与语文课堂创设出三种模式：一是阅读总结性楹联创作，将写景类课例中的景物描写，或故事类课例中人物的语言动作或阅读者的体验感受等创作一副楹联；二是内容补白式楹联创作，发挥想象对文本空白进行拓展补充，用楹联进行表达；三是方法提炼式楹联创作，将阅读方法提炼作成楹联。此三种模式在本章第三节第二点“解决问题的过程与方法”部分的“阶段四”中已介绍，此处不再赘述。

（四）找到了以楹联为切入点，借助其音韵、对仗等语言应用优势，撬起一个完整面——整体国学教育，开启传统文化教育、提升师生文化素养、语文素养的有效途径

楹联的切入，使母语学习热情与“腹有诗书气自华”的要求成为师生创作水平不断自我提高的动力，师生经典阅读积累伴着楹联创作的脚步自觉展开。仅半年多，《百家姓》《弟子规》《孝经》《声律启蒙》《龙文鞭影》等，已走入各班级。师生或熟背或熟读或践行。这些积累，成为学生热爱母语，继承中华优秀传统文化坚实的情感基础。

楹联带动了吟诵，吟诵推动了整体国学教育的具体策略途径，在本章第三节第二点“解决问题的过程与方法”部分的“阶段三”中已介绍过，此处不再赘述。这里我要谈的是我校整体国学教育围绕“生活应用”与“做人”突出的三项措施：一是将楹联诗词、校园文化、非遗艺术创作、葫芦种植等融合，形成生活艺术系列；将家国情怀、百年“忠义”校史、跨年级互助行动、家务学习、校园礼仪等融合，形成生活德育系列；将《黄帝内经》、体育锻炼、饮食作息等融合，形成生活养生系列；将楹联诗词创作、吟诵、音乐演唱、迎宾交友等融合，形成生活礼仪系列……每日散学、每周家校公民作业、每月“风雅少年”班级推选、节日互动、学期评定等进行全员全程展示。二是强调中华优秀传统文化与各学科教学的整合，提出语文、英语学科要引导学生读出文字背后的文化背景；数学学科要引导学生在生活文化中寻找数学的踪迹；音美艺术与体育要在教技能的同时传递文化信息；道德与法治要融合修齐治平思想及行为习惯培养；科学与信息技术要引导学生在创新与发明中寻找文化支撑……每周以学科组为单位上报新的研究案例，使“文化”二字贯穿整体国学教育。三是注重“以师带生”，所有过程所有活动师生同参与，以实践带动学习，促进成长。学校曾对全校学生及第一批完整接受五年楹联诗词教育的学生进行了过程反馈问卷和后测问卷。从问卷看，100%的学生认为学习楹联诗词对自己有很大影响，其中，过程反馈问卷中觉得学过楹联诗词创作后，再读诗词更容易读懂的学生为46.9%，后测问卷中觉得学过楹联诗词创作后更容易读懂诗词的达到73.5%；学过五年楹联诗词创作后，97.3%的学生愿意与更多的人以楹联或诗词方式交流，或将楹联诗词推介给更多的人……这些数据都说明了，本书提供的以楹联为切入点的诗教课程开发对学校传统文化教育、对师生素养的提升是实用有效的。

（五）对其他学校及周边的影响

我校以楹联为切入点促进学生语文素养提升的方式得到了专家的高度认可，多所学校前来访学寻求指导，在区域内形成了辐射带动作用。2017 年 6 月，我校获批成为“中国楹联教育基地”。同年 11 月 24 日、25 日，成功承办山东省“传统文化与学科教学”现场会。12 月底，上榜第二批“全国中小学中华优秀文化艺术传承学校”名单。2017 年 9 月 3 日，本人携楹联培训团队，应邀到乳山市第二实验小学进行“弘扬传统文化　开发楹联课程”校本培训，短短一上午时间，乳山市第二实验小学的老师们就能尝试创作并修改楹联。以联诗会友，成为学校特色：2020 年，学校作为“山东省‘中华诗教’联盟主持校”，承办省级研修活动，在线上与省内外五千多同仁谈诗论教；线下，临沂市罗庄区校长骨干教师团、枣庄市校长中层管理团、荷泽巨野县校长团、文登河南小学、威海市特殊教育学校等多次入校访学；威海市诗词楹联学会与学校联系紧密，学校被授予“威海市文学创作基地”。

四、效果与反思

（一）楹联创作极大地提升了学生的思考力、观察力、洞察力

自学校开展楹联教育以来，楹联以其凝练的语言形式，促使浸染其中的学子们用心辨字、精心用词、潜心修辞。于是，在这样不断地用心练习中，学生整体的辨字、组词、造句、修辞以及思维能力得到迅速地提升，语文综合能力、个人素养、观察能力也同步在这一过程中得到大幅度提升，生活楹联创作活动涌现出大量的佳作。

例如，校园内的植物联、风景联的创作，合乎植物习性、季节、天气等方方面面的特点。“枝有斑驳病，身留茁壮神。”（三年级二班　曹子轩）一个三年级的小学生能通过仔细地观察将一株染病的树枝准确而又精炼地描述出来，还能将精神内核寄予到楹联的创作中，让人欣喜。“枝叶亭亭朝听雨，秋风凉凉晚送霜。”（三年级二班　王烨楠）拟人化手法的运用可以说将楹联课所学运用得恰到好处，整个联句充满了动感。“红叶敲窗落，紫珠临树生。”（四年级六班　王炫凯）这不正是学校里对着篮球场的窗外一景吗？我们不得不惊奇，小学生的观察如此细致精准，泛红的树叶落满了窗，树的旁边生着一株紫色的花，学生的创作中不仅包含了具体生动可感的细节，更不乏韵味隽永的意

境美，表现出孩子的纯真以及难得的想象力。

再如，学生对冬日里雪景的观察极其透彻：“白雪纷飞梅花绽，绿松舞动菊枝摇。”（五年级二班　李佳莹）校园里刚刚摆放了菊花，随即便走进学生的楹联作品中。“室后柳花柳后室，窗前红叶红前窗。”（三年级四班　岳子硕）回文联等特殊种类楹联的创作也逐步在学生对联创作水平不断提高的基础上大量涌现。学生们对文字把握到位，对事物描述准确，令人激动。元旦楹联：“夜醒彩灯艳，日滑明月新。”（三年级二班　孙浩然）中秋楹联：“玉兔家乡念明月，嫦娥宫里思亲人。”（五年级一班　刘琛琛）其中包含了创作者无限的想象力。校园里，谈词赏联、读书诵诗的学生明显多了起来，学生的言谈举止中多了一份诗意、一份雅致和一份精练。

（二）楹联与学生生活无痕结合的方式促进了学生语文素养极大的提升

在我校，楹联的创作不仅仅在课堂上，更融入师生们的生活中。不论是传统节日还是现代节日，师生们都可以对联表达自己的所感所想。漫步校园，你总能看到对联停在学校的树上，停在学生的绘画作品上，甚至停在社团同学做的葫芦上……运动会上学生用对联为赛场上的同学加油，客人来了师生用联墨表达对客人的欢迎，特殊学校的儿童来了师生制作了含有对联的书签送给他们……

山东省“传统文化与学科教学”现场会时，师生同台联墨献礼，现场会中，每一个节目都是一副对联：

管弦礼宾：经典携伴迎时雨，弦乐礼宾谢春风。

喜迎佳客：泉城佳信随夏至，学苑新颜伴秋来。

轻歌雅韵：诗文俪语接清曲，词赋妙音和雅心。

学苑曼舞：撷来古韵入歌舞，习获雅音怡身心。

……

师生联墨作品：

师：高朋满座传经典，贵友如云颂国学。

生：诗语盈大地，书香溢雅堂。

这正是二小师生生活的真实写照啊！

师：琴风诗韵滋桃李，联语墨香润童心。

这不正是二小学子乐学好学的校园生活剪影吗？

生：百年老校迎新客，千载佳时叙旧情。

此外，还有学生为来访专家创作的嵌名联：

李佳琦赠刘德增先生：敏智常增友，谦德自成邻。

乔家欣赠李文军先生：汉字常读文思涌，冠军不傲国力强。

刘宸菲赠毕诗文先生：诗书正气行儒雅，文赋韵心语意深。

刘昕悦赠耿成义先生：积大成振兴教育，明深义诵读国学。

张泽昊赠林志芳女士：吟诗作曲芳姿雅，品赋谈文志气高。

王奥斌赠潘恩群先生：普施恩雨润泽花朵，博览群书培育英才。

楹联的美育功能，使师生生活中的心灵体验更加丰富，其对生活的感悟能力、对生活美的品味能力有明显的提升，其回馈亲人、朋友的感恩心态有明显的改善。楹联创作与生活养生、科技发明、摄影、绘画牵手，培养出一批又一批的小楹联家、联墨家、联画家，师生的成长因楹联而立体丰满起来，学生的学习与生活的链接更无痕，学生素养得到全面提升。

（三）相关反思

“从小楹联到大诗教”课程的推广，必须要有一个对楹联教学有一定研究的人统领。在这个教学成果的应用过程中，种子教师的培养成为成果应用的首要问题。所以本书作者在形成成果的过程中以及在成果的推广过程中，一直非常注重教师的培训，也形成了系列的培训资料，但目前来看，这些资料的使用仍然需要有一定水平且热爱诗词楹联的人进行过程化跟进并做好及时的反馈，达到的效果才会更好，因此，过程化的及时反馈成为本书成果运用的另一个非常重要的问题。

第二章　楹联课程的设计方法

“会当水击三千里，自信人生二百年。”① 楹联历史性的文化优势及生活化的课程价值，为中小学开展中华优秀传统文化教育和跨学科课程开发，提供了独特的课程资源和方式。运用现代课程理论与方法，将楹联转化为各个学科教学与学习的有效资源和学习情境的平台，是我们多年的实践与探索。

第一节　楹联创作的基本要求

“对天对地，天地有情皆可对；联古联今，古今无事不能联。”② 正如上文所述，楹联与不同时期、不同种类的文学作品有着千丝万缕的联系，是教师开展语文教学和中小学生学习语文的重要资源与载体。

楹联的创作，以“对仗”和“声律协调”为基本特点。中国楹联学会的专家在《联律通则导读》（以下简称《导读》）中将楹联创作的要求提炼为6条具体“基本规则”：字句对等、词性对品、结构对应、节律对拍、平仄对立、形对意联。③ 20世纪70年代末以来，楹联研究者也曾约定俗成了一套楹联格律“六相”或称“六要素”：字数相等、词类相当、结构相应、节奏相同、平仄相谐、意义相关。

对比上述二者，很显然，《导读》是具有权威性的，它不仅是楹联权威机构编制的，而且是汇集全国顶级专家编写的。《导读》指出：初学楹联创作者只要遵循这六条规则，就可以创作出中规中矩的楹联作品来。其准确性不言而

① 学校教师创作的集句联，张贴在红色长廊的廊柱上，体现师生向正能量教与学探索与成长的信心。

② 《中国楹联报》报头联。

③ 参见刘太品、叶子彤主编：《联律通则导读》（增订本），中国诗词楹联出版社2017年版，第4页。

喻。而20世纪70年代末以来，楹联研究者约定俗成的楹联格律“六相”或“六要素”从语言表述上看，则更具有通俗性、更接地气。二者皆是学联者创作的很好的评价标准。但从小学校园推广的角度看，无论“规则”还是“六要素”，对小学生来说，专业性皆太强，如果照搬，那么，楹联之“小”在小学师生眼中一定不“小”，一定会使一线没有任何基础的教师及小学生望而生畏而躲在楹联门外，楹联推广难以做实。因此，依据《导读》和“六要素”，结合小学生年龄特点及其语文学习基础，梳理出小学生楹联创作的要求很有必要，本人认为四条即可：字数相等、词性相当、平仄相谐、内容相关。

这四条规则中，“字数相等”“平仄相谐”取自“六要素”，一来此二者与《导读》“规则”中的两条“字句对等”“平仄对立”相比较，语言表达更通俗易懂，二来此二者的要求也相对较低，易被小学生掌握。

“词性相当”是综合了《导读》“规则”与“六要素”的“词性对品”“词类相当”而得。“词类”对小学生来说，无论知识储备还是理解程度都达不到，吕叔湘、朱德熙《语法修辞讲话》中讲：“就许多词来说，哪些词属于哪一类，这是词类；就一个词来说，它属于哪一类，这是这个词的词性。”[①] 因此“词性”更适于小学生理解，且小学一年级即开始接触名词、数量词等，二年级以上动词、形容词的认识与练习逐步加强，取“词性”又照应了小学生的学习基础。“对品”一词用《导读》中的话来解释，“对”是相对，“品”指事物的种类，即词的品类。什么是“词品”呢？王力在《中国现代语法》中认为：“词品是词和词发生关系的时候所应属的品级。”“因为在语言里，词是不能独立的，是必须互相发生关系的。”[②] 因此，“对品”给出的是一个比较宽泛的空间，也是一个更专业的要求，这对于根本不知语法为何物的小学生来说是很难理解的。相比之下，“相当”一词更通俗化，一读便知有差不多之意，且对小学生来说，无论是严格的词性一致，还是宽泛的词性对品都很难做到。而《语文课程标准》对小学生写作能力的要求是：“重在培养学生的写作兴趣和自信心。”[③]《中华优秀传统文化进中小学课程教材指南》基本原则中的要求是：“遵循学生认知规律，贴近学生实际。”故“兴趣”与“自信”是小学生第一重要的。因此，“词性相当”更适合小学生。

“内容相关”是根据《导读》“规则”及“六要素”中的“形对意联”

① 吕叔湘、朱德熙：《语法修辞讲话》，商务印书馆2020年版，第31页。

② 王力：《中国现代语法》，北京联合出版公司2019年版，第26页。

③ 中华人民共和国教育部：《语文课程标准》，北京师范大学出版社2011年版，第23页。

“意义相关”而来的，此二者皆有“意义相关”之意，“内容相关”相对于“意义相关”来说，虽然语意范围窄了些，但对小学生来说更直观。

至于《导读》“规则”或“六要素”中结构、节奏两方面要求，个人认为不必再列，一来“三为众”，四条尚可接受，五条则有条目多的感觉；二来“结构”一词远远超出学生知识体系，“节奏”的要求则可以通过“词性相当”的落实进行渗透。因此，基于以上分析，小学生楹联创作入门要求可取作四条，如图 2-1 所示：

《联律通则导读》	小学生推荐要求	20世纪70年代末
字句对等	字数相同	字数相等
词性对品	词性相当	词类相当
结构对应		结构相应
节律对拍		节奏相同
平仄对立	平仄相谐	平仄相谐
形对意联	内容相关	意义相关

图 2-1　中小学生楹联习作基本要求

除上述分析外，此四条要求在本人多年的校园全员推广实践中对突显楹联之“小”，以“小”化解师生畏难情绪也非常有效。小学生楹联创作不在工整，而在兴趣，在由兴趣产生的难得的观察思考与想象，以及由此而产生的意境。这不仅对培养小学生对母语文化的热爱、对中华优秀传统文化的喜爱与自信有重要意义，而且对小学生语文课程学习深度的引领及相关素养的提升有很大的推进作用。

第二节　楹联课程的设计

结合小学生的实际，楹联课程的设计要从以下四个方面进行。

一是字数相同。小学生对联，可从一字对一字、两字对两字、三字对三字开始，逐步增加至五字对甚至十一字对等。

二是词性相当。名对名，动对动，形容词对形容词……词性相当中尤其要强调的是，颜色词对颜色词，数量词对数量词，方位词对方位词，时间对时间，如红对绿、三朵对四枝、楼前对屋后、百年对千载等。

三是平仄相谐。“平仄”是古时汉字声调。对今天的小学生来说，重学古声调意义不大，因此，中国楹联学会蒋有泉会长主张用今天普通话的四声调与平仄相对应，即普通话的一声、二声为“平声”，普通话的三声、四声为“仄声”，如“说”是平声，“读”也是平声，“写”“念”都是“仄声”。

“平仄相谐”，“谐”为和谐，“平仄相谐”目的是使联句读起来声调错落有致、抑扬顿挫，富有旋律美。“平仄相谐”用蒋有泉会长的说法是“本句相邻两个音节点平仄相替，上下联句相对应的音节点平仄对立”，用我们的话说，就是“相邻两个音节点或上下联相同位置的音节点平仄相反”。“音节点”即每个词的后面一字，因为现代汉语词基本上是双音节词，而汉语又是后重的语言，所以“音节点”主要指每个双音节词的后一个字。如王之涣《登鹳雀楼》中“白日依山尽，黄河入海流”，是非常工整的一副对联。音节点分别是“日”“山”“尽”“河”“海”“流”，六字无论上下左右平仄皆相反，这就是“平仄相谐”。如图 2-2 所示：

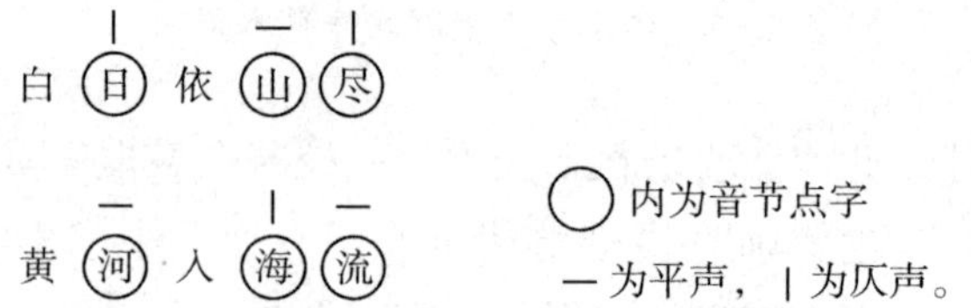

图 2-2　诗词中的平仄相谐

“平仄和谐”一条，最关键的点在尾字，一般上联尾字为平声，下联尾字为仄声。因此，根据联句尾字的平仄即可判断是上联还是下联，这也是生活中百姓买到对联后张贴时的重要依据。如图 2-3 所示：

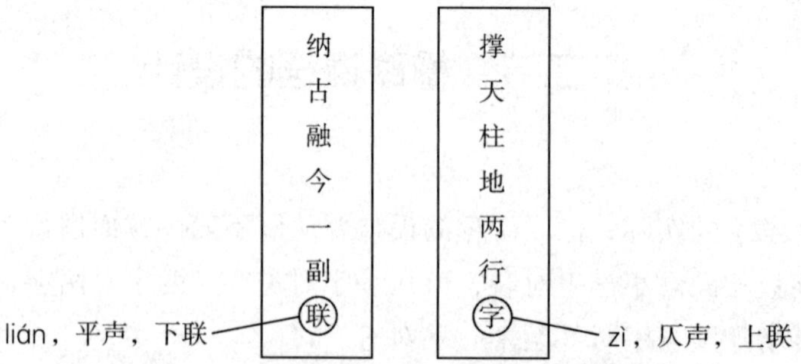

图 2-3　“平仄相谐”在上下联尾字中的体现

四是内容相关。《导读》中讲：“如果视对联为一种独立文体的话，‘形对意联’的要求是无须着重说明的事情。”① 同样，在小学生创作过程中，只要给出一个主题，根据主题进行创作，那么“内容相关”无须说明，学生也皆能做到。

以上四条设计方法中，“词性相当”与语文学科学习联系最紧密，小学语文一年级便有名词、数量词的渗透与指导，二年级在此基础上进行了强化并加入了动词认识及动宾词组的渗透，三、四年级在二年级基础上进一步强化并加入形容词等的认识。因此，一年级小朋友对联中词性不相当的现象很常见，到二年级会明显减少，至三、四年级依然做不到“词性相当”或者很吃力的，则说明语文课的基础知识不扎实。“平仄相谐”最有难度，通过在实际教学中搭设小台阶帮助学生进行过渡，可以有效落实这一要求（具体在本书第四、五章“联诗课堂”中会有介绍，在此不赘述）。此外，语文课堂学习的修辞方法如比喻、拟人、夸张等，学生作文意境的指导、经典阅读中的典故、书法课的书写指导等皆可在楹联创作中使用，因此，说楹联创作是教师语文教学的反观镜，楹联是学生语文综合素养、人文素养、艺术品位的提升剂实在名副其实。

作为一种文体，楹联创作也有一些禁忌。

一是同字相对。即上下联相对应的位置上，用了同一个字。

二是合掌。“合掌”是指上联和下联的意思完全同义或基本同义。如“华夏”对“神州”，“吉日”对“良辰”，“如”对“像”或“如”对“似”，“高高兴兴度佳节，喜喜欢欢过大年”等。合掌为诗家大忌。

三是不规则重字。一副对联中出现两个或多个相同的汉字，这就是“重字”。若两个联句在相对应的位置分别重复一个字，这为“规则重字”，若不是这样，就是“不规则重字”，是应避免的。

四是尾三平或尾三仄。即联句收尾三字均为仄声或均为平声。尾三仄主要是指在五言或七言联句中应尽量避免，其他不必拘束；但尾三平是大忌，必须避免。

---

① 刘太品、叶子彤主编：《联律通则导读》（增订本），中国诗词楹联出版社 2017 版，第 74 页。

第三节　楹联课程实施的路径

“两行文字激情智，百岁学堂秀墨联。”① 就课堂来说，楹联与诗词有很多相通的地方，因此，楹联与诗词课程的实施可以统一进行。联诗课堂的设置可与地方传统文化课整合，也可与语文课整合，更可在生活的大课堂中完成。对40分钟的室内小课堂来说，“游戏”和“故事”是两个关键词，也是小学生最喜欢做的两件事，是可以常用的实施路径。

一、游戏

楹联学习游戏有很多，比如词语分类游戏。可根据创作主题，让学生说出与之相关的词语，满满地写到黑板上，然后请学生按照词性将其分类，如名词、动词、形容词、数量词、颜色、时间等，分类的过程既可检验学生语文课堂学习的扎实与否，还可为学生后面创作联句做铺垫，更为关键的是，自己动手为词语分类或看着并指导着同学分类是一件很有成就感的事情，小学生在这一过程中常常开心得手舞足蹈或欢呼雀跃，既激发了他们学习的兴趣，又无痕地将学习融于其中。

再如对词游戏。这是小学生百练不厌的游戏。对词游戏的内容可以从《声律启蒙》或《笠翁对韵》原文中出，比如读过背过一段《声律启蒙》：“茶对酒，赋对诗，燕子对莺儿。栽花对种竹，落絮对游丝。”老师可出“茶”，学生对“酒”，一字对一字；接着出“燕子”，学生对“莺儿”……如此下去，既巩固了背诵，又增加了趣味。还可以根据《声律启蒙》或《笠翁对韵》原文进行拓展对词。比如从《声律启蒙·二冬》中拓展，“春柳”对“夏荷”，“春柳抽芽”对“夏荷绽蕊”，“春柳抽芽绿”对“夏荷绽蕊红”……从《声律启蒙·六鱼》中拓展，“榆花串串”对“柳条长长”，“春来芍药美”对“夏至芙蕖娇”……还可以从生活中拓展，“水”对“山”，“红花”对“绿叶”，“校园美”对“师生欢”，“柳条摇摆”对“竹叶婆

---

① 此联为2017年6月威海高区第二小学“中国楹联教育基地”授牌仪式巡礼片解说词的开头一副联，是学校教师创作。

娑”……对词游戏练得多了，学生不仅炼词功夫见长，而且生活观察能力也会迅速提升。

还有词语顶针接龙游戏，即用前一个词的尾字作后一个词的首字，每人接一个词。词语顶针接龙可以分类也可以不分类，比如，不分类顶针接龙“蓝天”“天地”“地广”“广阔”……分类接龙如名词顶针接龙“蓝天”“天空”“空山”“山村”“村庄”……还可以动词顶针接龙等。接龙可师生间进行，生生间进行，还可小组间进行。

同韵词接龙游戏。即前一人出一词，后一人对一词，对词与出词尾字要同韵。比如，“房间”“平安”“天边”“三餐”“旅店”“船帆”“调侃”……同韵词接龙可同接平声韵，也可同接仄声韵，还可混接。

除此之外，像飞花令、飞花韵（同韵诗句接龙）等皆可在课堂进行，皆深受学生喜爱。游戏不仅活跃气氛，而且谈笑中积累词语，拓展了词汇，也促使学生为了顺利赢得游戏，主动阅读积累，无形中为楹联创作做了准备。

二、故事与积累

无论楹联创作还是诗词创作，积累都是必不可少的，因此，即使是创作课堂，依然需要设置积累或积累分享环节。在小学一线，有了楹联创作兴趣后，经典阅读或词语积累不必多讲，学生自会留意，因为每个爱上楹联的孩子都希望自己能写出更好的联作，而这一愿望唯有厚积方可实现。故事，是我们在学生中进行联诗问卷时发现的非常受欢迎的课堂环节。联诗课堂的故事可以是《声律启蒙》或《笠翁对韵》中的故事，可以是藏在联句、诗句中的故事，还可以是联诗作者创作的故事……小孩子从懂事起就喜欢伴着爸爸妈妈的故事睡觉，故事是他们生活中最离不开的精神大餐，因此，利用好故事，可充分调动学生学习的积极性。本书课例部分有具体分享，在此不再赘述。

三、练习

这一活动不是学生最喜爱的，却是楹联学习或语文学习最需要、最离不开的。《语文课程标准》中讲“语文是实践性很强的课程”，楹联作为母语文化的一部分，语言的特性决定着它的实践性，因此，“练习”一定是楹联课堂不可缺少的环节，只有“在对对子中学习对对子，通过对对子学会对对子”，才能通过“小楹联”提升他们的语感，提高审美，丰厚底蕴，让爱生活、会观察、会表达、有自信的小才子小才女成长起来……

对于前面提到的楹联创作四要求的落实，不必急于求成，一蹴而就，其中一些条目可分层级逐步达成，如“平仄相谐”，可设立中间目标，如用“尾字平仄合律”做铺垫，再逐步落实到每个音节点平仄合律。再如“词性相当”，即使学生能懂，也需要不断地反复练习方能内化于心，规范于笔下。因此，我们设置了如下阶梯，用三年半的时间完成四条要求中的三条，另一条“内容相关”，即使不强调，学生也能完成，便只提一提不做单独练习。联诗教学实施路径的梯度设置如图 2-4、图 2-5 所示。

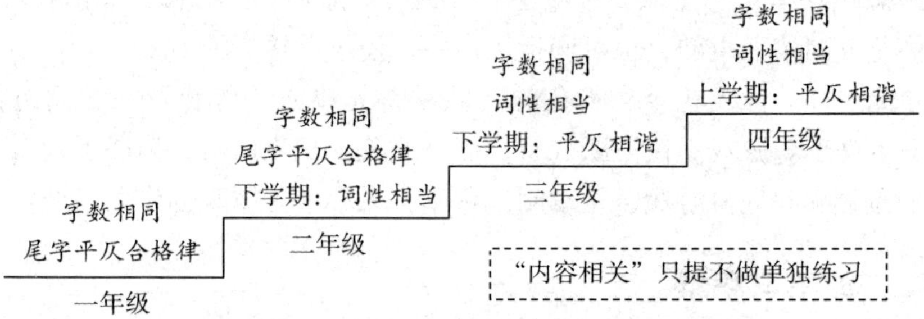

图 2-4　联诗教学实施路径的梯度设置（一）

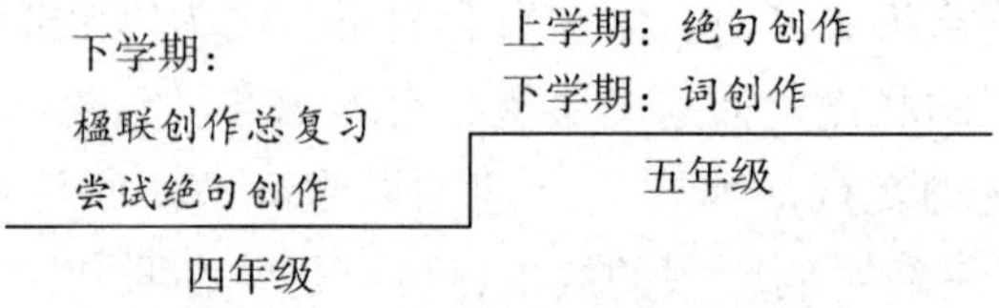

图 2-5　联诗教学实施路径的梯度设置（二）

四、楹联课程课堂评析

“联花吐蕊，对课传香。”这副联是我校四年级“牵手俄罗斯”主题课的写照。课堂上，师生充分交流搜集的资料后，老师抛出自创的上联：“金葵花向阳。”一生立刻站起，对曰：“白桦树爱情。”听课老师一愣，继而眼前豁然一亮：“白桦树”作为俄罗斯的国树，对应国花“向日葵”；而“爱情”作为白桦树的象征，以动宾结构的形式对应“向阳”二字，运用之妙，大有楹联界泰斗孟繁锦先生观青岛汉画像砖博物馆后题写的“醉汉”二字之情趣！

小学四年级的学生，用词怎会如此出神入化？这得从楹联与联教说起……

（一）联花吐蕊层层艳

本书第一章我们讲过，不管城里还是乡下，过节、婚庆、旅游、开张……楹联处处可见，时时可见，人人乐见。它像一朵奇丽的花，从几千年的历史走到今天，依然花蕊层层、娇艳芬芳。一层，它雅俗共赏、生活资源丰富。阅读也好，实践创作也好，它是最广阔的生活“才子”与“才女”的培养平台。二层，它语言凝练，富有音韵之美。凡作联者须用心辨字、炼词，潜心修辞、用典，长此以往，学联者的辨字、组词、造句、修辞以及引经用典等能力会得到迅速提升，语文综合能力、个人素养、生活品味都会大幅提升。三层，它独一无二、不可替代。楹联，只有中国有。它是中国几千年文化史上的高级创造积累的特殊成就，是祖先留给我们的宝贵遗产。因此，学习楹联，不仅可以深厚学生对传统文化的积淀与感悟，提高学生的语文综合素养，提升语文教育的实效，更能以联带诗、以联带词、以联带史，推动中华优秀传统文化的传承与传播。

（二）对课传香路路芳

如何使娇艳的联花成为学生成长的摇篮，源源不断地培育新时代的才子才女？答案只有一个，就是利用课堂这一最直接、最常态、最生活化的教育路径，挖掘楹联“诗中之诗”的优势，利用它的精练、意深、对仗、用典等特点，让学生在楹联文化的花香中感悟母语、学习运用母语。

1. 路径一：入门激趣

这是针对一年级新生入门或其他年级新接触某类楹联的学习课。此课以“读、听、对”为模式。读，是读《笠翁对韵》或读要学习的某类楹联名句。读，既是积淀的过程，也是模仿发酵的过程。比如“天对地”，熟读之后，学生慢慢悟到，天是名称，地也是名称，天在上，地在下，天是平声，地是仄声，正好相对。听，是进一步拓宽积累，激发兴趣的环节。初学楹联，只让孩子们反反复复地读，势必枯燥乏味，把《笠翁对韵》或者名联中藏着的历史典故讲给学生听，如“五色笔，十香词”里江郎才尽、萧王后被陷害的故事，解缙对联的故事等，既可以帮助学生将书读“厚”、将联句读“长”，又能使他们在听故事的过程中悟到遣词作联一定要博览群书。积淀丰厚的人，才能做出意味深长的好联。对，是实践的过程。《语文课程标准》指出：“语文是实践性课程，应着重培养学生的语文实践能力，而培养这种能力的主要途径也应是语文实践。”① 楹联课作为语言文字运用的课程之一，“对”的环节是最为关键的环节。学生读过背过听过之后，老师现场出联，如“绿窗”，学生会对“朱户”；“晨风爽”，学生对“晚月明”……这样不断地对下去，不断地实践下来，学生自然就学会了对对联。

2. 路径二：专题创作（中高年级）

这是将楹联与生活结合，创设观察归纳、遣字用词实践活动的课型。此课在中高年级以“谈、写、说”三字为基本模式。这在本书第一章第三节已谈过，在此不赘述，只着重谈三点，一是“谈、写、说”的关系，三者互为基础，又互为检测。谈是写的准备；写是说的基础；说又是写的回顾、延展与自检，是下一专题谈的基础。二是“谈、写、说”各有侧重。“谈”是帮助学生打开思路，引导学生解读专题，形成思考感悟的过程，这一过程中的“观察指导”或“思想碰撞”很重要。比如引导学生回忆生活观察，如谈春节，印象中的春节是什么样的？2021 辛丑年春节与 2020 庚子年春节有何不同？谈俄罗斯，俄罗斯的文化、建筑、礼仪、工艺特产等都有什么特点？“写”是将“谈”的收获内化梳理形成作品的过程，是思维进行逻辑概括的过程。“说”是由书面到口头进行第二次创作的过程，是学生创造型思维、逻辑思维皆得训练的过程。比如四年级一同学作威海初冬联：“雪飘大地立时化，风抱叶枝缓慢飞。”他说：“虽然已经进入冬天了，虽然也下雪了，但初冬的雪不大，一落到地上立刻就化了，一片雪花也积存不下来，风吹过来，没有刀割的感觉，好像还是秋天，树上剩得不多的小叶子被风刮下来，缓缓地慢慢地飞着，有一种悠闲的感觉。”短短七言联句，生动形象地把小作者对初冬的观察、对初冬雪与深冬大雪的区别写了出来，且观中有感，实中有情。三是“谈、写、说”作为中高年级专题创作课的基本模式，有时可以有变化。比如在三字前面加一“赏”字，赏析上一专题优秀作品，或名家大家的优秀作品，以赏促思，以赏促审美水平、创作层次的提升。

3. 路径三：连词创作（低年级）

这是专题创作课在低年级的变式。因为低年级学生词汇量不足，完全放开会让学生感到为难。因此，以“谈、拓、连”三字为模式，由教师提供或引导学生互相提供足够的词汇，然后连词成句成联。

---

① 中华人民共和国教育部：《语文课程标准》，北京师范大学出版社 2011 年版，第 3 页。

“联花吐蕊层层艳，对课传香路路芳。”当楹联与对课重遇，当我们与学生一起关注并撷采这奇葩时，中华几千年文化的芬芳，便沿着联花的香蕊萦绕孩子们的生活，高雅他们的情操……

第四节 诗教课程的评价方法[①]

“遐思绕笔崇德精艺，雅韵盈门尚美修身。”[②] 课程评价是课程开发实践的重要组成部分，其根本目的是“促进学生学习，改善教师教学”[③]。以“写作”为主要方式的“从小楹联到大诗教”课程对学生语文素养、文化素养、创造型思维、逻辑概括思维培养有着重要意义。《语文课程标准》讲“写作能力是语文素养的综合体现”，“在写作教学中，应注重培养学生观察、思考、表达和创造的能力”。[④] 作为中华优秀传统文化精粹的楹联诗词，当“以培育学生对中华优秀传统文化的亲切感和感受力为重点”，“体认中华优秀传统文化，培养对国家、民族的感情”。[⑤] 对应《语文课程标准》与《中华优秀传统文化进中小学课程教材指南》以及从小楹联到大诗教课程开发的目标，我们设计了评价量表、前测后测问卷及过程反馈问卷等，以期促进课程结构不断科学化，改善教师教学，促进学生学习成长。

一、评价量表

本评价量表以《语文课程标准》《中华优秀传统文化进中小学课程教材指南》为指导，以从小楹联到大诗教课程开发目标为指向，从诵读记忆、观察赏评、自主创作、成果成效四个维度对课程实施中学生的表现进行评价（见表 2-1）。

① 此处为体现小楹联大诗教课程评价设计的整体性，将诗词、现代诗歌同步列入其中，相关内容见本书第三章第一节等章节。

② 这是学校艺术长廊的一副对联，是中国楹联学会会员、威海书法家协会理事陈吉果先生创作的。此联与教学楼大门联相呼应，体现了我们对学生成长“德艺兼修”“古今相济”的具体解读。

③ 中华人民共和国教育部：《语文课程标准》，北京师范大学出版社 2011 年版，第 26 页。

④ 中华人民共和国教育部：《语文课程标准》，北京师范大学出版社 2011 年版，第 23 页。

⑤ 中华人民共和国教育部：《中华优秀传统文化进中小学课程教材指南》，中华人民共和国教育部网站，2021 年 1 月 19 日，http://www.moe.gov.cn/srcsite/A26/s8001/202102/t20210203_512359.html。

表 2-1　评价量表

课程主题：从小楹联到大诗教

姓名：________　年级：________　日期：________　备注：____________________

项目	评价量规		学生自评	学生互评	教师评价
1. 诵读记忆	积累喜欢并感兴趣的联诗作品		❀	✿	☺
	有意识地积累典故		❀	✿	☺
	能根据平仄规律吟诵联句或诗句		❀	✿	☺
2. 观察赏评	有留心观察生活的习惯		❀	✿	☺
	结合自己的观察品味经典联句、诗句用词的精准、凝练		❀	✿	☺
	养成观察中思考的习惯，能比较准确地把握各类楹联的特点及联与诗的亲缘关系		❀	✿	☺
	赏评伙伴作品，表达清晰		❀	✿	☺
3. 自主创作	（1）能根据主题要求或自我观察创作完成作品		❀	✿	☺
	（2）楹联	掌握并做到“字数相同、内容相关、词性相当”，基本做到“平仄相谐”	❀	✿	☺
	（3）绝句	掌握并做到“二、四句押平声韵”，基本做到“二、三句粘对”	❀	✿	☺
	（4）词	掌握所学词牌的基本格律要求如十六字令共4句，每句分别是1、7、3、4字，共16字，一、二、四句押平声韵	❀	✿	☺
	（5）现代诗歌	有从联诗传承下来的节奏意识、押韵意识、意象意识	❀	✿	☺
	（6）绝句、词、现代诗歌或散文有篇章结构意识		❀	✿	☺
	（7）作品有用典意识		❀	✿	☺
	（8）作品语言意境较好，有正能量思想		❀	✿	☺

续表

项目	评价量规	学生自评	学生互评	教师评价
4. 成果成效	参与课堂情绪良好	⚘	✿	☺
	联诗赏读水平明显提升，积累到更多名家联诗	⚘	✿	☺
	能将联诗与自然科学、绘画艺术等结合，有精品作品至少1幅	⚘	✿	☺
	校报、校刊发表至少1幅楹联作品或1首绝句或1首词（1首现代诗歌或1个精彩散文片段）	⚘	✿	☺

二、评测问卷

（一）前测后测问卷

前测后测问卷如下所示：

从小楹联到大诗教课程开发前测问卷

（一年级）

亲爱的小朋友，祝贺你成为我校一年级的一名小学生！现在请你根据自己的实际情况完成一份问卷，没有对与错，如实回答就可以了！

1. 生活中或旅游时，你在社区见到邻居或小区居民家门上的对联有何感受？

A. 感觉很亲切　　B. 偶尔会看看　　C. 没注意

2. 节日里，你一般用怎样的方式向爸爸妈妈或亲人朋友表达祝福？

A. 口头问声好　　B. 发个网络祝福短信

C. 送自制小贺卡　　D. 写一副对联或一首小诗

3. 你认为学习写对联，会对你的成长有怎样的影响？（可多选）

A. 会更懂事更有文化味儿　　B. 会更喜欢诗词、喜欢读书

C. 会更容易读懂诗词　　D. 没有影响

E. 没想过

4. 你平时对身边事物的观察：

A. 看看它是什么　　B. 看看它的样子

C. 看看它的变化　　D. 看看它与其他事物的不同

5. 你希望自己能以对联或诗词方式与人交流，或将对联诗词推介给更多人吗？

A. 愿意　　B. 比较愿意　　C. 不愿意　　D. 没想过

从小楹联到大诗教课程开发课题组

从小楹联到大诗教课程开发后测问卷

（五年级）

亲爱的同学，祝贺你顺利完成了小学五年的校园生活。五年中，你们在学习、生活等方面都有了长足的进步。更难能可贵的是，你们在学校“从小楹联到大诗教”课程学习中积累、创作了大量的楹联诗词作品，它们可是祖先留给我们的珍贵礼物！下面，请你根据自己的实际情况如实作答哟！

1. 生活中或旅游时，你在社区见到邻居或小区居民家门上的对联有何感受？

A. 感觉很亲切　　B. 偶尔会看看　　C. 没注意

2. 节日里，你一般用怎样的方式向爸爸妈妈或亲人朋友表达祝福？

A. 口头问声好　　B. 发个网络祝福短信

C. 写一副对联或一首小诗制成小贺卡

3. 学过楹联诗词后，再读诗词，你会有怎样的感受？

A. 更易读懂且很亲切　　B. 更容易读懂了　　C. 没什么感觉

4. 你觉得，学习楹联诗词对你最大的影响是什么？

A. 陶冶情操　　B. 提升文学素养　　C. 没什么影响

5. 回想你自己的学习经历，你愿意与更多的人以楹联或诗词方式交流，或将楹联诗词推介给更多的人吗？

A. 愿意　　B. 比较愿意　　C. 不愿意

6. 小学五年里，你最得意的一副（首）楹联（诗词）是什么？（选做题）

____

____

____

____

从小楹联到大诗教课程开发课题组

（二）过程反馈问卷

过程反馈问卷如下所示：

从小楹联到大诗教课程开发过程反馈问卷

（________年级）

亲爱的同学，在“从小楹联到大诗教”课程学习中，相信你一定积累、创作了许多楹联诗词作品，这可是一笔宝贵的精神财富！下面，请你根据自己的实际情况如实作答哟！

1. 你学过楹联诗词后，写作文：

A. 比以前轻松　　B. 跟以前一样

2. 你发现自己学过楹联诗词习作后，对身边事物的观察：

A. 更细致　　B. 没有变化　　C. 更有方向更想捕捉它的不同

3. 你最喜欢的楹联诗词课环节是什么？

A. 读一读其他同学的联诗作品　　B. 自己写或者修改联诗

C. 听老师讲传统文化故事或习俗　　D. 对子游戏

E. 其他________________

4. 为了创作出好的楹联诗词作品，小学里，

（1）你读过或背过的国学经典有哪些？

A. 只想过要读或背，但没行动　　B. 从没读或背过国学经典

C. 我读过或背过____

（2）学过的相关知识有哪些？

A. 只想过，但没行动　　B. 从没学过

C. 我学过____

从小楹联到大诗教课程开发课题组

三、评价的实施方法

（一）规范评价，明确评价标准及体系

“从小楹联到大诗教”课程实施采用多元评价，不仅关注知识、技能，更关注态度、情感、价值观，评价方式多角度，有自评、伙伴评、老师评，评价

的表达方式有等级、评语等。其中：

（1）学生上课出勤率评价，占学业总成绩的20%。

（2）课业完成情况评价，占学业总成绩的40%。包括平时上课听讲、学习态度、作业的完成情况。

（3）课程结课成绩，占学业总成绩的40%。

学生校本课程学业总成绩按A、B、C、D分四个等级，A等可获得学校“联诗小才俊”称号，B等可获得“楹联小才俊”或“诗歌小才俊”单项称号。

学生在“从小楹联到大诗教”整合课程学习过程的学习成果，其评价标准及评价体系的确立，是推动学生产生持续学习热情、推动“从小楹联到大诗教”整合课程教学质量不断提升的助力剂。因此，要不断验证并完善其评价标准及体系。

（二）评价预设

学校从课程内容、教学过程、学习效果三个方面进行校本课程建设评价。教学过程的评价由教导处进行课堂调研，分析其设计是否合理、教法是否得当、目标达成率等。学习效果的评价根据学生的创作作品、活动、测试、竞赛等成绩，此外，学校会依据课程设计原则对学生进行前测、过程反馈、后测等跟踪分析，考察在一个较长的时间跨度内学生发展的状况。

（三）对学生的评价

（1）从“课前准备、参与态度、知识技能掌握、阶段成果展示”四个方面进行综合测评。

（2）随堂评价：任课教师根据评价量规进行随堂评价，对于表现突出的学生及时评价。

（3）成果展示：对纵向成长效果显著的学生个体、对全体学生中好的作品等进行展示评价。

（四）对教师的评价

（1）每堂课都有教案，内容和形式受学生喜欢。

（2）认真登记学生出勤，课堂组织好，不让一个学生流失在课堂以外。

（3）课堂实施中随时关注学生学习兴趣及效果，及时调整教学内容和方法。

（4）期末按等级制评价标准，对每个学生学习情况做出实事求是的评价。

（5）制定校本课程奖励制度，对参与积极、成绩显著的教师给予适当奖励。

（五）诗教活动评价案例

以下为诗教活动评价案例：

学期现场楹联大赛活动简介

“楹联”是诗词曲赋骈文的精华，也是中华传统文化中一种独特的艺术形式。我校对于传统文化教育尤为重视，将楹联创作作为基点，致力于提升学生的人文素养，形成浓厚的校园传统文化氛围。为了解本学期地方课程教育情况，进一步提高学生楹联创作能力，现拟定开展“现场楹联大赛”活动。

评分标准

10 分钟以内完成的且是优秀作品，可以被评为 100 分；

超过 10 分钟完成的且是优秀作品，只能评定为 90 分。

一档（A）：90~100 分

符合学生的实际生活，且意境优美，用词恰当，符合楹联的基本规则（上联尾字仄声，下联尾字平声，词性相当，四、五年级作品做到各音节点平仄相谐），能够恰当体现自己要表达的内容。

二档（B）：70~89 分

符合学生的实际生活，用词恰当，符合楹联的基本规则（上联尾字仄声，下联尾字平声，词性相当），能够恰当体现自己要表达的内容。

三档（C）：60~79 分

符合学生的实际生活，用词恰当，符合楹联创作上联尾字仄声、下联尾字平声的要求。

四档（D）：60 分以下

不符合楹联的书写要求，不符合楹联创作要求。

附：现场楹联大赛题库

对联是中华文化长河中的一颗璀璨的明珠，也是中华民族的瑰宝，具有浓厚的传统文化特色，最能体现出汉语的独有魅力。

1. 我校正在推选孝行少年。鸦有反哺之义，羊知跪乳之恩。每个人都应该懂得去感恩父母、回报父母！他们曾经为你的生长而付出，为你的淘气而忍耐，为你的努力而欣慰，为你的进步而高兴……也许，他们还有更广阔的、更无私的爱将为你付出！正应如此，你应该以更无私的爱去爱他们，回报他们！下面请欣赏一段小视频，希望能给你启示，用你本学期收获的知识，写一副对联，表达对父母的感激和祝福。

2. 我们的校园是优雅而美丽的，同时又处处洋溢着浓浓的文化氛围和人文气息。校园里不仅有娇柔艳丽的花朵、小草和树木，还有同学们活泼好学的身影。一学期马上结束了，相信这段时光给你留下了美好的记忆，写一副对联，表达对校园的赞美之情。

3. 同学们，时光飞逝，一学期即将过去，本学期我们利用地方楹联课写楹联创古诗，在传统文化沐浴中成长，本次大赛作为地方楹联课的期末测验，成绩将登记在综合素质评价手册上。

本次大赛题目要求：校园生活是多姿多彩的，在过去的日子里，哪些场景、哪些事情、哪些活动甚至哪些画面给你留下了深刻的印象，用你本学期收获的知识，以校园生活为主题，写一副对联。

第三章　现代诗教课程的开发

“立德修身书山学海乾坤大，养心启智化雨春风气象新。”[①] 体现的正是我们立足社会发展需要，落实立德树人根本任务，以楹联诗词为课程资源和平台，传承中华优秀传统文化，构建学校现代课程育人体系的责任与信心。现代诗教课程开发的设想便是在这样的背景下产生的。但是，按通常的诗词创作学习方法，学习者需熟知诗词种类并背记其格律要求，这对每天备课上课批作业忙不完的一线教师以及懵懵懂懂的小学生来说，难度实在太大，既无时间也无心力。因此，借助楹联与诗词的亲缘关系进行诗词创作指导可以有效降低诗词创作难度，使“小楹联”的作用继续充分发挥，成为开发现代诗教课程的衔接性起步平台。

第一节　楹联课程与诗词课程的衔接

楹联是中华民族最精粹的语言形式之一。中华传统文化中，自《诗经》《离骚》至汉魏晋南北朝的赋、骈文和盛唐诗文、宋词等，皆有楹联独具特色的对称美和抑扬顿挫的音韵格律美的倩影。楹联以诗词化的训练和格律化的审美标准稳定了诗词文化的创作形态，同时又以诗词集联等活态分布丰富了当代诗词的存在形态。[②] 因此，楹联有“诗中之诗”的称号。楹联与诗词有天然的亲缘关系，楹联课程与诗词课程的衔接便有了天然的纽带。

---

① 中国楹联学会副会长肖良平先生题写在威海高区第二小学教学楼大门的一副楹联，是学校对学生做人与学习成长期望的诗意表达。

② 参见汪小洋：《楹联的文体特征及其对当代诗词的文化增殖》，《江苏社会科学》2019 年第 2 期。

一、楹联与诗的关系

绝句分“古绝”和“律绝”（“律绝”也叫“近绝”）。“古绝”是初唐之前形成的各种汉族诗歌体裁；“近绝”或“律绝”是初唐之后形成的诗歌体裁。这里要注意“形成”二字，即初唐之后形成的诗歌体裁是“近绝”或“律绝”，但初唐以后的诗歌体裁有“近绝”或“律绝”，也有“古绝”。若学生能严格地执行楹联格律，严格地按“两联即是一诗”的要求创作绝句，则其创作的绝句一定是“近绝”或“律绝”。因为“近绝”特别重视平仄，有“一三五不论，二四六分明”之说，而“二四六”即是前面楹联创作中我们提到的“音节点”。此外，“近绝”（律绝）通常押“平声韵”，这正好与楹联下联尾字平声相对应。但对小学生来说，从两句延展为四句，还要关注“押韵”是有一定难度的，因此，实际创作中，很多学生常常忘记联句中间的格律要求。这虽然成不了“近绝”，但是符合“古绝”要求。倘若老师此时强调过多，则“诗”的大门就从学生心中关闭了一大半，因此，初学绝句创作时，究竟学生创作的是“古绝”还是“近绝”一般不做特别强调。等学生从两句楹联至四句绝句的创作比较顺利之后（一般在五年级上学期），教师可以进一步就音节点问题进行规范。

接下来，我们继续谈楹联与绝句的关系。是不是两幅联放在一起就是一首绝句了呢？很显然，不是，因此，我们还要从细节上进一步梳理二者的关系。

（一）楹联与古绝

第一，无紧密关系；第二，二四句押同声韵（即同仄同平皆可，但平仄不可通押）；第三，第三句尾字与韵字声调相反；第四，句中不拘平仄。

如图 3-1 所示，《静夜思》《鹿柴》皆为古绝，每首诗一二句、三四句皆不符合“相邻音节点或上下联对应位置音节点平仄相反”等要求，因此，不是楹联。《静夜思》二四句押平声韵，《鹿柴》二四句押仄声韵。两诗第三句尾字与韵字声调相反，句中不拘平仄。

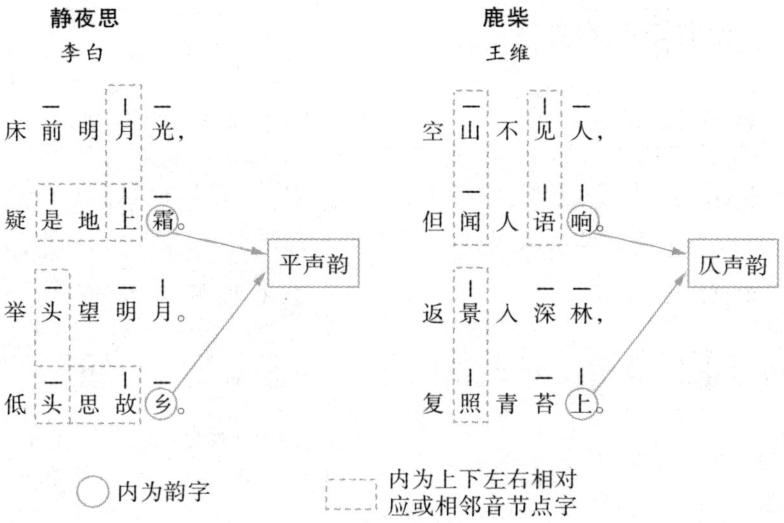

图 3-1　《静夜思》《鹿柴》的平仄及韵

（二）楹联与近绝

（1）两联为一诗。音节点难把握的，按“一三五不论，二四六分明”的格律要求进行规范。

（2）联间要“粘对”。“粘对”，读 nián duì，“粘”，言外之意是可重合的，即平声与平声相粘，仄声与仄声相粘。“粘对”严格地说，应是二四六三个字平仄相粘，但对小学生来说，前一联下联的第二字与后一联上联的第二字平仄相同，即可认为做到了“粘对”，反之为“失粘”，这在律绝创作中也是说得通的，且若学生第二字平仄规范了，按照楹联创作的要求，相邻两个音节点的平仄相反，其他字的平仄也就粘上去了。

（3）二四句押平声韵。这是古绝与近绝很突出的一个不同点。古绝既可押平声韵，亦可押仄声韵。近绝只能押平声韵，且若第一句尾字为平声，则一二四句的尾字都要押平声韵。具体事例见图 3-2。

绝句创作的平仄要求中，一定要避免“三平脚”或“三仄脚”，即诗句末尾三个字为三个平声字或三个仄声字。句中的“三连平”格律上是允许的。

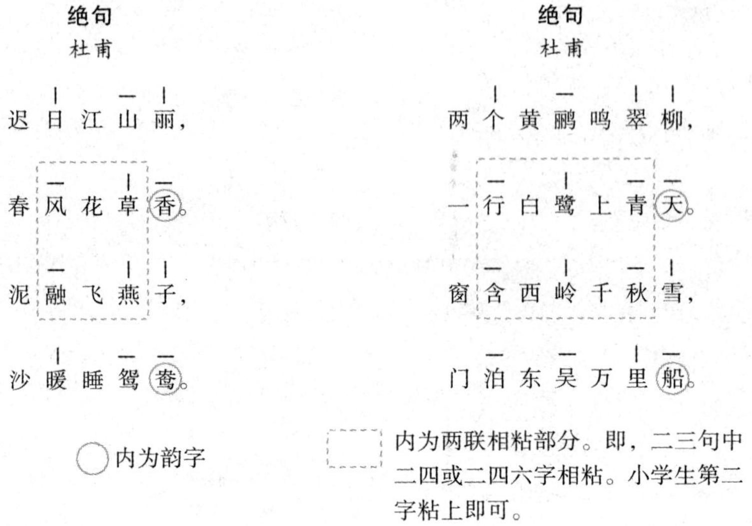

图 3-2　杜甫《绝句》两首平仄规律及韵

此外，“孤平”“拗救”也是常常听到的概念。“孤平”最通行的说法是在有韵字的句子中，除了韵字只有一个平声字。“孤平”虽然是近体诗尽量避免的，但不像“三平脚”那么严格，因此，中国吟诵学会秘书长徐健顺教授认为“初学者可以不用考虑孤平的禁忌”①。“拗救”是指一个位置本应用平声字，结果用了仄声字，或者本应用仄声字，结果用了平声字，这时要在后面相关的仄（平）声位置用一个平（仄）声字，以达到平衡。徐健顺教授认为，“拗”通常有特别的原因和含意，对很多千古名诗来说，“拗”才是意义所在，拗体不是初学者不合格律的习作，而是熟手、高手的个性化作品，所以初学者不宜作拗体诗。②

韵是诗词格律基本要素之一。学生所读古体诗或近体诗皆用古韵，小学生学习古韵的书有《声律启蒙》《笠翁对韵》等。古韵有平、上、去、入四声，其中，入声已随时间推移，散入普通话各声中，因此，中华诗词学会 2005 年推出的《中华新韵》，以《汉语拼音》注音为韵部划分依据。韵在诗词中有表达情感的作用，作诗者不可不关注。一般来说，开口大、发声时底气足的韵，气势、情境都比较开阔；开口小的韵，表达的情感委婉、细腻些。

---

① 徐健顺：《普通话吟诵教程》，广西师范大学出版社 2018 年版，第 273 页。

② 参见徐健顺：《普通话吟诵教程》，广西师范大学出版社 2018 年版，第 273 页。

（三）绝句的篇章结构

绝句的篇章结构离不开四个字——起、承、转、合。“起”是切入话题或者谈起话题。“承”是顺接着上文，继续叙述描写。“转”是全篇的关键，“转”可以从景物转到人的思想感情，也可以从人的活动转到景物状况，还可以从当下情景转到未来情景或从过去人事转到现在情景等。“转”的目的是拉起或强调，以拓出新意或深意。“合”是为点明主题，或点明蕴含的道理，或点明诗人情感，或拓展景色的神韵。

一般来说，绝句的头两句一起一承切入话题，三四句为一转一合，点明主题。当然，也有个别诗不是这样，小学生阶段不必多讨论。

（四）楹联与词

词的词句也是平仄相间的，这一点与联、诗相同。[①] 词，起源于民间或燕乐，是一种诗的别体。词到宋代，进入全盛时期。词最初称为“曲词”或者“曲子词”，是配合宴乐乐曲而填写的歌诗，词牌是词的调子的名称。词根据调子的不同，有不同的词牌，常用词牌大约 100 多个。每个词牌在句数、字数、声调上都有规定。词按字数多少分为小令（59 字以下）、中调（59～90 字）、长调（91 字以上）。对小学生来说，词的创作只能在小令中尝试。其中，《十六字令》是学生普遍喜欢且创作起来比较轻松的，其他如《渔歌子》《望江南》《长相思》等也是学生能够作得了的。

《十六字令》，共 4 句，每句分别是 1、7、3、5 字，共 16 字，整首词一、二、四句押平声韵，最后一句一般会点明主题。正体三平韵，一、二、四句押平声韵。变体第二、四句押平声韵。

《渔歌子》，共 5 句，每句分别是 7、7、3、3、7 字，共 27 字，其中一、二、四、五句押平声韵。三、四句为一副三字对联，最后一句点明主题。

《望江南》，共 5 句，每句分别是 3、5、7、7、5 字，共 27 个字。其中二、四、五句押平声韵。三、四句使用了对偶。《望江南》在唐朝时为单调小令，至宋朝时多为双调。

《长相思》，常分为上下两阕，每阕 4 句，分别是 3、3、7、5 字，上下阕各 18 字，共 36 个字。其中，每阕每句皆押同一平声韵，一、二句叠韵。

---

① 参见徐健顺：《普通话吟诵教程》，广西师范大学出版社 2018 年版，第 275 页。

二、诗教中相关语言素养

叠韵：在《长相思》词牌中，即相同的一个字分别在相邻的两句的韵脚。如“山一程，水一程”中“程”字重复出现在前一句和后一句的韵脚，“风一更，雪一更”中“更”字重复出现在前后两句的韵脚。再如“汴水流，泗水流”中“流”字重复用在前后两句的韵脚。

对偶、对联、对仗：对偶是一种修辞手法，是成对使用的两个文句“字数相等，结构、词性大体相同，意思相关”[①]。对联，就是本书所讲的“楹联”，它是一种独立的文体，其特点在此不赘述。对仗是在对偶基础上，上下句同一结构位置的词语必须“词性一致、平仄相对”，并力避上下句以同字相对。[②] 就对偶与对仗相比，对仗是对联、诗词歌赋中的一种构句手段，其外延没有对偶大。

正体和变体：一个词牌产生后，它的格式也随之固定下来，这种固定的格式被称为“正体”。但很多比较有成就的词人在创作过程中，觉得依原来固定的平仄、句读去填，不符合自己的意脉，有点削足适履，于是稍加修改，并不改变词牌，称为“变体”。一般“正体”平仄较宽，“变体”平仄相对较窄，因此，初学者应先学正体，弄清平仄和句法结构后，再习变体。对小学生来说，学正体即可。

第二节　校园大诗教课程策略

谐和为美，小大由之。从小楹联到大诗教既是楹联诗词天然亲缘关系的牵引，也是时代要求使然。《中华优秀传统文化进中小学课程教材指南》强调要“衔接古今，赋予中华优秀传统文化新的时代内涵和现代表达形式，促进创造性转化和创新性发展”。《语文课程标准》指出“充分利用已有的资

---

① 参见刘太品、叶子龙主编：《联律通则导读》（增订本），中国诗词楹联出版社 2017 年版，第 14 页。

② 参见刘太品、叶子龙主编：《联律通则导读》（增订本），中国诗词楹联出版社 2017 年版，第 15 页。

源，积极开发潜在的资源”[①]。校园大诗教课程策略便是在此思路下，以“古今协同、文以化人”为理念而成。无论小大，谐和为要！师生发展，立德树人为要！

一、从小楹联到大诗教

从小楹联到大诗教包含着二者之间的关系。楹联虽小，却是撬起诗教的关键。首先，“小”与“大”源自“楹联”与“诗教”的特点。楹联天然篇幅“短小”，构成楹联的基本单位——词，更“小”；诗教，自古以来是通过诗教化民众的方法，无论从篇幅还是在历史长河中发挥的教化作用，与楹联相比，诗教都离不开“大”字。其次，从本人与楹联诗词接触的经历来看，“小楹联”自有一种亲切之感，它的“小”常常是化解初学者畏难情绪的良剂；而“大诗教”，更易给人以广阔而有力的感觉，它的“大”是链接传统文化与三级课程，课堂与生活，文字与“育人”的桥梁。

对小学一线来说，从楹联的“小”入手，开展师生、生生对字、对词，或炼字、炼词等小游戏，不仅可以充分激发学生对母语的喜爱，对汉字词语学习的兴趣，而且能快速提升学生的语感及逻辑思维能力，提升其深度阅读、积累、创作的能力。此外，从小楹联到大诗教是以“创作”为主线的，当师生从小楹联的创作一路走向诗词创作时，这些创作经历会不断培养其诗心，促使其形成诗家思维，高雅其言行举止，扩大其人生格局，诗意校园氛围自然形成，诗教之“大”便得到深层次落实。

诗教是教化之方法，也是能力和思维的培养、训练之方法。诗教之“大”，可从不同角度进行综合解读：从学校发展角度看，以楹联诗词创作为切入点的诗教，可在“教学相长”过程中自育学校传统文化师资力量，形成可持续推动学校内涵发展的人力保障；从师生个体发展角度看，联诗创作活动在提升师生个体语文综合能力及创造型思维、逻辑概括思维能力的同时，必定引发更深层的经典阅读行动及个体行为的变化，这不仅丰厚师生个体文化底蕴，亦能提升师生人文素养；从诗教内容体系看，楹联诗词创作与阅读，楹联诗词创作与散文、现代诗歌创作皆互相关联、互为补充、互相融合、互相促进，因此，将国学吟诵、古今经典阅读、散文与现代诗歌创作纳入其中，文化育人便在其中，诗教之“大”便在广度上得以落实。

---

① 中华人民共和国教育部：《语文课程标准》，北京师范大学出版社 2011 年版，第 34 页。

二、大诗教推进策略

深度与广度的融合构建了立体的诗教课程。以我所在的威海高区第二小学为例，我们以楹联创作为点，以诗词散文阅读、创作为面，以传统文化学习与多学科整合为延展，以生活实践为体，形成了全面立体的育人空间。大诗教推进策略如图 3-3 所示。

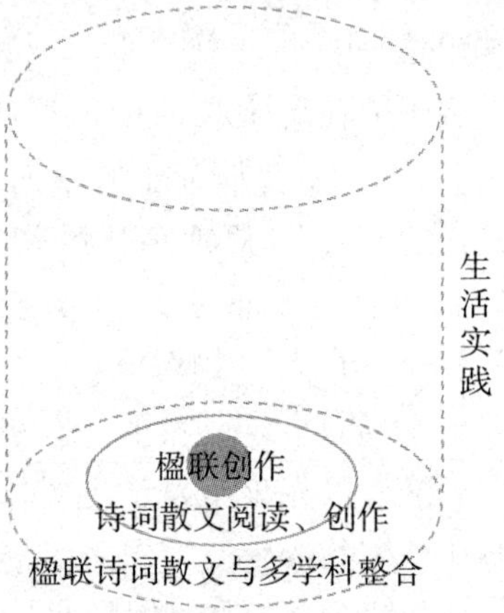

图 3-3　大诗教推进策略立体示意图

（一）背景分析

楹联作为家家户户喜爱的文体，以其短小、凝练、实用、可鉴赏、可游戏等特点，自古以来便是师生教与学的重要载体。它不仅对激发学生对母语的喜爱、对汉字词语学习的兴趣有着重要意义，对提升小学生语感及创造型思维、逻辑概括思维能力也有着重要的作用。楹联与诗词又有着不可分割的亲缘关系，因此，将楹联、诗、词融为一体形成小学生诗教专题课程，并在此基础上，将联、诗、词的学习与国家课程、地方课程及校本课程进行整合，使师生在多学科平台上进一步感悟联诗带来的艺术的、审美的、深层次的教化作用，不仅可以促进学生语文素养、逻辑思维能力的提升，更能营造诗意校园的学习生活氛围，最大化地使“诗教”在多学科整合课程实施中落地，从而无痕地实现诗的教化作用。

2016 年 9 月，我调入威海高区第二小学，站在新的起点，思考、讨论学校发展新的突破点时，“传统文化”成为我们的首选：传统文化可以使“协同”，尤其是“家校协同”在拥有了宽度与广度之后，从深度上，获得向上向下纵向持续发展的动力；二是传统文化可以使威海高区第二小学这所百年老校真正拥有与“百年”相称的根基，拥有与“百年”相称的庞大树冠和充满无限动力的发展契机；三是传统文化可以使师生获得思想的大格局、文化的大提升、发展的大智慧。

然而传统文化浩瀚无垠，学校师生文化底蕴、相关知识储备皆很薄弱，即使是语文教师，也仅限于课本中的文化知识积累，尤其是中华传统文化经典，偶有涉猎已算不错。在这样的情况下，唯有找到简单轻松的传统文化学习切入点，方可快速提升师生文化素养，实现以传统文化深化学校特色发展、推动师生进一步成长提升的目标。这个点，就是楹联。原因有五：一是独有性，任何国家都没有；二是短小精炼、简单易学；三是用字讲究，可快速提升语感；四是资源丰富，学用方便；五是楹联是诗词创作及拓展阅读的基础。

但现实是，即使是如此简单易学的楹联，教师依然有望“联”生畏、不知如何下手之感，于是，我们顺沿楹联之“小”，以其最小单位“词”为教学起点，通过组词、品词、炼词，连词成联，与各学科教学整合，使师生在短时间内爱上楹联，并主动为能够创作出更好的楹联作品展开经典阅读行动。师生创作、阅读、语感、审美层次等呈螺旋式上升态势，为校园大诗教课程的推进奠定了良好的基础。

（二）大诗教实施框架

大诗教实施总框架关注八个字：“人、法、课时、活动、展、评。”

“人”，指实施人员以语文教师为主，班主任及其他学科教师为辅。

“法”，强调课堂学法，生活实践中得法。

“课时”，指整合地方传统文化课及道德法治课时，间周进行授课读写。

“活动”，由班主任老师引领学生以班级生活、校园活动、节日文化生活（如篮球赛、运动会、班队会、二十四节气活动等）为内容开展常态化创作；语文教师引领学生课外阅读美文或精美段落，进行读书笔记式的阅读心得联创作；其他学科教师则通过楹联带学生走进广阔的自然与生活，解读楹联，开展联与自然、联与画、联与校园一草一木等创作活动。

“展”，由学校办公室及诗教课程开发课题组负责，通过编写校报《成长在线》、校刊《成长诗刊》定期展示师生优秀联诗作品，每学期一期，广泛印刷，家校共读，使学生联诗创作既拥有大量的时间空间，大量的生活素材，又拥有广阔的展示平台，以展促学，以展促思，以展示获得来自各方的激励。

“评”，以学校教导处为责任科室，以促进学生作品质量不断提高为目的，每学期设两次全员楹联诗词现场练笔评测机会，一次是以“迎六一”或“庆元旦”为主题的综合型联诗专题练笔，可自选登台口头创作，可选艺术长廊联配画，可选教室门及楼梯楹联书法，还可选庆祝现场的应景联；另一次是以期末命题式现场练笔为评测内容。此外，“评”还包括每月每学期班级与学校联合进行的“小才俊”及“风雅少年”评选。

八字框架打破了课堂墙壁，学生在课堂内外协同一致的生活大舞台上，充分感悟联诗带来的艺术的、审美的、深层次的教化作用，提升了文化素养，提高了文化自信，激发了创造潜能。

三、阶段计划及目标

(一)一期目标及时间:提升整体文化素养,形成研究成果(2016.9~2020.1)

1. 第一阶段：准备、宣传、培训、尝试阶段（2016. 9~2018. 9）

（1）制定方案，进行概念解读，组建研究小组。

（2）宣传发动，形成氛围，营造研究良好态势。

（3）开展教师培训，形成全校教师楹联学习创作氛围。

（4）以上率下，局部开展“小楹联”教学活动及生活应用实践。

（5）设计问卷，开展“小楹联”前测问卷及阶段问卷，汇总数据。

2. 第二阶段：行动研究阶段（2018. 9~2019. 9）

（1）创编教材，形成“小楹联”教育教学梯度。

（2）全校推开“小楹联”教学研究活动，组织进行课例打磨，研究教学策略。

（3）调整课表，开设楹联与地方、国家课程整合课程，以固定课时将“小楹联”与三级课程进行链接。

（4）继续将“小楹联”向学科课堂、课外生活拓展，并链接学校特色，实现课程的古今协同、“小楹联”与“大诗教”的协同，以“小”见“大”，初步实现“从小楹联到大诗教”整合课程体系。

（5）按期完成“从小楹联到大诗教”整合课程阶段问卷，汇总数据。

3. 第三阶段：小结提升阶段（2019. 9～2020. 1）

（1）梳理研究过程资料，形成系列课例、教案、随笔、论文等。

（2）撰写研究报告。

（二）二期目标及时间：进一步深化研究，精准提炼成果（2020.1～2021.10）

1. 第一阶段：反思培训阶段（2020. 1～2020. 10）

（1）全面反思，聚焦核心问题。

（2）参与高端培训，重锤敲鼓，针对核心问题制定改进方案。

（3）针对一期工作中呈现的“从小楹联到大诗教”整合课程教学过程中出现的问题，层层开展深度培训，并进一步宣传发动，推开二期研究。

2. 第二阶段：深度研究阶段（2020. 10～2021. 9）

（1）对照核心问题，修订教材，搜集整理相关课程资源。

（2）加大相关数据搜集与分析，对照修正相关研究行动。

（3）进一步拓展深化“从小楹联到大诗教”整合课程教学研究，提炼课堂评价标准，梳理深度教学策略。

3. 第三阶段：二次大总结（2021. 9～2021. 10）

（1）整理资料，梳理形成系列课程资源、师生作品等。

（2）进一步提炼，形成新的研究报告。

四、预期成果

（1）形成系列“从小楹联到大诗教”课程资源。

（2）提炼“从小楹联到大诗教”整合课程路径及教学方法、策略。

（3）师生楹联诗词等作品集锦。

（4）学生阅读、习作及思维能力提升的调研问卷及数据。

（5）教师队伍文化素养提升，语文教师教学专业水平及语文综合素养提升。

（6）梳理论文、随笔、课例等过程化研究成果，以及形成研究总报告。

五、具体措施

（一）宣传发动，组建骨干研究团队

由本书作者带头，宣传解读“从小楹联到大诗教”整合课程教学概念及研究意义，同时，组建以校长室为主要责任科室，以教导处专题组为具体实施科室，以年级指导员、年级学科备课组长为主要研究力量的骨干研究队伍，从“小楹联”整合课程教学研究开始，分头负责不同年级的研究实践活动。

（二）组织培训，提升研究团队专业能力

在已有培训基础上，向实践视角下的教师科研、中小学生核心素养、《语文课程标准》等相关文件、楹联诗词品读与创作等领域深度推进，培训版块大致可以分为五个版块：一是提升骨干教师研究能力，为研究过程中有效的小结、反思、改进、提升奠定基础；二是核心素养研读活动，以语文素养为例，它作为学生核心素养的一部分，它的关键点在哪里、它的落实途径、它与其他素养之间的关联等，皆是教师研究过程中需要了然于胸的内容；三是课程标准等相关文件研究，这是对语文素养、文化素养等在教学过程中落地的进一步解读；四是“从小楹联到大诗教”专题课程、整合课程教学研究，从学校特色学子培养目标角度研究楹联诗词与三级课程整合的有效路径与方法，同时从心理学、语言学角度开发游戏及楹联诗词研读创作活动，使师生在有趣味、有梯度的教学活动中，轻松获得语言的积累、思维的提升；五是开展传统文化专题活动，尤其是联诗文化学习创作等活动，通过活动进一步丰厚教师的文化底蕴，使教师有能力驾驭“从小楹联到大诗教”课程，并不断提升“从小楹联到大诗教”课程教学质量，为全面提升学生语文素养铺好路。

（三）关注过程，关注数据分析

设计“从小楹联到大诗教”整合课程教学质量评价问卷及前测后测问卷，通过问卷汇总，数据分析，为研究提供真实可靠的参考，引导研究不断改进。

（四）修订教材，提供科学的教学载体

在原有“小学对课”基础上，融汇多学科骨干教师力量修订改进为《多彩联诗》，使其成为字词与楹联、楹联与诗词、楹联诗词与学科课堂联结的载

体，为“从小楹联到大诗教”课程教学更科学化、更序列化铺路搭桥。

（五）开展活动，加速师生素养提升

顾明远先生主张“活动教育”，强调活动对学生成长有着重要的作用。因此，指向学生语文素养提升的“从小楹联到大诗教”整合课程教学也应是伴随一个又一个难忘的活动而存在的，“教学”在学科课堂间、课堂内外是相通的，只有这样，教师的“教”才能在学生心灵留下深刻印象，学生的“学”才能真正成为素养烙印在身。

（六）规范评价，明确评价标准及体系

学生在“从小楹联到大诗教”课程学习过程的学习成果评价标准及评价体系的确立，是推动学生产生持续学习热情、推动“从小楹联到大诗教”课程教学质量不断提升的助力剂，因此，本课程要通过实践，不断验证并完善其评价标准及体系。

（七）总结提炼，形成研究成果

定期进行阶段小结，每学期、每学年进行一次全面的总结，在总结中提炼成果，发现问题，并不断改进研究方法与策略，使研究真正促进师生成长，推动学校整体发展。

六、工作保障

（一）组织保障

一是以上率下，层层带动。校长室牵头，行政领导跟进，以干带群，以师带生，确保研究工作落地，研究行动有实效。

二是加强宣传，保护信心。通过校内外宣传平台，积极宣传研究意义及过程化成果，形成良好工作氛围，保护教师研究的信心。

三是加强督导检查。设置校长流动课表，组建师生“从小楹联到大诗教”课程教学活动设计小组及活动作品评价标准，科学合理制定每周工作配档，并跟进相关工作的检查与督导，及时发现问题、整改问题。

（二）机制保障

建立工作、学习考评机制，列入师生考核，鼓励教师主动参与、积极教研，带动学生参与“从小楹联到大诗教”课程学习及活动的积极性与成就感。

（三）经费保障

落实研究经费。综合考虑资源建设、教师培训、阵地宣传等方面的需要，确保各项工作协调发展，努力提高资金投入的效益。加强专项经费使用的监管和公开透明，杜绝重复投资和浪费，确保公开廉洁。

第三节　大诗教课堂的实施路径

点低坡缓，柳暗花明。“以师带生、师生同创”“减缓坡度——低起点、小台阶”是实施大诗教课堂的思路，也是本研究在初期经历教师望联生“畏”的“柳暗”之后蹚出的一条明朗轻松的诗教之路。我们通过放低标准要求、灵活教学形式，用对词、品词、对句、赏联、组联成诗、为诗填字等游戏活动激发学生母语学习的兴趣，提升他们的语感及逻辑思维能力，提升语文综合素质，用师生同创的学习氛围浓郁学生学联学诗的良好情感体验，奠定其传统文化学习的良好基础。

一、在楹联习作的基础上，开展绝句和律诗创作体验

《中华优秀传统文化进中小学课程教材指南》在“组织实施”部分明确提出：“加强面向全体教师中华优秀传统文化教育培训，全面提升师资队伍水平。”这一要求传递了至少两条信息：一是传统文化教育在一线落实的关键在教师，二是当下中小学教师传统文化教育基础亟须提升。鉴于以上分析，大诗教课堂的实施，无论是课堂还是生活中，教师都是关键，因此，本书在本节首先提出的就是以楹联创作实践为起点，提升教师诗教课程素养。这里，“起点”的定位很重要，本书在前面加了一个字“低”，即“低起点”，以教师学楹联诗词创作的体验为基础，引发教师对格律诗创作教学的思考，以此提升诗教课程设计与实施水平。

需要进一步解读的是，“低起点”要坚持两个指向。一是“写”的要求要放低。尤其在开始“写”的时段，只要“敢做、能做”，达到上下联字数相同，上联尾字平声、下联尾字仄声的要求，即是“好联”。在此基础上，第二学期提高到每一个音节点平仄的规范，两个月后以“两联即是一诗”为衔接，尝试绝句、律诗创作，一年内完成诗教课程基础训练轻轻松松。至于楹联创作中的“内容相关”一项，不要求大家也能做到，干脆不提。这样，既放低了写的要求，又放缓了“写”的坡度，降低了“写”的难度。教师“写”的心情放松，“以师带生”的热情便高。教师掌握楹联规则的要求如图 3-4 所示。

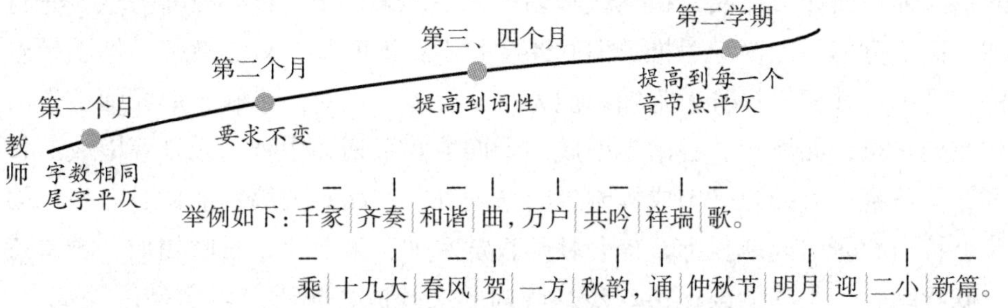

图 3-4　教师掌握楹联规则的要求

二是“写”的学习形式放低。“以师带生”必然要“师生同创”，现实的情况是大多数一线教师皆无楹联创作经历，畏难情绪在所难免，因此，楹联创作学习中老师亦是小学生，而对任何“小学生”来说，低段小朋友喜欢的“对词”游戏及“连词成句”游戏都会让人自然产生轻松感，这不仅可以提高大家参与的积极性，也是我们在实践中找到的非常有实效的方式。举例来说，给一个主题，比如“秋季”，然后罗列与秋季相关的词语——凉风、气爽、叶落、瓜果熟等，把这些词语连起来就是一副联“风凉摧叶落，气爽括瓜熟”，这样在玩中学“写”，简单轻松。

二、运用螺旋课程方法，设计绝句和律诗习作课程梯度

螺旋式课程方法是“以与学生思维方式相符的教学方式，将学科结构置于课程的中心位置，随着年级的提升，不断拓宽加深学科的基本结构，使学生的综合能力在课程学习中呈螺旋式上升的态势”，“布鲁纳指出，一个好的螺

旋式课程应与学科的知识结构、学生的认知水平相统一，并重视知识的形成过程”。[①] 因此，大诗教课堂的实施在和楹联诗词创作知识结构相统一的同时，将学生认知水平、知识形成过程与教师个体创作体验、教师团体实战式教研紧密链接，形成了以“小台阶”为关键词，以楹联诗词创作梯度目标建设为基础，教师共研、师生同创、研学一体、思改同行，由浅入深、由易到难的大诗教课堂实施路径。

“小台阶”指教师楹联诗词创作学习与课堂教学及师生生活实践的层次安排：第一步，是设五分钟微课，用“对词连词”游戏打消畏难情绪；第二步，一对一、面对面评改作品，提高教师创作水平；第三步，核心教师为点，先行备课、面上分享，点面牵手推开楹联课堂教学；第四步，核心教师手把手带着教师梳理编写教材，提升教师知识能力；第五步，点对点串联，形成师生生活创作系列素材，如清明、谷雨等串成二十四节气系列，中秋、元旦等串成节日系列，篮球赛、大扫除等串成校园生活系列等，作品可上墙、上树、登报；第六步，接力教研、同课复上，提升教师教学水平；第七步，联联相加，步入诗词，联吟结合，主动阅读；第八步，诗词散文链接、联诗与多学科课程整合、生活实践同步进行，“诗教”课堂大门被打开，师生生活走向高雅。八步台阶走进“大诗教”课程如图 3-5 所示。

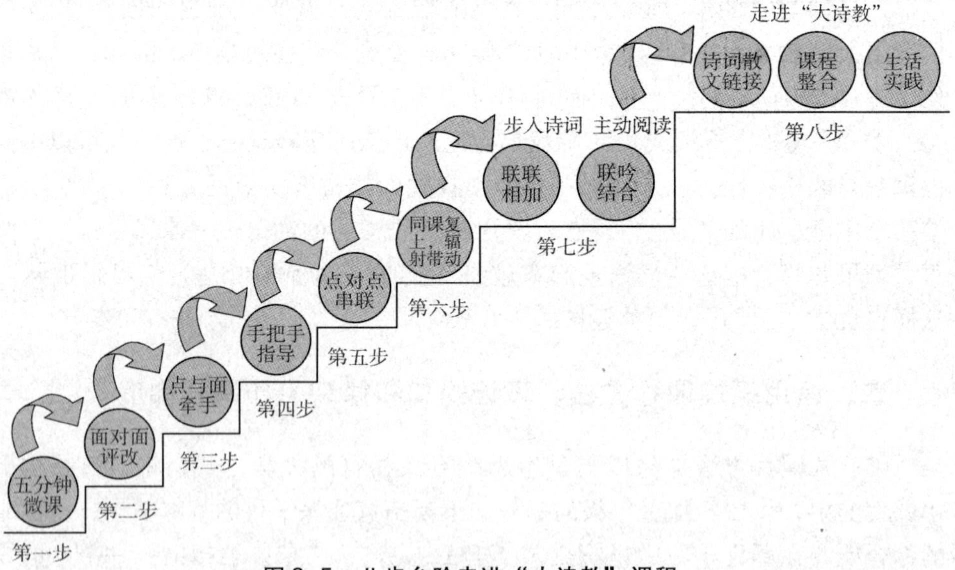

图 3-5　八步台阶走进“大诗教”课程

① 桑娅洁：《螺旋式课程在初高中衔接教学中的应用》，《语数外学习》（高中版）2020 年第 2 期。

自2016年首次提出“小台阶”培训策略至今，五年的实践验证，八步台阶步步相依，阶阶扎实，教师学习热情高，必然带动学生学习热情高，师生对母语之亲近，对创作之喜爱，对自我语文综合能力之自信，对弘扬优秀传统文化之激情自然而生，大诗教便在其中。

三、深入研究，完善课程

师生楹联诗词创作梯度的设计与实施只是良好的开始。从小楹联到大诗教课程开发需要科学的方法贯穿其中方能走深走远。苏霍姆林斯基曾建议：“让教师学会从事创造性研究，首先应当从告诉他们观察、研究和分析事实的方法着手。”“对于‘家常课’也需要思考与研究，需要科研的引领。”① 因此，我们先后申报了山东省规划课题“校园楹联教育的策略与途径的研究”（项目编号2013JG298）、威海市教育科学“十三五”规划课题“以传统文化教育深化学校特色发展的研究”（课题编号KY2016201）、山东省教育科学规划“疫情与教育”专项课题“小学家校协同应对疫情的网络教与学模式的研究与实践”（课题编号2020YZJ208），从校园楹联专题教育、楹联诗词教育与传统文化教育及学校特色发展关系、楹联诗词教育与家校网络教与学三个角度引领教师展开深度研究并分别于2015年、2016年、2020年顺利结题。三项课题研究使我们更加深刻认识到楹联教育承载着巨大的教育功用。

（一）拓展楹联课程育人的有效性

一是育德。楹联教育可以激发学生民族自豪感和爱国情怀，可以培养学生的良好品格，可以磨炼学生的意志，可以培养学生的团结协作精神。二是益智。楹联教育有利于提高学生思维能力、创新能力；有利于提高学生感知力、注意力和记忆力；有利于拓展师生的知识面，提高师生的语言使用能力；有利于培养师生阅读的兴趣，提高师生阅读及写作的能力。三是提高综合文化素养。楹联诗词蕴藏着极其丰富的文化科学信息，传承着几千年来的文化积淀，帮助学生丰富生活阅历和人生经验，提升人文素养。四是楹联诗词教育研究可以强校。我们培养大批有特长的学生，以此来提升学校的声誉。同时，通过教科研有利于学校教育理念的形成，也有利于教育理论的学习和运用，促进了教师队伍的成长，为学校的发展增强了后劲。

---

① 刘怀萍：《以教育科研引领区域教师专业发展的思考与实践》，《基础教育论坛》2021年第7期。

（二）发挥从小楹联到大诗教课程开发的规模效应

一是发挥人员规模效应。以校长、中层先行，教师跟进，学生学习，家长加盟为策略，突出“要想学生会教师要先会，要想教师教得明白，领导要先行”的原则，层层推进，有序扩大诗教课程开发实施的人员规模，使学生在师生共学、共用，家校研学及家长社团的氛围带动下，学习兴趣不断浓厚。二是发挥能力提升规模效应。以楹联的“写”为点，切入诗词的“写”，以“写”带动国学经典的“读”和“悟”，并在不断累积的“读”“悟”基础上，返回来提高“写”的质量和“行”的实效，使师生个体能力提升面不断扩大，促进其全面发展。三是发挥内容学习规模效应。以“小”楹联为点，切入“大”诗教，借助“六保”（“六保”将在本章第四节第一部分介绍，此处不赘述），使诗教课程开发通过“自然整合”“生活应用”落至“人”的培育上，使诗的教化作用充分落地。此外，在课堂质量保证方面，按“1+1+1+……”的模式，以集体备课、接力上课、集体观课改课至全校展示的方式，使教师教研力量充分凝聚，成为推动诗教研究的动力。

四、多彩活动，润物无声

浓厚的环境文化能够激发师生教与学的兴趣，陶冶情操，净化心灵，身心愉悦，起到润物无声的育人效能。我们也将联诗文化融入学校环境文化建设中，一是注重环境熏陶，借楹联突出文化特色。学校教学楼、大厅、艺术长廊、报告厅等门口分别悬挂有中国楹联学会副会长肖良平、中华诗词学会顾问杨逸明等联界、诗界大家为学校书写的对联。与此同时，校园景区、教学楼走廊、楼梯都张贴有师生创作、书写的楹联诗词作品及散文作品，极富个性和独具特色的诗风诗韵氛围使全体师生每天置身于诗教的海洋，醉染楹联诗词文化的艺术精华。二是注重阵地建设，突出引领作用。为全校教师配发书法用品，鼓励教师将练字与联诗创作融为一体，对学生起到引领作用；每周进行微信公众号亲子创作或诗歌散文个体成果展示；间周一次联诗生活主题创作及评选展示活动，如家乡、四季、纪念日、节日、节气、校园活动等主题创作；每月一次校园景区、楼梯墙面联诗作品更新，每学期校报校刊征稿，使师生优秀的楹联诗词作品、现代诗歌及散文写有所用，激发了师生学习、欣赏、创作楹联诗词的浓厚兴趣。三是开展时事专题创作活动，彰显育人价值。比如党的十九大专题创作，十九届五中全会精神学习专题、抗疫专题、校史学习专题、民法典学习专题、红色精神学习专题创作等，使学生在诗教课程学习中学会“家事国事天下事事事关心”，懂得“家是最小国，国是千万家”道理，培养家国情怀，培育爱国主义精神。

五、诗心初成，成果激励

“书香馥郁激情志，诗意芬芳润品学。”[①] 翰墨飘香的楹联文化潜移默化熏陶了学生情操，博雅精深的楹联内涵春风化雨般浸润了孩子心田，学校的楹联教育取得了可喜的成绩。

（一）学生语文综合素养不断提高，文化课成绩稳中有升

一方面，对联对仗的基础是对偶，言简意赅，能用简要的语言表达明确的含义。学习了对联，学生恰当运用修辞和把握句子结构的能力稳步提升。另一方面，对联往往要引用史实、典故、名言，要求学生在阅读时大量涉猎。学生在查阅资料、积累对联的过程中，学生的感悟能力、探究能力、自主学习能力得到了提升。学生能够在日常作文、谈话中自觉运用对联，作文的题材不断扩大，内容不断丰富，不再是言之无物、空洞乏味了。更可喜的是，通过一段时间的楹联学习，学生的观察能力、遣词造句的能力也得到极大的提升。“始进初冬雪不大，终出深秋风如飞”，“朔风呼呼头上蹿，初雪飘飘脚底飞”，“风雪归来衣已厚，冰寒疾降人更冷”，“风吹落叶空中舞，雪飘枝头树上依”……这是孩子们创作的威海初冬风景联，从这些作品中我们不难看出，孩子们对冬天的感知不再仅仅停留于冷、荒凉等华丽辞藻的堆砌上，而是有了自身细腻的感知、真切的体会，初冬的小雪纷飞、落叶飘舞、朔风漫漫……纷纷被孩子记录于笔端，文字呈现出生动的感染力。孩子们的作品精彩纷呈：

细雨蒙蒙千枝绿，桃花朵朵万树红。

——一年级董峻熙同学的“春分话威海”主题联

田赛径赛赛赛激烈，旗队乐队队队精神。

球入篮筐投梦想，身飞赛场舞未来。

——一年级崔铭俣同学、二年级吕海雨同学的“运动会”主题联

① 此联为2018年五年级学生创作的母语文化节主题活动联。

天短情不短，岁长福亦长。

——三年级于医铭同学的“金鸡报春”主题联

书声琅琅传校舍，喜悦浓浓溢心间。

温馨庭院花似锦，快乐操场草如茵。

——四年级韩艺俏、五年级丁蒙爱同学的“校园生活”主题联

……

不仅如此，在威海火炬高技术开发区教研中心每学期的教学质量调研中，威海高区第二小学学生成绩持续保持前列。教师、家长、社区的认可成为诗教课程开发成效的最好印证。

（二）楹联课程提升教师文化素养，学校育人文化空前活跃

通过节日祝福短信的网上面对面评改、专题创作后的现场面对面互动、校长室里的面对面点评等措施，全校教师的楹联创作水平在一次次认真的平仄规范、品词炼字、推敲切磋中得到了快速提升。楹联，不仅成为丰厚教师底蕴的培训方式，更成为一种沟通交流方式，真正走进老师们的生活。生活的点点滴滴，串联成了学校教师楹联创作的大舞台：

张灯结彩迎好友，涉海扬波贺祥年。

——一年级包班教师张蓉赠给父亲张波的嵌名联

柔情似水显娟秀，岁月如歌见芳香。

——新毕业的数学教师姜楠赠给母亲显娟的嵌名联

百年积善祖先名盛，千载传香儿孙才高。

——语文教师宋菲菲赠给母亲孙善香的嵌名联

翠柳拂堤春景丽，红梅蕴蕊冬意新。

——音乐教师常虹娜赠给初丽梅的嵌名联

金鸡献岁百福至，俊鸟鸣春万家兴。

——美术教师董银的2017春联

仙猴逸舞笑辞旧岁，金凤高歌喜贺新春。

——语文教师王晓秋的2017春联

体育老师毕军涛的联作也很精彩：育人间桃李，成天下英才。

“立德修身书山学海乾坤大，养心启智化雨春风气象新。”这是本章伊始我们呈现的中国楹联学会副会长肖良平先生的亲笔联，联句写出了我们学校的育人文化气象。我们相信，有了楹联文化的浸润，威海高区第二小学这所百年

老校一定会在传统文化的积淀中升腾起新的希望。我们也一定会努力用行动践行中国楹联学会顾问委员会主任兼秘书长胡春奎先生对我们的勉励："名师执教培桃李尽心尽力，学子知勤成栋梁为国为民。"

（三）社会关注，人民满意

学校以"常态践行""自然整合"为关键词，将楹联诗词与地方课、国学吟诵与道德法治课整合课时，大诗教课程与各学科课程、大诗教课堂与师生活动整合内容的思路延展到家校共育层面，通过老师的双手牵引学生的小手，学生的小手拉动家长的大手，带动家长与孩子一起学楹联、写楹联，一起进社区赏楹联、研楹联，积极参与学校组织的楹联创作活动和楹联文化研学活动，师生家长楹联创作的兴趣和水平共同得到了提高。每学期，校报、校刊都能收到师生家长精品对联上千副。每学期的学校开放日时间，家长们都兴致勃勃地在课堂中与孩子一起跟老师对对子、吟经典。学校发起的济南曲水亭街楹联文化研学等活动收到家长热烈回应。山东省教育科学研究院官网五次报道学校联诗及传统文化教育活动。2020 年 6 对家庭在威海市区抗疫专题活动及威海市《教育之声》栏目分享楹联诗词及创作心得；威海市诗词楹联学会三次为我校学生"嵌名联赠抗疫英雄""白衣天使，我想对你说"等专题诗联作品制作美篇向社会推送，每篇点击近千人。笔者受威海市《教育之声》栏目邀请做的以亲子诗教策略为主的"家校协同应对疫情网络教与学实践"在线收听率达到栏目组往期的 2 倍多。2021 年 6 月，威海市小学"红色故事进课堂"推进活动现场会上，校园内景区、走廊、楼梯、教室门口、大厅展台等无处不在的学生红色联诗作品惊艳了与会领导专家及教育同仁。五年级学生张雅萱的《望江南·马石山》："山之大，抗战敌无情。为护群众舍己命，四进三出脚步轻。能不忆恩情？"一年级王睿彤同学的"看电影知党史，折纸花念恩情"，三年级王佳同学的"一副雄心趟烈火，满身正气闪金光"等作品让现场老师久久难忘……

第四节　诗教课程与中华传统文化教育

常常在课堂上、校园里、生活中看到这样的现象：品德课上，学生振振有词，一下课，所有承诺便到了九霄云外；传统文化课上，《弟子规》《孝经》朗朗成诵，一回家，就变成了父母呼，应得缓，或饮食，或坐走，长者后，幼者先……怎样将学生的“知”深入心、化为行，真正落实中华优秀传统文化的育人功能？这是值得深思的问题。

一、强化“写”的体验，深化学生对传统文化的情感

我们的实践证明，以“写”楹联诗词的体验引导学生，不仅提升学生的写作水平，还能有效地增进学生对传统文化的认知情感。

（一）以“写”为榫，接牢“知”与“行”关节

这个标题是从心理学角度提出的。或许，它会受到很多质疑。因为在我们过往的记忆中，极少有人从这样一个角度思考立德树人落实的有效策略。其实我们的思考，最初也是部分个案引起的——我们发现，班级中、学校里，凡写作好的学生，绝大多数也是会思考、有深度、德智体美劳全面发展的学生。而放眼世界，凡伟大的作家，都一定有伟大的人格。于是，我们开始查阅资料，新的发现接踵而来：早在 20 世纪八九十年代，美国的加涅、安德森，加拿大斯温等心理学家、应用语言学家们，就已经从程序性知识、输出假设学说等不同角度，对“写”的作用做了系列科学的研究。研究认为，知识通过写作应用被大脑记忆，这一过程是大脑信息加工程度最深的。经过这一过程的知识被认为是程序性知识，它不仅指向大脑的长期记忆贮存区，而且主要用来回答“怎么想”“怎么做”的问题。也就是说，知识通过“写”被记忆后，不仅可以长期存在，而且会成为一套办事的操作步骤，紧紧链接起“行”，使其发生改变。这好比做家具，一个部件通过“榫”和另一部件紧紧连接在一起，于是，新的完整、美观的形体就产生了。

（二）以“写”作榫，链接传统文化体验的易与难

但是，“写”什么？又成了新的难题。这不仅因为学生发愁“写”，更因为大多数老师也不知道该怎样教“写”。课程改革几十年，到今天，“写”依然是各地各校研究的难点。反复研讨论证后，我们选择了传统文化长河中的瑰宝——楹联。原因有以下六点。

一是楹联短小精炼、简单易学。一字联，二字联，三字、四字、五字联皆可写。就算想再长些，按生活中常见常用的联来写，一幅联总共也不过十几个

字。这么少的字，即使一个不重复，也很容易写出。

二是楹联讲究“对仗”。“对仗”二字听起来挺唬人，实际咬文嚼字对起来，却是叫人趣味盎然、兴奋不已的过程。

三是楹联具有独有性。学了楹联，就打开了中华传统文化的大门，对民族的爱、对中华文化的自信不育自成。

四是楹联应用广泛。生活处处离不开它，无论学“写”还是练“写”，皆资源丰富、平台广阔。

五是学联是作诗作词的基础，会“写”联，诗和词就很容易学会，甚至现当代的散文也都能很轻松地“写”起来。

六是写联与读书密切相关。凡写联之人，必想写好联；而写好联，必要多读好书。中国人的好书首先在国学经典名著中。因此，以“写”育人的起点，天然嵌合在传统文化中。

然而，楹联的“写”，虽然说起来简单，但对从未接触过它的师生来说，却很容易产生畏难情绪。因此，“低起点，小台阶”成为学联、写联，以“写”悟“知”的上上策略。所谓的“低起点”有以下两个指向。

一是“写”的要求放低。在开始学“写”的时段，只要“敢做、能做”，达到上下联字数相同，上联尾字仄声、下联尾字平声，就是“好联”！随着时间的推移，慢慢梳理成一年级只论字数和尾字平仄；二、三年级加入词性；四年级加入音节点平仄要求。这样，楹联“对仗”的四个要求，四年学完即可。“写”的坡度极缓，难度极低，“写”得放松！

二是“写”的教学形式放低。师生学习，皆用低年级小朋友喜欢的“连词成句”游戏，给一个主题，比如“运动会”，然后罗列与运动会相关的词语，运动场、你追我赶、观众席、手舞声欢等，把这些词语连起来，就是一副楹联，这样玩中学“写”，简单轻松。

“小台阶”指向教师活动。从“学写”，到“评改”，到“备课”“上课”……每一步，都无须教师格外找时间自学，只要能跟着学校的引领，现学现卖即可。师生教与学，在天然的汉字品味中轻松推开：“大圣辞岁去，小凤迎春来。”这是体育老师的联，再简单也是联！“地上草儿笑，空中国旗飘。”一年级小朋友能写到这个程度，一定会被大赞特赞！“写”的乐趣悄悄弥漫，汉字特有的魅力吸引着师生，校园生活、四季风景、节日特色……都开始进入师生“写”的范畴。

欣慰的是，一切都在预料之中。在经历了初“写”的兴奋之后，“学然后知不足”“书到用时方恨少”成为师生的群体感觉。为了写出更好的联，老师们带着学生，在原有课标要求的必背古诗学习基础上，推开了经典阅读活动的大门:《声律启蒙》《弟子规》《幼学琼林》《诗经》《孝经》《论语》《大学》及经典散文作品走进校园。

随后，学校顺势而为，以“六保”为策，将“写”延入科学“读”与深层“知”的层面。

一是保证方法科学。邀请中国吟诵学会秘书长徐建顺教授用吟诵的方法教大家更愉悦地读、更有深度地品味经典作品。

二是保证资源。建立“二小国学诵读群”和触控式有声阅读角，将山东省“互联网+教师专业发展”传统文化工作坊的丰富资源转入群中，或存入触控式阅读器中，方便师生即需即取。

三是保证课时。将经典阅读与“道德与法治”课整合课时、楹联诗词创作与地方传统文化课整合课时，用固定的时间，保证师生“读写”的梯度。

四是保证平台。开设师生“经典讲堂”，创编校报与诗刊，创建学校微信公众号，制作专题美篇等为师生读写分享搭建平台。

五是保证课堂质量。以接力教研凝聚各年级学科团队共研共进，开展各学科与传统文化整合教学研究，让传统文化的阅读荡漾在师生生活的每一寸空间。

六是保证家校同频。建立家长楹联、吟诵等四大社团，开辟家长学校传统文化专题共享课程，开设亲子联诗、吟诵、现代诗歌及散文朗读活动课，创作微信公众号专栏，让传统文化从校园延伸到家庭，以全方位的“读”坚实“写”作为“榫”的力度，从而为紧实“心”与“行”的链接做好铺垫。

（三）以“写”为榫，紧实“心”与“行”的链接

这是很“神奇”的现象，就像我们常说的，学生语文水平的高低不是老师讲出来的一样，学生“德”的修养也不是课堂讲出来的。“写”作为一种典型的输出方式，它的发生、发展必然联系到之前的积累输入、加工处理过程的认知和内心情感的认同。当三者以文字的方式输出之时，也是三者融合形成强大力量之时，行为的变化自然发生，并自觉持续，形成自育能力，“心”与“行”的链接就紧实起来。我们从以下五方面开展实践。

一是，写“礼”。不学礼，无以立。写礼可明道。我们依托“传统礼教与生活德育”校本课程，让学生将礼教学习感悟写下来。如二年级于峻鸿同学的开学典礼联“少年追梦显壮志，儿童行礼表决心”，寥寥几字，以礼明志；五年级王雅文同学的敬师礼联“师长培育心良苦，同学成才德是标”，以礼明成长方向；五年级宋佳彤同学的春节拜年礼《十六字令》“亲，为我尽力全身心，爱无限，深情漾胸襟”，以礼明“孝”；一年级丛心悦同学的餐前礼联“餐厅阿姨做饭好，老师教学辛苦多”，以礼明事；五年级赵鳞鑫同学的迎宾礼联“放歌起舞迎贵客，管乐丝竹满校园”、一年级小朋友的“父母回，说您好；家务活，主动干；出门前，打招呼；来客人，说欢迎……”等，以礼明待人处事的“序”……

二是写“书”。准确说，是写读来之书。所谓“书中自有千钟粟”，写“书”即是写“理”。我们主要依托学科课堂，将学科教学与传统文化学习整合。如四年级丁威读《小英雄雨来》联“雨来入水泥鳅跑，鬼子放枪猴崽蹿”，读中悟得民族立场；三年级于景赫的《赵州桥》阅读联“坚固节材安济洞，美观省料赵州桥”，读出对祖先智慧的赞佩；五年级张丽君的《中华少年》阅读联“刚劲端庄方块字，如歌似画唐宋词”，读出对“中华文化”的自信；五年级赵思童数学课上学轴对称知识读《万柳堤即景》创作的联“袅袅香花香袅袅，潺潺流水流潺潺”，道出了万物一体、天人合一的哲思；还有四年级于佳昕的《100篇小散文》阅读作品“波斯猫是一支优美的歌……也许有人会说，波斯猫不像狗那样身强力壮。但它的内心不是很强大吗？波斯猫实在是一支歌，一首让人回味无穷的诗”，读出了对万物的爱……

三是写生活。大事小事家国事，事事关心；家人友人同行人，人人皆爱。写生活，是即时之举，师生随感随写。如三年级刘一霖的“迎十九大”联“强大祖国千家乐，和谐社会百姓福”，人小心不小；四年级李宗航对齐鲁教育联盟授牌活动联“缤纷才艺惊嘉客，诚挚祝福贺联盟”，校喜即我喜；二年级于峻鸿的“校园餐饭好，教室书籍多”，三年级韩宁的“努力拼搏口号响，激情运动身体康”，五年级许嘉桐的“呼朋唤友迎元旦，擦掌摩拳备期终”，四年级林钰晨的“玉兰花下酿情谊，长木椅上现团结”……时时皆现生活的爱；一年级林雨辰的“警察巡逻辛苦，医生治疗认真”，二年级矫昕橙的“农民辛苦种稻谷，园丁勤劳栽鲜花”等，小眼睛里有大见解……

四是写节日。这是对中华文化认同与自信的途径。如五年级杨鑫月的春节诗："尝遍山珍海味，体味墨重书香。享受多彩新岁，感悟丰富春节。"三年级邓博文的中秋节联"家人团聚传吉庆，好友相逢叙深情"；二年级董坤的清明节联"年年祭扫先人墓，岁岁守存祖辈风"；四年级李卓航的端午节联"飘香粽叶吟天问，雷动掌声念九章"；一年级鲁昕雨的植树节联"植树造林山川美，种花栽草校园香"；还有一年级齐宴宁的劳动节联"劳动创造世界，工作建设家园"；五年级孙浩翔的劳动节《十六字令》："忙，刮风下雨也无妨，真勤快，劳动身体棒。"……

五是写研学。行万里路，是悟万卷书的补充。古人认为，一个学子，若无行万里路的阅历，是很难具有治国之能的，可见研学之重要。我们写研学可师生、可独立、可亲子，形式不一。如二年级李奕萱的"二峪虎口夸天险，九曲羊肠证地雄"；三年级李政南的"昂首继承先烈志，扬眉接续故人心"；四年级刘政扬的"登昆嵛缅先烈忆红军传统，爱世界好学习扬梦想风帆"；五年级金贤恩的"绝壁游人怯，山奇诱我爬"；还有三年级闫华的"无香树茂枝头俏，有韵风清雨里娇"；五年级毕名川的《渔歌子》："青树根前小草生，肥沃泥土伴春风。红旗舞，赤心膨。瞻望金秋收获丰。"……每一联，每一词，皆有对先辈、对江山、对平凡人和事的深层感悟……

从 2016 年 9 月开始，仅仅两年多时间，没有刻意开展说教性教育活动、没有婆婆妈妈式的叮咛，有的只是低难度、多形式、广角度的"写"。然而，校园中，悄然间，令人欣喜的事情不断增多：《成长在线》校报盛不下师生的联作、诗作、词作，《成长诗刊》应运而生，走廊、楼梯、景区的师生常态联诗作品展区也应时而生……校园内，爱读书、有书香气的人多了，爱他人、乐合作的人多了，肯吃苦、爱锻炼的人多了，肯弯腰、爱清洁的人多了，能静心、爱思考的人多了……家长惊喜地在家校反馈单上写道"没想到，孩子想事做事比我都周全！……"

记得著名作家张炜曾说：诗性是一个民族的核心隐秘，它不仅体现了人类追求完美的一种本能，还包括了更多的不可思议的能量。我校以"写"为榫创造的德育工作奇迹，抛开心理学的分析，或许，也恰好借传统文化呼应了诗性育人的能量说。不管怎样，我们都将继续努力，让"写"成为链接心与行、传统文化与育人的坚实的"榫"。

二、以四大家长社团提升家庭文化素养

学生成长需要家校形成的教育共同体作支撑，因此，当校园传统文化气息

不断浓厚时，家庭文化氛围如何提升就成了摆在眼前重要的问题，家长本身也有成长的需求，但存在着自主盲目、慌不择路的现象，为了满足家长自身传统文化素养提升的需要，营造浓郁的家庭文化教育氛围，打造更优质的家庭教育文化，更好地实现家校同频，我校采取社团活动及夜校的思路，以“家长社团”的方式推进，着力营造浓郁的家庭文化教育氛围。

（一）活动目标

以传统文化搭桥，通过家长社团活动，提升家长的传统文化素养，将家长拉入传统文化教育的体验队伍，营造浓郁的家庭传统文化氛围和良好家校教育生态，更好地提升家长教育的品味。

（二）活动内容及目标

结合我校学生整体国学教育的推进思路，家长社团在课程设置上与学生校园生活紧密相连，同时考虑到家长的需求、家庭的需求，也结合家长本身的特长和需求点，开设四大家长社团：

（1）家长吟诵社团：教家长吟诵技巧，掌握吟诵方法，可自主吟诵。

（2）家长楹联社团：教楹联特点，教会创作的方法，家长自主创作楹联。

（3）家长书法社团：教家长从基本握笔、拿笔到笔画、结构，走近书法文化。

（4）家长养生社团：教家长走近传统武术，提升健康养生理念。

（三）本土讲师配置

在校长室的带领下，以学校传统文化本土小专家及家校讲师队伍中选拔出的有相关研究的业务骨干组成楹联社团、吟诵社团、书法社团和养生社团讲师团队。

（四）参与方式

家长结合自己的工作时间向班主任自主报名，在家长自愿的前提下，班主任汇总报名信息，设定吟诵、楹联、书法、养生四大课程内容，每个家长社团的人数控制在 40 人以内，间周四傍晚放学后和周六上午时间组织上课。

（五）活动评价

（1）活动内容安排具有系统性、科学性。每次活动目标明确，课后及时整理（点名册、过程性资料、成功作品或评价）备案。

（2）教导处对每次活动进行跟踪，对参与家长随机进行访谈，对活动后的家长访谈和家长作品进行评价，每月总结。

（3）学校搭建学习成果展示平台，通过校报、微信公众号、校园景观、校报进行家长阶段学习成果、家长作品展示，每学期期末进行综合评价，通过考勤、作品等综合评价颁发结业证书。

第四章　诗教课程课例与评析[①]

"紫翠纷呈花影，庭轩常淌书声。"[②]"从小楹联到大诗教"课程首先落在课堂。什么样的课堂是真正适合学生的课堂，是真正能够促进学生语文素养、人文素养及创造型思维、逻辑概括思维能力等提升的课堂？这是我们近10年一直努力探索的主要内容。诗教专题课堂是我们探索的第一步。这一步，我们为楹联、诗词、现代诗歌与散文分别画了一张像，并通过这三张像，带学生清晰地看到三者之间的亲缘关系，找到其学习的内在逻辑，有效激发了学生学习的兴趣、持续探索的动力及对中华优秀文化的热爱。

第一节　初识对联[③]

顺沿上文所述，诗教专题课堂是诗教课程落地的第一步，"为楹联画张像"则是诗教专题课堂的第一步。有一句话说"万事开头难"，还有一句话是"开门红，月月红"。开头的第一张像能否画好、画圆满至关重要。因此，想办法让学生"画"出兴趣、"画"出动力是这节课的重中之重。

---

① 本书教学方案与执教如不特殊标注，均为本书编著者林秀芳。

② 这是学校紫庭轩门上的一副嵌字联，是中华诗词学会顾问杨逸明先生点赞学校诗教成果而写成的一副联。紫庭轩是学校经常接待来校专家或访学同仁时展示诗教特色课堂的地方。

③ 此课为二年级课程，在"青海省门源县2018年山东威海名师送教下乡示范课"活动中广受好评。此课适用于一至三年级任意年级的楹联初识教学。小学高学段的楹联初识教学在此基础上加大练习量或提高难度即可。

【学习内容】

1. 对联的概念

对联，也称“楹联”“对子”，因其贴在楼堂的楹柱或门框上而得名。其中，对联是正称，楹联是雅称，对子是俗称。对联一般由上联、下联、横批三部分组成，其突出的特点是“对仗”，即字数相同、词性相当、平仄相谐、内容相关。

2. 对联的由来

黄帝时期，东海的度朔山上有一株大桃树，树枝盘曲环绕3000里。树的东北方向有一个桃枝形成的门，叫“鬼门”。门边有两位神把守，一位叫神荼，一位叫郁垒。他俩能一眼看出进出这个门的鬼是“善鬼”还是“恶鬼”。若是“恶鬼”，他们就把他捆起来喂老虎。黄帝因此带着大家在门上钉两块桃木板，分别画上两位门神的像，以驱鬼避邪。后来，人们觉得太麻烦，就把他俩的名字写在桃木板上，或者写在跟桃木颜色相同的红纸上，以求全家平安幸福，这就是“桃符”，也是对联的起源。

3. 常见对联种类（按用途分）

春联、婚联、寿联、风景联（名胜联）、行业联、题赠联（馈赠联）。

4. 经典联句举例

（1）莫高窟藏经洞敦煌遗书联：三阳始布，四序初开。（四字）

（2）后蜀主孟昶联：新年纳余庆，嘉节号长春。（五字）

（3）中国楹联学会官网联：撑天柱地二行字，纳古含今一副联。（七字）

【相关资料】

对联入门篇目：《声律启蒙 · 一东》。

【学习目标】

1. 了解对联起源及构成，认识对联学习的声韵教材，初步认识吟诵。

2. 通过读《声律启蒙 · 一东》内容，初步掌握对联创作的两个规则：字数相同、尾字平仄相反。

3. 通过对对子游戏，激发学生对汉字文化的兴趣，激发学生主动学习中华传统文化的热情，为下一节课做好铺垫。

【评价设计】

1. 通过交流楹联张贴规则及楹联由来，检测评价目标 1 的达成情况。
2. 开展对对子游戏，检测评价目标 2、目标 3 的达成情况。

【学与教活动过程实录】

（一）导入：反义词游戏

这节课，请大家把纸、笔统统放回桌箱，我们一起来玩一个游戏，好吗？我说一个字，你对一个字，对的时候，可以加上相应的动作。比如：我说“上”，你对“下”（师示范）。

南——北　胖——瘦　左——右

刚才我们对的是？（反义词，**师板书：对**）想不想再来？（想）

高——低　大——小　快——慢　开——关　云——？

蒙了吧？（师转身边板书边说）前面我们“对”的是反义词，后面的“云”该对什么？上完这节课，你就知道了。（**板书：联**）

师：一起读一遍课题“对联”。（生齐）再来一遍。

（二）认识对联

1. 对联的名称

（点击课件）这就是一副对联！它又叫“对子”，因为它贴在楼堂的楹柱或门框上，所以，它还有一个名字叫“楹联”。就像我们小朋友，每个人都有两个名字，一个是老师和同学等人在外面叫的；一个是爸爸妈妈、爷爷奶奶等在家里叫的一样，它是三个名儿……

当你想儒雅一点儿时，就叫它——“楹联”；想通俗一点儿，叫它——“对联”；老百姓喜欢叫它——“对子”！

2. 对联的结构

一副对联，我们面对它时，我们的右手边是它的（课件出现“上联”），生读“上联”；左边就是它的——“下联”。有的对联，上面还有一部分，我们叫它——“横批”。

3. 小结

（师在黑板贴联纸）告诉老师，右边的叫什么？（上联）左边的呢？（下联）

4. 对联的张贴

对联在我们生活中可太常见了！说说你在哪里、什么时间见到人们张贴它？（过年、结婚、喜宴、店铺开张……）

春节家家户户的门上贴的是（课件出示春联图字——“春联”），参加结婚喜宴时见到的是（课件出示婚联图字——“婚联”），给老人祝寿用的联（课件出示寿联图字——“寿联”），在风景名胜地见到的是（课件出示风景联图字——“风景联”），店铺门口贴的是（课件出示行业联图字——“行业联”），朋友聚会互相赠送的是（课件出示题赠联图字——“题赠联”）。

5. 对联的由来

对联在我们的生活中随时随地、随处可见！那么，最初，人们为什么要贴对联？我们一起听一个美丽的传说。（视频：对联的由来）

最初，人们为什么贴对联？（保全家幸福平安）

也就是说，对联表达了人们的美好祝愿。（**边说边板书：美好祝愿**）

后来，人们不仅逢年过节贴对联，甚至聚会观景时也要写对联、贴对联。对联不仅成为人们表达美好祝愿的方式，也成为寄托情感、雅俗共赏的文化活动。所以，古代小朋友，六七岁，就像你们这么大，都开始学对联了。学好了对联，作诗作词也就会了，大家会夸他“小才子”或“小才女”！你们想不想成为小才子或小才女？（想）

（三）认识《声律启蒙》，学习简单的对联创作方法

那我们就一起来学对联！学对联一定要读一本书，就是《声律启蒙》。这本书很神奇，读过了就会作对联了！一起来看看它的第一韵部——“一东”：

云对雨，雪对风，晚照对晴空。来鸿（hóng）对去燕，宿（sù）鸟对鸣虫。三尺剑，六钧（jūn）弓，岭北对江东。人间清暑殿（diàn），天上广寒宫。

1. 认读

（1）这是“一东”的一部分，谁来读一读？（4 生读）谁能比他们读得还好？（4 生读）

老师把难读的字旁边的拼音去掉，你还能读得这么好吗？（生齐读，男女赛读）

（2）加大难度，这几个字怎么读？（三字变红）

第二行第一个变红的字，读什么？（鸿 hóng）（课件出示“鸿”的古字）这是古书上的“鸿”，看一看，猜猜它是什么？（鸟）你根据什么猜的？（生谈）大家看这个字中间的这部分“工”，读什么？（工）“ong”，不仅表示这个字的读音，还通过声音告诉我们，这个鸟很——？（大）左边还有“氵”，合在一起告诉我们，这种鸟大到能有力量飞过大江大河，飞得又高又远，所以人们常常用它比喻一个人志向远大，说这个人有“鸿鹄之志”。再猜，跟鸿相比，燕是大还是小？（小）比鸿小很多，所以，古人又常常说“燕雀安知鸿鹄之志哉”。你小小燕雀怎么能知道鸿鹄的远大志向呢？一起读一读这个字——（生齐读“鸿”）

这一行第二个变红的字？（宿）第三个？（钧）钧是重量单位，一钧等于30斤，六钧是180斤。六钧弓，是说这个弓，得有很大力气的人才能拉开。

（3）还有两个地方名，谁来读？（清暑殿、广寒宫）

清暑殿，是古代东晋皇帝在现在的南京建的避暑的宫殿；广寒宫，传说是天上嫦娥在月亮上的宫殿。

字认识了，我们一起大声读一遍吧！（生齐读）

2. 悟方法

（1）字数相同

前面，老师问“云”对什么，小朋友们对不出来。现在知道“云”对什么了吗？（雨）

“雪”对什么？（风）晚照？（晴空）三尺剑？（六钧弓）更难的！人间清暑殿！（天上广寒宫）

刚才，我出一个字，小朋友对一个字；我出两个字，你们对两个字；我出五个字，你对五个字；若我出十个字呢？（对十个字）我出一百个字？（对一百个字）……这叫字数——？（相同）（**板书：字数相同**）

这是我们小朋友总结出来的，是不是这样呢？看，这三副对联——

三阳始布，四序初开。

新年纳余庆，嘉节号长春。

撑天柱地二行字，纳古含今一副联。

（逐副交流）上联几个字？下联几个字？这叫上下联——？（字数相同）

（2）平仄相谐

①再来看大屏幕，文字上方多出了什么？（横和竖）这些“横”和“竖”

是古代小朋友认字用的声调符号，“横”表示“平声”，相当于普通话的一声二声，“竖”表示“仄声”，相当于普通话的三声四声。（边回顾边板书：平——一二，仄——三四）记住了吗？（记住了）考考你？笑，什么声？（仄声）说，什么声？（平声）走？（仄声）读？（平声）

现在请你再来看着大屏幕，观察对子前后的平仄符号，你能发现什么？（前面是平，后面是仄）

这种不一样，带给联句很美的音律，一起听听古代小朋友是怎么读的？（放录音）

美吗？（美）这种美的声音效果就叫“平仄相谐”（板书：相谐）这种读书方法，叫“吟诵”。

我们也来体验一下这种美。老师大声，小朋友小声，慢一点儿，跟着老师的手势一起来。（师打着手势，引导学生一起吟诵）

伸出小手，打着手势大声跟着音乐来一遍吧！（师带着，打着手势）

②平仄相谐，是对联创作的第二个要求。不过，这个要求有点儿高，我们二年级小朋友只学会其中一个关键点就够了！哪一点呢？看——（课件出示只有尾字平仄的《声律启蒙》）每一个联句的“尾字”，也就是最后一个字，像“来鸿”尾字是？（鸿）“三尺剑”尾字是？（剑）“人间清暑殿”尾字是？（殿）对，每一句的尾字平仄“相反”！上联尾字一定是仄声，下联尾字一定是平声。这是区分上联和下联的重要标志！

（课件逐联出示，同时师生对话交流尾字平仄）比如，这副联（缘起国学梦，情牵联籽香），上联尾字“梦”是什么声？（仄声）下联尾字“香”是什么声？（平声）

老北京布鞋店联：“健康美丽总相伴，知寒知暖布鑫源。”上联尾字“伴”，什么声？（仄声）下联尾字“源”呢？（平声）

寿联：“寿比南山松不老，福如东海水长流。”上联尾字“老”？（仄声）下联尾字“流”？（平声）

春联：“竹报平安，花开富贵。”上联尾字“安”，什么声？（平声）下联尾字“贵”，什么声？（仄声，生说完面面相觑）怎么了？（不对了！这副联贴反了，应该换过来）（点击课件调过来：“花开富贵，竹报平安。”）一起读读这幅联。（生齐读）

今年过年，小朋友家里贴对联，能贴正确吗？（能）

3. 练习巩固

（1）一起玩个游戏吧！——“贴对联”！老师先做个示范。比如——“云”，什么声？（平声）上联还是下联？（下联）（点击课件）雨呢？（仄声，上联）（师点击课件）就这么简单，谁想挑战？

第一组：（课件出现“雪风”）谁想试试？（“雪”是仄声，贴到上联去，“风”是平声，贴到下联）

第二组：（课件出现“来鸿去燕”）谁再来？（“来鸿”，下联。因为“来鸿”的尾字是“鸿”，平声，所以贴到下联。“去燕”的尾字“燕”是仄声，应该贴到上联）

第三组：（课件出现“清暑殿广寒宫”）还有吗？（“清暑殿”的尾字“殿”是仄声，应该贴到上联；“广寒宫”的尾字是“宫”，平声，贴到下联）完全正确，掌声！

（2）作对联

①光会贴还不够，能自己创作才叫了不起！敢继续挑战吗？（敢）我说“大雪”，你对什么？（小风、微风、冷风……）“清暑殿前”（广寒宫外、广寒宫左、广寒宫右、广寒宫下、广寒宫后）“清暑殿前风”（广寒宫外雪）

②再向外拓，到生活中——（课件点击）“刘公岛”（华夏城、幸福门、成山头、环翠楼）小朋友们对得都很好，我们取“刘公岛”对“环翠楼”，继续——“刘公岛边”（环翠楼上、环翠楼北、环翠楼左、环翠楼右、环翠楼下）“刘公岛边船”（环翠楼上鸟）

③小结：好了，小朋友，这节课，我们通过对联，走进了传统文化的殿堂。在这里，大家不仅了解了对联的起源，而且还会按照“字数相同、尾字相反”的要求创作简单的对联，为自己将来学习诗词创作、成为小才子小才女打下了基础！你们高兴吗？（高兴）那就给自己点掌声吧！（生为自己鼓掌）

（四）延展

老师这里还有一个上联“高祖腰间三尺剑”，小朋友可以练习对下联。提示一点，“高祖”就是西汉开国皇帝刘邦。“三尺剑”是高祖刘邦的一个小故事；“六钧弓”也是一个人的故事，小朋友只要到百度上一查，找到那个故事，就能对出下联了！

（课件出示邮箱）这是我的邮箱，小朋友对出下联后，可以发到我的邮箱里。我愿意陪伴小朋友们真正成为“小才子”和“小才女”！

这一节课，我们就上到这儿，下课！

（五）板书

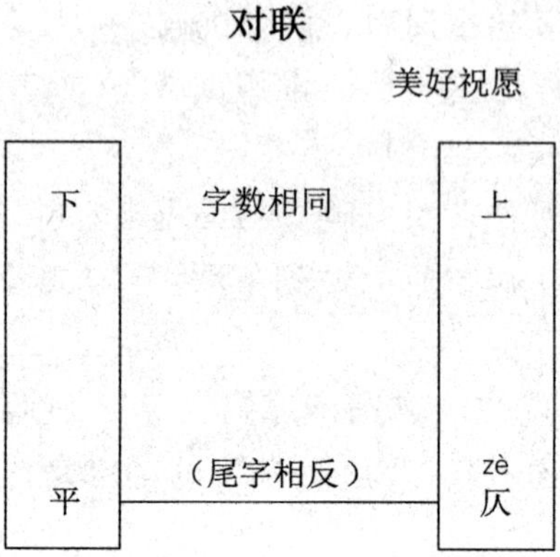

（六）作业参考

高祖腰间三尺剑

子骄手上六钩弓

【评析】

这是一节为楹联画像的初识课。整节课着重突出以下两个词。

一是兴趣。《中华优秀传统文化进中小学课程教材指南》在小学阶段提出“以培育学生对中华优秀传统文化的亲切感和感受力为重点”。“亲切感”首先来自“兴趣”，这对初识课来说尤其重要！倘若初识课学生没了“兴趣”，后面的学习便很难吸引他们了。因此，本课教学我在设计上的确下了不少功夫。上课第一句话：“这节课，请大家把纸、笔统统放回桌箱，我们一起来玩一个游戏。”此话一出，学生先是一愣，紧接着小眼立刻亮起来，嘴角向上一扬，手下快速地将桌面上的书笔放入桌箱。我心下暗喜，面上不露声色，接着：

"我说一个字，你对一个字，对的时候，可以加上相应的动作。"第二个彩球抛出，学生立刻腰板挺直、跃跃欲试，神情上已将彩球妥妥拥入怀中，既可动手又能动嘴的事儿是他们最喜欢的，至于连带的动脑，他们没多想。于是，反义词对对游戏便开始了，对到兴趣正浓时，我抛出了一个"云"字，学生当场懵了，"云"能和什么对呢？他们在头脑中一个劲儿地翻找着"云"的反义词，课堂上鸦雀无声。很快，一双双小眼睛直直地地瞪着我，我知道他们的好奇心起来了，"兴趣"二字开始在他们心中生起来了。接下来进行的伸伸手记楹联张贴时的左右要求、听故事、赛读、伴音乐吟诵以及贴对游戏等，一环接着一环，环环皆是学生喜爱的活动，于是"兴趣"便在学生心里扎了根。

二是实践。从课程角度来讲，"语文是母语教育课程"，"语文是实践性很强的课程"（《语文课程标准》）。楹联创作虽不是语文教材的内容，但却是母语教育实践的一部分，是语文综合性学习的一部分；从心理学角度来讲，有一定难度的"玩"是最能长时间吸引小学生注意力的活动，因此，"从小楹联到大诗教"课程实施最重要的策略便是"实践"。本节课，学生虽然没有动笔写一个字，但从一字对、二字对、三字对到五字对、七字对；从简单的摘字摘词对，到有创造性地对对子，学习一直不知不觉地伴随着学生，语言、思维皆在这一过程中得到训练和发展。

第二节　楹联分类习作课程

"写"是从小楹联到大诗教课程开发实施贯穿始终的方法。对于诗，只去背不去写永远也体会不到诗的妙处和意境，也永远得不到通过它进行能力培养的红利。[①] 于是，在初识楹联并为楹联画了一张简笔画像之后，接下来我们要做的就是各类楹联的"写"。当然，说"各类"并不是指"所有类"，而是生活中与学生见面概率高、学生实践应用概率高，真正能持续激发学生兴趣、密切学生学习与生活的联系、促进学生能力提升的几类。

---

① 参见李少白：《论当代诗教》，百度百科"诗教"，https：//baike. baidu. com/item/%E8%AF%97%E6%95%99/919106? fr=aladdin。

一、风景联（二年级）[①]

【学习内容】

风景联

【相关资料】

1. 对联创作低段要求：字数相同、尾字平仄相反、词性相当。

2. 生活中常见的对联种类：风景联、行业联、春联、喜联、寿联、嵌名联等。

3. 苏州沧浪亭联、杭州西湖孤山中山公园联、济南大明湖铁公祠联等共7副风景名胜联。（下文有具体内容）

【学习目标】

1. 通过诵读赏析了解风景联的特点，并积累经典风景联。

2. 尝试创作校园风景联，作品符合“字数相同，上联尾仄下联尾平”，初步做到“词性相当”要求。

【评价设计】

1. 背诵经典风景联，检测评价目标1的达成。

2. 现场创作风景联，检测评价目标2的达成。

【学与教活动设计】

（一）温故知新

小朋友们，今天这节课我们先来赛一赛、热热身，怎么样？

对词游戏。老师说一个字，你对——一个字，老师说三个字，你对——三个字。星—月，风—雪，芍药—海棠（牡丹等），芍药绽蕊—海棠开花……

好了，从一个到四个，到几个都是这样，这叫“字数——相同”。（板书：字数相同）刚才我们对的芍药、海棠是花的名字，它是名词；“绽”和“开”

---

① 本课是将对联创作与常态生活结合的教学案例。

是表示动作的词，叫动词，“蕊”和“花”也是名词，也就是说，名词要对名词，动词要对——动词。这叫“词性相当”（**板书：词性相当**）

之前我们还学过，上下联尾字平仄要怎样？（相反）（**板书：上联尾字仄声，下联尾字平声**）

对联在生活中很常见，常见的对联有哪些种类？（生谈）

师：刚才大家谈到有一类对联叫“风景联”，就是在风景名胜地张贴的对联。（课件出示风景联图）风景联是中华诗词文化与园林景观融合的突出特色。它不仅增加了园林景观的魅力，而且提升了园林景观的意境，留下了许多美好的故事。这节课，我们就一起走进风景名胜，欣赏那里的名联佳作。

（二）品读积累

1. 读沧浪亭联悟方法

（课件出示苏州沧浪亭景色）说说你看到了什么？（小艇、水、小亭子、花、月）

如果请你用一句话说出你看到的景物，你会怎么说？（一只小艇在静静的水中慢慢地划着，岸边的小亭和亭边的花儿映在水中，真美！）

这是苏州沧浪亭的一处景观。沧浪亭不是一个小亭子，而是一所园林——苏州最古老的园林，也是苏州“四大名园”之一。园中有一座土山，山上有一座石亭，山下有水池，池中有自由自在的鱼儿。现在请你再来完整地描述这里的景色。谁来？（前面讲的内容，再加上鱼）

我们来看看古人怎么描述的。（课件呈现对联：短艇得鱼撑月去，小轩临水为花开）谁来读？再谁来？集体读。

一副联 14 个字，却说得如此有诗情画意，（课件加入节奏线）短即是“小”，“小”亦“短”。水中有月，撑艇的竹竿仿佛撑着水中的月亮将艇推向前方。亭边临水，水边有花，花水亭相映，每一处都那么精致！再来读一遍！（生齐读、女生读一遍、男生读一遍）

把几处精致的景物列在一起便成一副佳联。这就是风景联。再来齐读一遍，能背下来的同学闭上眼睛背背试试。（生背，**师板书：连景成联**）

2. 读西湖联悟方法

同样是人间天堂，同样是有水有山有景，看看杭州西湖联又是怎样写的？（课件出示：水水山山处处明明秀秀，晴晴雨雨时时好好奇奇）（女孩齐读）

相比沧浪亭的自然古朴，杭州西湖的景色给你什么感觉？（明秀、奇丽）

(课件呈现杭州西湖景)

在这副联中,作者写了哪些景物告诉你西湖景色的这一特点?(水、山、晴时天、雨时天)

这些景物和这些特点是怎么连在一起的?一起再来读一读这副联。(生齐读)谁来说一说?(每个字都重复一遍)是啊,这么一重复,(板书:叠景写联)不仅让人感觉这里美,而且是美中透着惹人怜爱之情,仿佛美少女站在你面前。来,再读一遍,感受西湖美的特点。(**师板书:写出特点**)

3. 读大明湖联悟方法

西湖风景很有特点,作者写联写得也很有特点。但是,同样有山有水的济南大明湖又有什么特点呢?(课件出示刘凤诰济南大明湖联:四面荷花三面柳,半城山色半城湖)

济南大明湖有什么特点?(荷花、柳树,山湖各一半)这里的"半"不是一个具体的数字,而是一个虚数,济南有"泉城"之称,城内泉水很多,水旺的时候,百姓家里的院子地砖缝里都向外冒泉水,所以,地处济南的大明湖由泉水汇聚而成,水活水美,城中有水、水中有城,形成独特风景,一起再来读一读这副联!(生齐)除了抓住特点来写,这副联与其他联在文字上有什么不同?(有数字)数字可以使我们头脑中的画面更清晰。(**板书:数字入景**)

4. 读《声律启蒙》联悟方法

再看这副《声律启蒙》中的风景联(课件出示《声律启蒙》联:两岸晓烟杨柳绿,一园春雨杏花红)这副联在语言上又有什么不同?(有数字、有颜色)(**师板书:突出颜色**)

加上颜色,画面感更强了。把这四副联自己读三遍,争取背下来。(生自读)我们一起背背试试。(生齐背)

5. 小组研读悟方法

一副好的风景联常常是景区的点睛之笔。那么,风景联除了写自然风景,还可以写什么?

这里有三副联,小组一起,由组长带着先每人研究一副对联,每副对联下面有与它相关的资料,2 分钟后,组内交流。5 分钟后,全班集体交流。开始吧。(生小组自主学习)资料内容如下:

四川眉山三苏祠联:一门父子三词客,千古文章八大家。

(苏家父子三人苏洵、苏轼、苏辙都是著名文学家,"词客"即是此意。苏家父子三人全部被列入唐宋散文八大家行列)

顾孝先题孔子庙：万世文章祖，历代帝王师。

（孔子，儒家学派创始人，“世界十大文化名人”之首，他与弟子的言行被记录编成《论语》盛传后世，后世帝王尊他为“至圣先师”“万世师表”）

扬州瘦西湖岸边迎月楼联：春风阆苑三千客，明月扬州第一楼。

（这是赵孟頫的一副对联，传说扬州有一富商，在瘦西湖岸边建造了一座华丽的高楼，命名为“迎月楼”。落成典礼时，富商大宴宾客，赵孟頫赴宴留下此联。联中“阆苑”本指传说中神仙的住处，这里指楼内富丽堂皇。“三千”虚数，说明来客多）

谁来交流？（第一副联写了苏家父子三人的成就，第二副写了孔子的成就，第三副写了迎月楼的华丽及客人之多）

这三副联是张贴在名人祠堂或者特定楼所的。联中所写，无论对孔子、对苏家三父子，还是对迎月楼，皆有满满的赞美之情，既表达了对纪念之人或者楼所主人的尊敬，又利于后人了解这里的故事。因此，将名人成就、楼所功用或突出特点写进联中，是这一类风景联的特色。（**板书：成就功用、突出特点**）

（三）创作对联

1. 梳理词语

同学们，一处风景，可以是自然的，也可以是人力建造的。对自然风景要抓住它的特点，可以连景成联，可以叠字成联，还可以用数字、颜色……对景区的建筑，可以写建筑对应的人的成就，可以写建筑的功用或突出特点。那么，现在请同学们仔细观察我们的校园，说一说你印象深刻的是这里的自然风景，还是教学楼所？把你想到的与它相关的词语说出来。（生思考）

谁先来？（粉花　绿草　太阳　玉兰　松树　樱花……）

（师边听边板书帮助梳理）

（粉）花	点头绽开绽放
（绿）草	招手摇摆
【一轮】太阳	微笑
【两排】玉兰	秀［风采］迎接宾客
（碧绿）松树	挺［身姿］
（粉粉）樱花	开放赏心悦目
【成千】孩童	游戏、阅读经典、练球……

【三五】朋友	下棋、竞赛、研读……
（红红）国旗	招展
（棕粉）小楼	浸润书香
……	……

2. 集体作联

好了，老师知道大家头脑里还有很多画面，很多词语，我们不一一交流了。谁来说一说，你对黑板上哪个词语最有感触？（生谈，例：国旗、太阳等）

国旗是给我们力量的，太阳是给我们温暖的，这二者都是校园师生离不开的。把它俩结合在一起，就是一个联句——国旗招展太阳微笑，谁来接着对下联？（生谈，师根据交流汇总成下联：小草点头花儿绽开）

多么有能量、有生机的校园——“国旗招展太阳微笑，小草点头花朵绽开”！这个联稍微调一调，变成单数句，节奏上会更紧凑一些：“国旗招展太阳笑，小草点头花朵开。”无名的小草和开放的花朵都在校园里、伴在国旗下，接受太阳的温暖快乐成长！一副好联作出来了！

3. 独立创作

接下来，请你用头脑中的词语或者黑板上的词，连景成联，或抓特点作联，数字、颜色等都可以用上，把你对校园的喜爱表达出来。（学生创作、师巡回指导，出现优秀作品作圈点记录）

作品纸上有老师留的记号的同学请到前面来，向大家分享你的作品。（生分享）

（四）小结

同学们，今天我们每个人都作了一副风景联。虽然这副联作还很稚嫩，但对我们自己来说，已经前进了一大步，这是一次了不起的进步！唐代诗人韩愈说“业精于勤”，希望大家不断练习、因熟生巧。郊游也好，探亲也好，看到能触动你的风景，就用对联记录下来，你会发现，不仅你的对联水平会越来越高，你的语文水平、观察能力、思维能力都会提升！老师在这里提前祝同学们天天进步！

好了，这节课就上到这里，下课！

（五）板书

风景联

字数相同

词性相当　　写出特点 —— 连景成联 / 叠景成联 / 数字入景 / 突出颜色 / 成就或功用

上联尾仄　下联尾平

【评析】

本课是学生正式创作的一节课，是由《初识对联》的“扶”向独立创作的“放”过渡的课例，因此，读中得法、品中悟法，拓展词汇、半扶半放是本课教学的特点。同时，作为低年级专题楹联创作课，本课的创作指导过程也是“谈、拓、连”三字模式的代表。

风景联创作，是一至五年级楹联创作、诗词创作皆可进行且学生皆有内容可写的主题。在“从小楹联到大诗教”课程中，我们将风景联的创作指导放在二年级，创作实践则贯穿于整个小学阶段。其中，一年级可以小学语文教材《对韵歌》或《初识对联》课为基础（《初识对联》一课若在一年级进行可将内容分为两部分，两课时完成），进行简单的一字对、两字对、三字对、五字对等风景对练习。风景对既可写实，也可从《声律启蒙》或《笠翁对韵》摘词或延展。如《声律启蒙·一东》开头：“云对雨，雪对风，晚照对晴空。”《声律启蒙·二冬》开头：“春对夏，秋对冬，暮鼓对晨钟。观山对玩水，绿竹对苍松。”《声律启蒙·八齐》开头：“岩对岫，涧对溪，远岸对危堤。”……如何摘词对或延展对在《初识对联》的第三板块有呈现，在此不再赘述。

二年级在一年级基础上，加入生活观察，并以关键词语进行概括归纳，这既培养了学生在观察中进行筛选提炼的能力，也与《语文课程标准》“观察大自然”，“写出自己对周围事物的认识和感想”相呼应，使楹联创作成为学生语文素养培养的有效助力。

三年级在二年级基础上，将自然景物的观察与内心情感进行融合，景情相和，提升学生楹联作品的境界，以小楹联创作促进学生对文章语言美的深度理解。

至四、五年级，学生对风景的观察与思考，可从自然风景拓展到社会风景，具体方式以绝句或词进行表达，以此从篇章结构方面培养学生的逻辑概括思维能力。

附：学生作品举例

鸢尾丛中舞，绣球枝头香。（二年级　孙龙丹）
阳光暖暖绣球动，秋雨斜斜萱草摇。（二年级　甘怡萱）
绿树窗前密，紫花园内香。（三年级　刘路洋）
霜染石榴树，风摇花草枝。（四年级　史雨情）
眼里三棵两棵树，心中十朵八朵花。（四年级　王雅文）
日伴花娇花伴日，风摇叶动叶摇风。（五年级　张悦）

二、嵌字联（三年级）①

【学习内容】

嵌字联创作

【相关资料】

1. 嵌字联定义："嵌字"，顾名思义，就是把人名、地名或其他事物名称嵌入联内，将作者想要表达的情感或特别要突出的字词无痕地嵌入联内，引起读者的格外注意，以增强艺术感染力，达到预期效果。嵌字联在朋友交往、互相题赠时用得最多。

2.《声律启蒙·六鱼（一）》

3. 孟繁锦赠方留聚嵌字联、贺国庆嵌字联等共4副联。

【学习目标】

1. 通过读《声律启蒙》游戏对子等，积累联句，激发阅读国学经典的兴趣。

2. 通过师生对话或猜读故事，了解"绿窗""朱户"等文化、典故，培养学习积累有典词语的意识。

---

① 本课是将传统声韵读物《声律启蒙》与具体类别的对联创作教学相结合的教学案例。

3. 以嵌名联为例，通过创作身边师生的嵌名联，激发学生嵌字联创作的兴趣，练习做到“字数相同、词性相当、上联尾仄下联尾平”。

【评价设计】

1. 熟读并借助《声律启蒙》对对子，检测评价目标1、目标2的达成。
2. 创作嵌字联，检测评价目标3的达成。

【学与教活动设计】

（一）复习“六鱼”

同学们，还记得我们读过的《声律启蒙》吗？第六韵部是什么？（“六鱼”）（课件出示“六鱼”）一起来读一读。（生齐读）

看起来读得不是特别流畅，看来是有点儿忘了。《声律启蒙》是古代小朋友对课学习的教材。它是按韵部编排的，它又是以对子为内容的。所以，学联学诗都用得到它。现在我们来看“六鱼”的第一部分：［课件出示“六鱼（一）”］

无对有，实对虚，作赋对观书。绿窗对朱户，宝马对香车（jū）。伯乐马，浩然驴，弋（yì）雁对求鱼。分金齐鲍叔，奉璧蔺（lìn）相如。掷地金声孙绰（chuò）赋，回文锦字窦滔书。未遇殷宗，胥靡（xū mí）困傅岩之筑；既逢周后，太公舍渭水之渔。

谁能流畅地读给大家听？（生1读）谁能比他读得更流畅？（生2读）谁能读得有节奏？（生3读）集体来一遍。（生齐读）

（二）对对子游戏

前面我们说了，《声律启蒙》是古代小朋友对课学习的教材。这里藏着许多对子。我们一起来试试？

第一轮，我出对，你们对对！听清了吗？

有——无，宝马——香车，注意，这里的宝马，可不是我们今天说的高级小轿车，它是什么，谁来猜一猜？（马身上带着珠宝）古代马是很重要的交通工具，也是打仗用的坐骑。马身上通常会配备供人坐骑的工具，比如马鞍、缰绳、嚼勒等。在马身上的马具上装饰珠宝，这样的马就叫“宝马”。

接着来!

弋雁——求鱼

伯乐马——浩然驴

掷地金声孙绰赋——回文锦字窦滔书

弋雁，是用一种系有细丝绳的箭射大雁，是古代的一种射猎方式。这一组的后两对子里藏着四个人的故事，谁知道?（伯乐很会相马，所以叫伯乐马；孟浩然是李白的好朋友，他也是唐朝著名诗人，他与王维并称“王孟”。孟浩然喜欢骑驴，据说他曾于灞桥冒雪骑驴寻梅，说：“吾诗思在风雪中驴子背上。”所以就有了“浩然驴”一说）

另两个人的故事，老师做了一个小音频，一起来听一听。（课件放音频：孙绰掷地金声的故事、窦滔妻子寄《回文璇玑图》诗的故事）

掷地金声孙绰（chuò）赋：掷地金声，形容诗文华美，声调铿锵。孙绰是东晋时散骑常侍，作《天台赋》给朋友范荣期看，说：“您把它扔到地上，会听到像钟磬那样美妙的声音。”

回文锦字窦滔书：窦滔是前秦苻坚时的秦州刺史。他的妻子苏蕙因思念在外做官的丈夫，在家织锦成《回文璇玑图》诗，寄给窦滔，窦滔深受感动。

第二轮，加大难度拓展对!

请听好：绿窗闭——朱户开（课件出示“绿窗”图）。“绿窗”，表面意思是绿色的窗户，实际上指古代女子的闺房，也指贫穷人家女子闺房。“朱户”指富贵人家。这些词语都是有特定含义的，几千年来，只要一提这些词，读书人都明白是什么意思，我们也要记住它。

伯乐马有——浩然驴无；蔺相如奉璧——齐鲍叔分金。这两个故事大家应该都知道，谁来说一说?（生谈，大致能谈到蔺相如完璧归赵；鲍叔牙不认为管仲贪婪，知道他家境贫寒就可以）

像这样的经典故事，就叫“典故”。把典故用在联句中，既可增加说服力，又能给人学识渊博的印象。接着对对子！上联：“遇殷宗胥靡解困傅岩之筑。”（这个有难度，对不上来很正常）我们一起来读读这里面藏着的故事，对对子就简单了。（课件出示两个故事的文字）谁来读给大家听?（2生读）

课件：未遇殷宗，胥靡困傅岩之筑

傅说是我国历史上最早的“圣人”，与孔子一前一后，一西一东。他原本是奴隶，在傅岩做苦役，虽有才干，无从施展。殷高宗武丁即位后，设法找到了他并拜傅说为宰相。他辅佐殷高宗武丁安邦治国，形成了历史上有名的“武丁中兴”辉煌盛世。

课件：既逢周后，太公舍渭水之渔

传说姜太公在渭水钓鱼，周文王打猎路过，与他谈论国事很投机，大喜，便同车而归，立为国师。后来，姜太公辅佐周武王灭纣。

故事明白了，继续对对子。（课件出示原句及上联）

原文：未遇殷宗，胥靡困傅岩之筑；既逢周后，太公舍渭水之渔。

上联：遇殷宗胥靡解困傅岩之筑

（下联：逢周后太公抛舍渭水之渔）

这个的确有点儿难，无论大家对得出还是对不出都很正常。但只要敢想敢对，你的对联创作水平一定会有所提升。

（三）认识嵌字联

游戏结束，现在再来看这一段文字，你有什么新的感触？［课件出示《声律启蒙·六鱼（一）》部分］（生谈，要点：有对子，有故事，有人的名字）

把人物名字写进联句中，这样的对联叫嵌字联。（**师板书：嵌字联**）嵌字联可以将人名整个儿嵌进去，像“六鱼”里的这些联句；可以分开嵌，像中国楹联学会原会长孟繁锦先生赠给现任中国楹联学会副会长方留聚先生的一副（课件出示：联因特色留香远，人以高怀聚墨多。——孟繁锦题赠方留聚）（**板书：整体、分开**）。此外，嵌字联可以嵌人的名字，也可以嵌节日名、地名、建筑名、重大事件名等，凡特定称谓皆可嵌！（**板书：人名、节日名、地名、建筑名、重大事件名……**）

课件出示：

举世歌盛国，庆云照新程。——贺国庆

曲径通幽处，园林无俗情。——王闿运先生为杭州曲园题联

清华真佛地，庄严古洞天。——安徽九华山华严祠联

春日丛林秀，夏天芳草香。——二年级小朋友送林秀芳老师

像这些联就是嵌字联，谁来读？（生1读、生2读）集体读！（生齐读）

（四）创作嵌字联

仔细观察这些嵌字联，你能发现什么？

嵌的字可以在开头，可以在中间，还可以在结尾。（板书：开头、中间、结尾）

继续观察，品味它的语言色彩——批评的？夸赞的？祝福的？（夸赞的、祝福的，师板书：夸赞、祝福……）

有一句话：赠人玫瑰，手有余香。赠予他人赞美、祝福，有利于加深友谊，还可以促进观察思考。一起来试着作几副嵌字联吧。

（1）送给张华琴同学。先看看“张”“华”“琴”三个字作一个词行不行？（不行）分开嵌，先看“张”，组什么词？（张灯结彩、张望……）好像都没有赞美之意，“华”呢？（才华）才华出众！一副上联出来了，谁来下联？（琴艺超人）

“才华”与“琴艺”，名词对名词；“出众”与“超人”，前面“出”和“超”，动词对动词；“众”和“人”，名词对名词，且都有夸赞之意，好联！

（2）再来一位——“丛秀月”，三个字不能成一个词，分开嵌，谁先来？（圆月皎洁明丽）下联？（山林灵秀清香）（丛林秀美芳香）……

大家对得都很好。接下来，就是我们每个人大显身手的时候。请你选择一位抗疫英雄，用他的名字创作一副嵌字联，也叫嵌名联。注意，要符合楹联创作要求“字数相同、词性相当、尾字平仄相反”。（生创作，师巡回指导）

我看同学们作得很认真，精彩作品也很多，我们就一大排一大排挨个儿来分享吧。这一大排，开始。（生逐个儿站起来读自己做的嵌名联，并稍加解读，比如，嵌的谁的名字。这个人是谁，想送给他什么祝福，或者赞美他什么优点等。师即时对分享作品进行点评，包括精彩地方或建议修改地方）

（五）总结回顾

嵌字联是楹联生活常见种类中特别受欢迎的种类之一，大型活动、朋友互访、家人团聚、传统节日、特定纪念日等皆可用到。不管哪种情况，用心编写一副嵌名联，送给嘉宾、父母长辈，或者你认为很重要的人物，对方一定会非常开心，因为嵌字联中自然带着一种对对方的关注、尊重与亲近！今天，我们学习了嵌字联的创作，希望它能在你与家人、朋友、同学、老师的相处中发挥积极的作用，帮你快速获得和谐友爱的生活氛围！

祝同学们学习进步，生活愉快！下课！

（六）板书

嵌字联　夸赞、祝福……

开头　人名　　　　　　字数相同
中间　地名　　　整体　词性相同
结尾　节日名　　分开　上联尾仄下联尾平
　　　建筑名
　　　重大事件名

【评析】

每次上嵌字联创作课都是学生很兴奋的课，我在二年级和三年级分别上过嵌字联创作的课，所不同的是二年级的要求要低一些，内容安排会少一些。但不管在哪个年级上课，因为学生不是看到自己老师的名字在联句中，就是看到自己的名字在联句中，这种亲切感与意外感都会让他们兴奋不已。因此，在创作给父母亲人或同学朋友的嵌字联时，学生内心对所赠之人惊喜表情的憧憬不仅成为他们创作的动力，也成为一种希望身边人开心的柔情在他们心里升起。

这节三年级嵌字联创作课也引用了《声律启蒙》，与《初识对联》一课不同的是，《初识对联》是将对对子游戏与《声律启蒙》结合起来，激发学生楹联创作学习的兴趣，本节课则是将楹联创作与《声律启蒙》、生活礼教进行结合。

一是楹联创作与《声律启蒙》结合。《声律启蒙》中有很多韵部有嵌字联句，比如本节课的“六鱼”，还有“一东”的第二部分：“颜巷陋，阮途穷，冀北对辽东。”“梁帝讲经同泰寺，汉皇置酒未央宫。”“十二文”第三部分：“酒量洪深周仆射，诗才俊逸鲍参军。”……以这些联句为范本，不仅可以启发学生的思考，也可以带动学生对《声律启蒙》的反复阅读与记忆，同时推动学生对历史、典故的关注与拓展阅读。但就嵌字联创作而言，想让学生当下作出有典故的嵌字联的确有些难，因此，我只在课堂上点了一句，没再多提，那么，这样看来，《声律启蒙》文本在本节课的引用是否有必要，还望有兴趣的老师一起实践讨论。

二是楹联创作与礼教结合。社会主义核心价值观国家层面提到“和谐”，个人层面提出“友善”，每个人若都能主动向他人抛出友善的信息，国家便和谐。然而这两个词落实起来并非易事，当今社会经济的发展使居民家庭生活条件普遍提升，宽松的物质环境和家长工作的忙碌，使小学生在疏于细节引导的环境中生成过多的自我关注，产生人际交往的自我中心意识，这种礼教细节不到位产生的问题常常会带来人际关系不和谐的连带现象。而通常家庭学校的规范教育又很难促使其由内而外发生改变，因此，怎样引导他们有意识地发现他人的美、环境的美，主动向他人、向周边抛出友善的信息，使他们生活成长的空间和谐便成了一个难题。解决这一难题，不仅是班主任的责任，也是每一位学科教师的责任，更是中华优秀传统文化传承的使命，《中华优秀传统文化进中小学课程教材指南》提出：“传承发展中华优秀传统文化，就要大力弘扬有利于促进社会和谐、鼓励人们向上向善的思想文化内容。”因此，我在本课中以问题“继续观察，品味它的语言色彩……”引导学生主动发现赠予他人的嵌字联都是有赞美、祝福色彩的，使学生从开始学习创作嵌字联，便学会了与人为善，与人祝福。当学生通过创作嵌字联、赠送嵌字联收到友爱、关注，收获和谐的人际关系时，楹联创作不仅成为一种技能提升他们的审美、高雅他们的品位，更成为一种纽带将中华优秀传统文化、社会主义先进文化融为一体，植入学生心田，成为思维、道德的力量影响着他们的行为，诗教由此而生。

附：学生作品举例

谢八方援助逆行赴武汉，添四海英雄协力抗病魔。

——赠威海口腔医院内科护士长、威海市第三批赴湖北医疗队成员谢添（宋吉颖）

海风萧萧浪滚滚，星光熠熠路迢迢。

——赠乳山市人民医院ICU主管护师、威海市第二批赴湖北医疗队成员于星海（李雨萱）

英雄无畏奔前线，杰俊联合抗疫情。

——赠威海市公安局指挥中心情报中心副主任于英杰（李俊贤）

妙曲新词出稚手，惊涛怒浪拍滩石。

——赠威海市立医院呼吸与危重症医学科主治医师、威海市第一批赴湖北医疗队队长曲涛（薛子晨）

傍晚彩云依月挂，黎明红日送霞升。

——赠荣成市交通运输局党组成员、道路运输事务服务中心主任徐黎明（沈佳琪）

微风一笑千山醉，春燕双归万户欢。

——赠威海市立医院呼吸与危重症医学科主治医师、威海市第一批赴湖北医疗队队长王春燕（王媛莹）

三、行业联（三年级）①

【学习内容】

行业联积累与创作

【相关资料】

1. 行业联定义

专门为某个行业、某个店面、某个机构创作的，能够表现这个行业特点的对联，称之为“行业联”。

2. 行业联举例

纸店联、扇子店联、药店联等共10副联。

【学习目标】

1. 通过品读积累常见行业联，了解行业联的特点。

2. 尝试创作行业联，并符合对联创作要求“字数相同、词性相当、上联尾仄下联尾平”。

【评价设计】

1. 熟读、背诵经典行业联，检测评价目标1的达成。

2. 创作一副行业联，检测评价目标2的达成。

【学与教活动设计】

（一）导入

（板书：联）齐读，谁来说说，到目前为止，我们掌握的对联创作的要求是什么？（板书：字数相同、词性相当、上联尾仄下联尾平）

（板书：行业）谁来读读这两个字。说说你知道的行业有哪些？（警察、

① 本课是将楹联与生活相结合的案例，对学生观察体验生活中的文化有很好的引导作用。

医生、环卫、饭店或餐饮、教师、工程师、律师……）

把这两个字与“联”加在一起，一起读。（生读：行业联）。说一说，你理解的行业联指什么？（为一个行业写的对联）你见过这样的对联吗？（生：饭店门上、药店门上、花店门上、鞋店门上、养生店门上……）

是的，为某一种行业或职业创作的对联，就是“行业联”。行业联在生活中应用很广，它不仅是一个行业的宣传，也是一种文化，一种独属于中华民族的文化。

（二）赏析品读

我们一起欣赏几组行业联——

1. 第一组

课件出示：

薛家新制巧，蔡氏旧名高。

羲之五字增声价，诸葛三军仗指挥。

药按韩康无二价，杏栽董奉有千株。

洗洗染染胜似西施浣纱，缝缝织织赛过晴雯补裘。

（1）谁来读读这四副联？（生 1 读）谁能比他读得更好？（生 2 续，女生一起读，男生一起读）

读了这么多遍，你能读懂哪一副联？

（四副联分别是纸店联、扇子店联、药店联、洗衣店联）

（2）具体说说你通过哪些字或词读懂这些联的？

（第三副是药店的，因为上联写着“药按韩康无二价”；第四副是洗衣店的，上联写着“洗洗染染”，下联写着“缝缝织织”）

韩康和董奉认识吗？（生谈）这里有他们二人的故事，谁来读一读？

课件出示：

韩康是东汉霸陵人，常游走于名山大川采药，去长安集市上叫卖，不让还价，三十多年不变而被世人熟知。

董奉是东汉时期人，医术高明，治病不要钱物，只要重病愈者在山中栽杏5株，轻病愈者栽杏1株。数年之后，有杏万株，郁然成林。春天杏子熟时，董奉便在树下建一草仓储杏。需要杏子的人，可用谷子自行交换。再将所得之谷赈济贫民，供给行旅。后世称颂医家“杏林春暖”，把中医唤作“杏林”就是从这个典故来的。董奉医术高明、不求名利、乐善好施的高尚医德被人们传为佳话。人们把他同华佗、张仲景并称为“建安三神医”。

(3) 第四副，除了“药、洗、染、缝、织”几个字，其余的能读懂吗？(西施是四大美女之一，她最早是洗衣女。晴雯是贾宝玉的丫鬟)

你是从哪儿知道晴雯是贾宝玉的丫鬟的？(《红楼梦》)

读书不仅开阔视野、增长知识，还是一件增加自己谈资的事。西施，是春秋战国时期越国的美女，常常在溪边洗衣，联中说“浣纱”，就是“洗衣”的意思。晴雯是《红楼梦》中的人物，贾宝玉房里的四个大丫鬟之一。晴雯针线活特别好，贾宝玉的雀金裘被烧了一个洞，京都所有的织补匠人、裁缝绣匠、女工一概不敢揽这个活儿，重病在床的晴雯用孔雀金线织补，忙活了一夜，补好的雀金裘一点儿也看不出破损。店家把西施和晴雯写进对联，这是用了典故，不仅说明自己店里的技术也像她俩一样厉害，而且向人们展示了自己的文化底蕴，叫人不得不高看一眼！

(4) 两副联就是两个故事，也是两个典故，一起读读记记。(生齐读一遍，自读两遍，闭上眼背诵一遍。)

(5) 还有两副，一起来听一听其中的故事吧。

课件呈现两副对联及其故事，如下：

羲之五字增声价，诸葛三军仗指挥。

上联写的是王羲之的故事：《晋书》载，“王羲之，东晋之大书法家尝在蕺(jí)山见一老姥，持六角竹扇卖之。羲之书其扇，各为五字。姥初有愠色。因谓姥曰：‘但言是王右军书，以求百钱邪。’姥如其言，人竞买之”。

故事大意是：王羲之是东晋的一位大书法家。曾经在蕺山看见一个老妇人，拿着六角竹扇在卖。王羲之在她卖的扇子上题字，每把各写五个字，老妇人起初有点生气。于是王羲之就对老妇人说：“你只要说是王右军写的，凭此就可以卖到一百钱了。”老妇人按照他的话做了，果真人人都争着买扇子。

下联说的是诸葛亮的故事。据《语林》记载，诸葛亮与司马懿战于渭滨，乘素舆，着葛巾、执白羽扇指挥三军。

两位名人都与扇子有特殊关联，且二位都是享誉古今的文人，可见，本店虽卖扇，也讲文化。

这是哪个行业？(卖扇子) 扇子是古代文人雅士的宠物，有“怀袖雅物”的别号。团扇形如圆月，有合欢吉祥之意；折扇从明代开始流行，至清代，在文人官员间使用频繁。扇子不仅可以生风凉，也可以作诗作画，成为艺术品，象征身份地位和趣味。而文人书画扇的流行，也使折扇成了中国文化的象征。

制扇卖扇便也成了有文化的行业。

薛家新制巧，蔡氏旧名高。

上联讲唐代女诗人薛涛改进造纸工艺，将纸染成桃红色，创制桃红色小笺；下联讲东汉的蔡伦发明造纸术，这都是造纸行业的重大历史事件。店家把行业历史写进来，说明他的店不一般，有传承！

这是哪个行业？（造纸）

三百六十行，行行有文化，行行出状元！这就是我们的中华民族！来，谁把这两副联完整地读一遍？（生 1 读）不知大家有没有发现，每多读一遍，联语中传递的情感便多一分，那是什么情感？（自豪之情）是的！谁再来，读出这种自豪！（生 2 读）集体再读（生齐读）

(6) 这一组四副联，老师说上联，请大家对下联（课件隐藏对联）师生对对子。

不用老师提示，你们能完整地背下来吗？（生齐背）

（课件重新出现四副联）现在再来看这四副联，读过背过后，你对楹联创作有什么新的感悟？（多读书，多积累典故，才能写出好对联）

中国是文明古国，中华民族是有文化的民族。作为中华儿女，只有多读书、多积累，才能很好地传承中华文化！而行业联，也只有在不断地积淀中才能拥有吸引顾客的底蕴与特色！（板书：谈历史文化）

2. 第二组

课件出示：

架上丹丸长生妙药，壶中日月不老仙龄。（药店联）

猜一猜，这是什么店的对联？（药店）理由说一说？（长生妙药，是能让人长生不老的药。不老仙龄，也是长生不老的意思。）

“壶中日月”能懂吗？（生谈）“壶中日月”是道家的生活，“炼丹”也是道教词语。古代道家喜欢用丹炉炼制“仙丹”，“仙丹”吃了可以长生不老。像这样悠闲地炼丹吃仙丹享受不老仙龄的清静日子就叫“壶中日月”。这个药店说他的药也能长生不老，让人过悠闲清静的日子，可见他的药怎么样？（药好！）女同学上联，男同学下联，一起读一遍！换过来，再读，能背下来的同学，可以闭上眼睛试着背背。

接下来，我们赛一赛，我出联，同学们抢答什么店或什么行业，看看你的判断对不对？

①纵读中外事，洞彻古今情。

②藏古今学术，聚天地精华。

③尝来皆适口，咽去自清心。

①②书店。读了我店里的书，古今中外什么事情都知道了。我店里的书，汇聚的都是古今天地学术精华！

③茶店。我的茶谁尝都适口，茶水喝了自会清心爽神！

你发现这一组联有什么特点？（写自己的产品如何如何好的）（**板书：夸赞产品**）

3. 第三组

课件出示：

匠心独运，着手成春。（花店联）

联意：我的工作目标是用独特的思考，让春天永远留在你身边。

但愿人皆健，何妨我独贫。（药店联）

联意：只要人人都健康，即使卖不出药让我独自承受贫穷，那又有什么妨碍呢？

（一起读）这两副联一读便知，它表达的是作者对自己行业的什么？（理想、愿望）是的，也可以说是他们的初心、使命，或者责任、担当。所以，读来有一种满满的诚意，令人不由得想走近他们。（**板书：表白初心**）

（三）交流父母行业及特点

同学们，课前，我们请大家对自己的爸爸或妈妈进行了采访，了解了他们所从事的行业，你们都采访到了什么？比如，它的历史？它的特点？它的工作理想或初心？一起交流一下。（生谈）对这个行业，你有哪些了解？（生谈，师随机选取有启发意义的词语加以强调）

（四）现场创作

现在，请你拿起笔，根据你对爸爸或妈妈行业的了解，为爸爸或妈妈写一幅行业联。

（五）交流修改

1. 集体交流、教师点评

集体交流三至五幅作品，教师现场评价，评价要点：语意流畅，写清行业特点，字数相同，词性相当，上联尾字仄下联尾字平。

2. 小组交流、互助修改

课件出示：小组四人，组长主持完成三件事：①逐人读自己的作品。②大家对交流的作品进行评价并提出修改建议。③个人修改完成作品，交给组长。

（六）总结回顾

这节课，我们不仅学习创作行业联，而且借助楹联文字感受了中华文化的深厚，通过交流与创作体会到爸爸妈妈的行业，以及社会各行业的伟大与辛苦。课后，请同学们把这份感受与体会化为自己学习的动力，努力攀登知识高峰，用自己的成长作为对爸爸或妈妈工作的支持！

（七）板书

行业联

谈历史文化	字数相同
夸赞产品	词性相当
表白初心	上联尾仄下联尾平

【评析】

行业联是引导学生理解体会社会主义核心价值观社会层面“平等”，将传统文化与社会主义先进文化融为一体，落实《中华优秀传统文化进中小学课程教材指南》中“结合时代要求，衔接古今，赋予中华优秀传统文化新的时代内涵和现代表达形式，促进创造性转化和创新性发展”的课例之一。本课同时亦是将楹联创作与学生生活紧密相连的一节课例。我们曾在二年级尝试过行业联创作，但二年级学生明显表现得比较吃力，一方面在对行业特点的观察把握上过于稚拙，好一些的能看到父母表面的辛苦，三分之一的学生对父母具体做什么弄不清楚；另一方面在文字阅读与表述中，因阅读量不够，关于行业历史、行业产品或初心使命的理解不到位，这不仅使其在语言表达上难以做到准确，且言语组织过程的思维也呈现一种模糊状态。

本课例针对行业联创作主要分为三大版块：一是赏析经典作品，诵记积累，拓宽视野；二是交流碰撞；三是现场创作。其中，赏析经典作品是很重要的环节，它一方面体现对《语文课程标准》中“诵读优秀诗文，注意在诵读过程中体验情感，领悟内容”要求的落实，例如，读到“薛家新制巧，蔡氏旧名高”一联，听到薛涛故事后，学生惊讶，原来古人也很注重科技发明，真是三百六十行，行行出状元，我们的祖先真了不起！读到“但愿人皆健，何妨我独贫”的联句时，学生为店家的大义震惊：“只要大家都健康，不赚钱也愿意?”“我将来做事也不能只看到自己的利益!”……

附：学生作品举例

仁心仁术舍身忘己，妙手妙方救死扶伤。（医护）（三年级　王延和）

万户千楼双手建，五湖四海一身撑。（建筑工人）（三年级　李思辰）

提凶问案坏人找，讼件上庭真相出。（检察官）（三年级　于子雯）

暗院无声看透万般姿态，荧屏变幻投出百味人生。（电影业）（三年级　于景赫）

千人汗水把苗种，万树参天保故园。（林业）（三年级　郭佳怡）

书香远溢明灯闪，诗韵四流静步行。（书店）（三年级　罗铭慧）

四、叠字联（三年级）①

【学习内容】

叠字联

【相关资料】

1. 叠字联定义

将两个相同的字组成词语叫“叠字”，将叠字运用于联语创作成的联，称为叠字联。需要说明的是，作为楹联界权威著作的《联律通则导读》（刘太品、叶子彤主编）中没有讲叠字联（对），而是讲叠语对。叠语对是指让重要的词语及其所表述的重要的事物或观念反复出现。如浙江杭州岳飞庙联：“有汉一人，有宋一人，百世清风关岳并；奇才绝代，奇冤绝代，千秋毅魄日星悬。”可见，叠字联与叠语联还是有区别的。我们之所以取叠字，主要考虑小学生年龄特点，太过复杂不利于全面普及。

2. 叠字联举例

杭州西湖孤山中山公园联、杭州龙井南九溪十八涧联、杭州西湖花神庙联、济南趵突泉观澜亭联、浙江奉化“休休亭”联，共5副联。

① 本课是将楹联与生活相结合的案例，对学生观察体验生活中的文化有很好的引导作用。

【学习目标】

1. 通过多形式朗读积累，了解叠字联“程度加深、情感亲近、实在有趣、朗朗上口”的特点。

2. 尝试创作叠字联，作品符合“字数相同、词性相当、上联尾仄下联尾平”的要求，初步尝试“平仄和谐”即相邻两个音节点或上下联对应的音节点平仄相反。

【评价设计】

1. 背诵当堂所学叠字联，检测评价目标 1 的达成。
2. 创作的叠字联，检测评价目标 2 的达成。

【学与教活动设计】

（一）导入

想玩游戏吗？我们来个叠字游戏，我说一个字，你把这个字重复一下，变成由两个相同的字组成的词，会吗？

妈——妈妈　爸——爸爸　玩——玩玩　燕——燕燕

单个字叠成两个字时，感情上有什么变化？（有亲昵感）

接着变——

年——年年　青——青青　美——美美　昏——昏昏

这一组，叠字后变成的词与原来单字相比，程度上有什么不同？（加重了）

如果我们把叠字变成的词放进联句中，又会怎样呢？

（二）品读赏析

1. 第一联

（课件出现杭州西湖孤山中山公园联：水水山山处处明明秀秀，晴晴雨雨时时好好奇奇）

这是之前我们学风景联时读过的对联，一起再读一遍。（生读）

老师把叠字去掉，你来看，（课件出现变后的联：水山处明秀，晴雨时好奇）读一下，（生齐读）什么感觉？（只有一处明秀，不是处处了；晴天雨天也不那么令人惊奇了，整个画面美感少了一大半儿）

不仅如此，音节点的平仄也不太和谐了。（课件出示各音节点平仄符号，“雨”与“水”“好”皆是仄声：水山处明秀，晴雨时好奇）对比一下——

相邻两个音节点的平仄上下左右相反才和谐，但这里不是。现在我们再回来读叠字的联，起——（生齐读：水水山山处处明明秀秀，晴晴雨雨时时好好奇奇）（**板书：平仄相谐**）

用一个字形容你的感觉。（美、妙）是的，叠字的使用，传神地把西湖的山光水色，把西湖晴雨时幻境般奇丽的景色写活了。像这样的对联，就叫“叠字联”。（**板书：叠字联**）闭上眼睛，我们把它记下来。（生闭上眼睛背诵）

2. 第二联

（课件出现杭州西湖花神庙联：翠翠红红处处莺莺燕燕，风风雨雨年年暮暮朝朝）

这一副，也是描写西湖的，也是叠字联。读一读（生自由读）说说读到了什么？或者什么感觉？（一年四季都很美；联句顺口、有节奏）

你来加上平仄手势，再读一遍。（生打手势读）平仄怎么样？（平仄交替、平仄和谐）这就是叠字对联的妙处，平仄依然严谨，但节奏明朗、语音和谐、生动形象。再来看一看我们山东济南趵突泉观澜亭的联使用叠字后是如何生动形象的——

3. 第三联

（课件出现济南趵突泉观澜亭联：佛脚清泉，飘飘飘飘飘下两条玉带；源头活水，冒冒冒冒冒出一串珍珠）

谁来读？（2 生分别读）

你仿佛看到了什么？（两条玉带，风一吹飘起来了；还有一串珍珠，一串一串往外冒）

是呀，读了这样的联，我们面前立刻出现一幅有动感的画面。如果我把叠字变成单字呢？（课件出示）

佛脚清泉，飘下两条玉带；源头活水，冒出一串珍珠。

什么感觉？（画面不清晰了）

你有没有发现，前面的两副联与这副联叠字的方式不同？（前一副全部叠字，这里只用了两处）是的，全部用上叠字，联句生动形象；在局部用上叠字，其作用依然很大！（**板书：生动形象、全部、数个**）一起再来读一读，把它记在心里。（生齐读后齐背）

4. 第四联、第五联（课件出示）

杭州龙井南九溪十八涧有一联：重重叠叠山，曲曲环环路；高高下下树，叮叮咚咚泉。

浙江奉化“休休亭”联：行，行，行，行行且止；坐，坐，坐，坐坐何妨。

这两副联也是部分字用了叠字法，同桌两人一起读一读，感受一下各有什么不同？

谁来跟大家交流一下？（上面一副仿佛能看到一层层的山、弯弯曲曲的路，还有高高低低的树、叮叮咚咚的泉水声。下面一副好像在讲一个故事，有画面，有对话）

小结：用上叠字，不仅生动形象，而且读起来很有趣。（**板书：实在有趣**）

（三）现场创作

1. 创作叠字联

看来，叠字联的确作用很大。那我们也来创作一幅叠字联如何？

课件出示：

选定一处景物，可以是校园内的，可以是生活小区的，也可以是你见过的威海的某一处景物，把它的作用或景色，用叠字联表达出来。注意要符合楹联创作要求：字数相同，词性相当，上联尾字仄下联尾字平。有能力的同学还可以尝试做到平仄相谐。

平仄相谐是指相邻两个音节点或上下联相对应音节点平仄都是相反的，这个难度可比上联尾字仄、下联尾字平大多了，哪位同学能做到那实在是了不起！（生创作）

2. 现场交流、小组修改

评价要点：语意流畅，字数相同，词性相当，平仄相谐。

（四）总结提升

同学们，今天我们运用叠字手法学习创作了风景联。之前我们讲过，联是诗和词的基础，联做好了，诗词也会很轻松。像我们今天学习的叠字联，大家掌握了它的创作手法后，将来作诗作词也会游刃有余。

你看——这是汉代诗人的叠字诗，一起读——（课件出示《迢迢牵牛星》：迢迢牵牛星，皎皎河汉女。纤纤擢素手，札札弄机杼。……盈盈一水间，脉脉不得语。）叠字，把牵牛星、织女星的遥远、明亮，把织女无心织布与牛郎隔在银河两边含情互视却不能说话的感人画面描述出来。

这是山东的女词人李清照的《声声慢》，读——（课件出示：寻寻觅觅，冷冷清清，凄凄惨惨戚戚。乍暖还寒时候，最难将息。……）写这个词的时候，李清照刚刚失去了自己的丈夫，孤独一人，寻人寻不着，睡又睡不着，凄凄惨惨戚戚。

（课件出示《诗经·周南·桃夭》：桃之夭夭，灼灼其华……）这是新婚娘子像桃树桃花一样青春、美丽的画面。一起读。（生读）

（课件出示《诗经·小雅·采薇》：昔我往矣，杨柳依依；今我来思，雨雪霏霏……）戍守边关退役回家的将士，在路上想起自己当年离家时杨柳依依随风吹的景象，而如今，回家路上却是雨雪纷飞，时间转眼就过去了大半年。读——（生读）

每一个故事，每一幅画面，每一种心情，在叠字的独特表述中，真切地呈现在我们面前。这就是诗中、联中叠字的妙处。课后，同学们可以搜集叠字联或叠字诗词读一读，进一步感受叠字手法带来的语言的情趣。

这节课上到这里，下课！

（五）板书

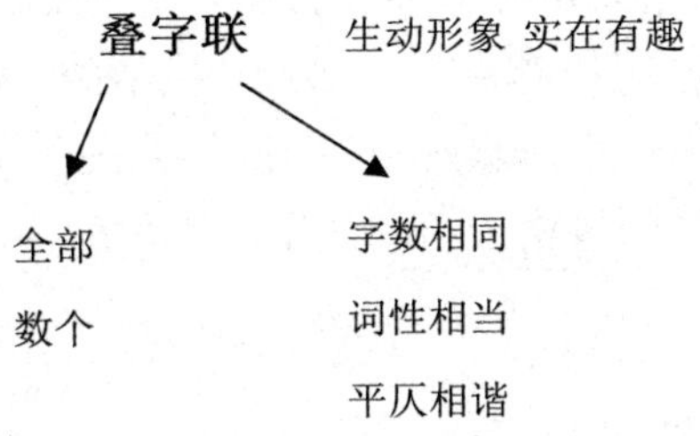

【评析】

叠字联创作相比嵌字联、行业联创作，语言文字运用方面的特点更突出一些，且叠字联天然带有鲜明的情感色彩，是语言文字运用和文化内涵的完美结合体。因此，借助叠字联创作落实《语文课程标准》中“重视语言文字运用的实践，在实践中领悟文化内涵和语文应用规律”① 的要求是很好的契机。考虑学生年龄特点，本课所选叠字联多以生动形象有趣的为主，如济南趵突泉观

① 中华人民共和国教育部：《语文课程标准》，北京师范大学出版社 2011 年版，第 4~5 页。

澜亭联“佛脚清泉，飘飘飘飘飘下两条玉带；源头活水，冒冒冒冒冒出一串珍珠。”五个飘字一出现，学生的眼睛就亮了，好像眼前就有两条玉带，风一刮“飘——飘——飘——飘——飘——”飘起来；等到五个“冒”字一出现，学生乐了，调皮且胆大的小男孩看着老师的 PPT 仿佛看着一眼泉，一边点着头一边撮起小嘴“冒冒冒冒冒”地吐着，仿佛他们自己也是一汪泉水。当老师把叠字全部变成单字再一读，学生的体验更加强烈起来，原来叠字后的效果比不叠字差这么大！一种不由自主地喜爱之情便油然而生。

等到赏读杭州龙井南九溪十八涧联“重重叠叠山，曲曲环环路；高高下下树，叮叮咚咚泉”与浙江奉化“休休亭”联“行，行，行，行行且止；坐，坐，坐，坐坐何妨”时，无需老师多言，学生自己就开始分析得头头是道。尤其浙江奉化“休休亭”联，学生眼前仿佛播放了一个生动的动画片：一人在行走，踏着脚步“行，行，行”，行得累了，于是停下脚步想休息一会儿“行行且止”，亭中有人招呼“坐，坐，坐”，行路人笑着摇摇头，招呼的人接着说：“坐坐何妨?”学生一边读联一边兴奋地手舞足蹈，有的同桌甚至一起表演了起来，那份对叠字联、对汉语言文化的喜爱与激动发自内心，为接下来的创作奠定了厚实的情感基础。

相比本课所选楹联，诗词中叠字的运用则常常是情到深处的体现。“盈盈一水间，脉脉不得语”，情到深处只能无言相对；“桃之夭夭，灼灼其华”，美丽青春的新娘给人无限希望；“寻寻觅觅，冷冷清清，凄凄惨惨戚戚”，深深愁怨重重叠叠，若有所失、空虚寂寞；“杨柳依依……雨雪霏霏……”思乡之情无休无止……完全不同的风格也给学生留下无限期望的空间，期待由联到诗到词的美好学习之旅。

五、叠字联（二年级）

【学习内容】

叠字联读与写

【学习目标】

1. 通过拓展阅读，丰富学生的积累，了解叠字联的特点，并在练习中初步接触叠字联创作。

2. 创作叠字联，激发学生语文学习兴趣，培养学生独立思考和合作探究能力。

【评价设计】

1. 通过小组交流学习成果，检测评价目标 2 的达成。
2. 通过叠字联创作，检测评价目标 1 的达成。

【学与教活动设计】

（一）复习导入

同学们欢迎你们再次回到对联世界来，我们先一起来回顾一下对联都有哪些特点。（字数相同、词性相当、尾字平仄相反、内容相关）（生交流）

语文课本第 24 课《风娃娃》就出现了很多这样特别的词语，如断断续续、摇摇摆摆……你也来说几个？（生交流）

今天，我们学习的对联就与此有关。

（二）对联故事

一起读一个故事（课件出示）：

古时候，有一位老秀才，很会作对联。有一年春天，他在西湖花神庙附近游玩，看见绿树繁茂，红花盛开，黄莺在柳枝间鸣叫，燕子在湖上飞来飞去。老秀才诗兴大发，依据周围景色，他写出了一个上联“翠翠红红，处处莺莺燕燕”贴在花神庙大门的一侧，向人们征求下联。

他刚把上联贴上去，一个小书童就走上前来，提笔写出了下联：“风风雨雨，年年暮暮朝朝。”

老秀才看了，连声称赞书童对得快，对得好。过了一会，他说：“我这个上联的字句还可以变哩！”随口念道：“燕燕莺莺，处处红红翠翠。”小书童说：“我这个下联字句也可以变哩，你听——朝朝暮暮，年年雨雨风风。”

老秀才又说：“我还可以变：处处莺莺燕燕，红红翠翠。”小书童说：“年年暮暮朝朝，雨雨风风。”老秀才说：“红红翠翠，莺莺燕燕处处。”小书童说：“雨雨风风，朝朝暮暮年年。”……

后来这一老一小又变出很多副对联，每一副都读得通。虽然西湖边上这座花神庙早就消失了，这副对联却流传了下来，因为它太美了，读起来朗朗上口，短短二十个字把春天的姹紫嫣红、鸟语花香，以及风雨晨昏、年华流逝写尽了！

把他们的这几副联放在一起（课件出示）：

翠翠红红，处处莺莺燕燕；风风雨雨，年年暮暮朝朝。

燕燕莺莺，处处红红翠翠；朝朝暮暮，年年雨雨风风。

处处莺莺燕燕，红红翠翠；年年暮暮朝朝，雨雨风风。

红红翠翠，莺莺燕燕处处；雨雨风风，朝朝暮暮年年。

你发现它们有什么共同的特点？（叠字）叠字，也称为重言，就是将音节相同的字重叠起来使用。楹联中有叠字，读起来有什么感觉？（有节奏、朗朗上口，有趣）

叠字在对联中，可以部分用，也可以全部用。再来看几副，一起读（课件出示）：

冷冷清清雪，茫茫渺渺峰。

片片晚霞迎落日，行行倦鸟盼归巢。

清清闲闲，处处安安静静；说说笑笑，人人喜喜欢欢。

重重叠叠山，曲曲环环路；高高下下树，叮叮咚咚泉。

水水山山处处明明秀秀，晴晴雨雨时时好好奇奇。

佛脚清泉，飘飘飘飘飘下两条玉带；源头活水，冒冒冒冒冒出一串珍珠。

上上下下，男男女女，老老少少，都添一岁；家家户户，说说笑笑，欢欢喜喜，各过新年。

这些楹联都是有一部分是叠字的，有什么感觉？（很生动、有趣味）

（三）叠字诗句欣赏

叠字在古代诗歌中很常见，唐代大诗人杜甫是运用叠字的高手，他写下了很多含有叠字的美妙对句，一起读一读（课件出示）：

短短桃花临水岸，轻轻柳絮点人衣。《十二月一日三首》

江天漠漠鸟双去，风雨时时龙一吟。《滟滪》

留连戏蝶时时舞，自在娇莺恰恰啼。《江畔独步寻花·其六》

无边落木萧萧下，不尽长江滚滚来。《登高》

……

这么生动的诗句，这么形象的语言，就是因为有了叠字。怎么样？你也来体验体验叠字联的创作乐趣？

（四）对联练习

（1）连连看：

郁郁佳气　　　　　袅袅鹅黄

黄沙滚滚　　　　　绿柳依依

红桃灼灼　　　　　白浪滔滔

粼粼鸭绿　　　　　泱泱大风

（2）请用下列词语分别组成两副对联，要读得通顺哦。

红红、青青、白白、家家、绿绿、处处、树、烟

森森、潺潺、风、白云、水、碧树、浩浩、漠漠

（3）将下面一副对联改成叠字对联：

亭边短长柳，波上来去船。

（五）总结

同学们，短短一节课如流水般过去了，中国的对联是古老的、是传奇的，我们今天所领悟到的只是汪洋大海中一朵小小的花，还有更多的花等着你们去寻觅，去捕捉，但愿不久的将来，也能看到你们的收获。

最后送大家一副对联：

风声雨声读书声声声入耳，家事国事天下事事事关心。

【评析】

本课例相比前一节叠字联课例，有很明显的低段特点：一是从教材课例延展，进行 AABB 式词语积累，并由此引入新课，减少学生接触新知的畏难情绪；二是虽是指导叠字联创作，但对楹联创作要求几乎没提，只让学生自主发现叠字的特点，然后通过连线成联、连词成联、改头换面等游戏引导学生一步步加深对叠字联的认识与把握。

附：学生作品举例

山山寒色，树树秋声。（二年级　王翊晨）

白雪飘飘落，黄风阵阵刮。（二年级　吴佶慧）

落叶纷纷舞，寒风瑟瑟吹。（二年级　高诗琪）

菊瓣层层展，荷叶渐渐凋。（三年级　从俊宇）

黄昏小雪潇潇落，晨起微风冷冷吹。（三年级　刘政豪）

碧云天晴朗朗，黄叶地乱纷纷。（三年级　姜涵铭）

六、复字联（三年级）

【学习内容】

复字联

【相关资料】

1. 复字联定义

对联中一个或几个字按照某种规律重复出现多次，使想强调的内容更充分有力，这样的联叫复字联。

2. 复字联举例

顾宪成题东林书院联、解缙与侍郎对联、《儒林外史》联、南京秦淮河风月亭联共4首。

【学习目标】

1. 通过听故事品对联，积累复字联并了解其特点。

2. 尝试创作复字联，作品符合“字数相同、词性相当、尾字平仄相反”的要求。

【评价设计】

1. 通过背诵复字联，检测目标1的达成。

2. 通过复字联创作，检测目标2的达成。

【学与教活动设计】

（一）导入

先来玩个游戏？（好）

同尾词接龙。比如：老师出“歌声”，对“笑声”“喊声”“响声”“掌声”“货声”“心声”“异口同声”……

花美——人美　景美　貌美　健美　梦美　德美　行为美　自然美……

其实接龙的字还可以换个位置接，比如开头第一个字，首字相同进行接龙，不过时间关系，这节课就不玩了，同学们可以课后一起玩。接下来的活动也很有趣，一起期待。

（二）初识复字联

请听一个小故事（课件出示视频《解缙对联》）：

解缙对联

明朝才子解缙从小便有“神童”之称。9岁的时候，有个退休的京官曹侍郎路过解缙的老家江西吉水，曹侍郎与解缙的父亲久有私交，便专程去解家拜会解缙父子。葡萄架下，解氏父子以茶待客，曹侍郎想出副对联考考这个小神童，于是，在葡萄架下随即吟出一联：蒲叶桃叶葡萄叶，草本木本。此联以植物入联，并且其中还暗藏玄机，一是“叶”字反复出现，“本”字也重复出现；二是联中的“蒲”“桃”恰与“葡萄”谐音，这是一般人很难绕过的“卡口”。但是，这并没难住年仅9岁的解缙，他当即以花入联：梅花桂花玫瑰花，春香秋香。

解缙下联一出，老侍郎惊得赶紧离座施礼，并断言解家小子的前途不可限量。后来，解缙果然一路高歌猛进，成为大明初期最有影响力的风云人物之一。

故事听完了，故事里的对联记住了吗？（蒲叶桃叶葡萄叶，草本木本；梅花桂花玫瑰花，春香秋香）

这副联中玄机重重，有哪些玄机？（上联重复“叶”字和“本”字，且“蒲”“桃”恰与“葡萄”谐音；下联重复“花”字和“香”字，且“梅”“桂”与“玫瑰”谐音）

像这样有规律地重复出现一个或几个字的对联，就叫“复字联”。因为这种有规律的重复，所以，复字联既朗朗上口，又能充分地突出强调的内容。（板书：复字联）

（三）品读复字联

（1）在实际创作中，复字与叠字常常融在一起使用。比如我们早就听到过的顾宪成先生的那副特别有名的对联（课件出示）：

题东林书院联：风声雨声读书声声声入耳，家事国事天下事事事关心。

谁来读？（生 1 读）

谁能给大家说一说，这副联复字、叠字在哪里？怎么用的？（上联“声”先复字 3 遍，后叠字 2 遍；下联“事”先复字 3 遍，后叠字 2 遍）

顾宪成是明代江苏无锡人。曾做官至吏部文选郎中，后被革职还乡，倡议重修“东林书院”，并在书院讲学。当时朝廷被宦官魏忠贤把控，他依仗皇帝信赖，排除异己、专断国政，国家危难。顾宪成讲学之余，讽议朝政，与魏忠贤对抗，朝廷官员与其遥相呼应，世称“东林党”。此联即是表现东林书院读书人刻苦学习的情景，无论自然风雨声还是政治风雨声，皆与读书声一起传入耳中，这就是“声声入耳”；书院人以天下为己任，不仅读书，也关心家事、国事和天下事，这是“事事关心”！你看，一个“声”一个“事”串起了上联与下联，也串起了古代读书人的责任与使命！今天，我们坐在教室里，享受和平环境和幸福生活，更要关心国家，为国读书！一起把这副联大声读两遍，然后记在心里。（齐读两遍，背一遍）

（2）再看这一副联（课件出示）：

《儒林外史》联：读书好，耕田好，学好便好；创业难，守成难，知难不难。

默读，看看你能读懂什么？（生谈）

复字联读起来有时会有绕口令一般的感觉，叫人回味无穷。不过这副联中“学好便好”不是学习好了就好，而是说“学习好的东西对自己有好处”。“知难不难”不是说“知道难就不难了”，而是说“知道难的地方用心去想办法解决，难题就不难了”。你看，怎么样叫好，怎么样叫难，一副复字联可以帮你说得清清楚楚。

（四）指导创作

（1）现在请大家回头再来看这三副联（课件出示）：

蒲叶桃叶葡萄叶，草本木本；梅花桂花玫瑰花，春香秋香。

风声雨声读书声声声入耳，家事国事天下事事事关心。

读书好，耕田好，学好便好；创业难，守成难，知难不难。

仔细观察，三副联除了字数相同、词性相当，复字与联句平仄要求有何关系？（生谈）

作为楹联，复字联首先也要遵守上联尾字仄声，下联尾字平声这一要求。要注意的是，如果复字在音节点的位置上，那么，上联复字与下联复字的平仄要相反；如果复字不在音节点上，这个要求就不存在了。

看这副联（课件出示）：

朱元璋题南京秦淮河风月亭联：佳山佳水佳风佳月，千秋佳地；痴色痴声痴梦痴情，几辈痴人。

对比之前读过的联（课件出示）：

蒲叶桃叶葡萄叶，草本木本；梅花桂花玫瑰花，春香秋香。

上联复字“佳”，下联复字“痴”都是平声。可见，复字是否在音节点上，对我们实际创作意义重大。（**板书：上联尾字仄下联尾字平**）

（2）现在，请同学们拿起笔，我们也来创作一副复字联吧。（课件出示）

请你回想生活中难忘的一个画面，可以是运动会的赛场，可以是儿童节的舞台，可以是回乡看望爷爷奶奶的画面，还可以是你读到好书的画面……想想这些画面中你感触最深的是什么？选定两个或几个需要强调的字，反复用到你的对联中，作成一副复字联。

（生创作）

（现场交流、切磋，小组互相修改，上交作品）

（五）总结提升

像叠字联一样，复字在诗词中也大量运用，并能产生突出思想，加重感情的效果。比如：

《诗经·蒹葭》：

蒹葭苍苍，白露为霜。所谓伊人，在水一方。……

蒹葭萋萋，白露未晞。所谓伊人，在水之湄。……

《木兰诗》：

问女何所思，问女何所忆。女亦无所思，女亦无所忆。

在诗句中，这种手法叫复沓。反复用词，形成重章叠唱，一咏三叹。一起读一读，感受这种手法的魅力。（生读）

现代文中也有这种手法。（课件出示）

朱自清《匆匆》：

去的尽管去了，来的尽管来着；去来的中间，又怎样地匆匆呢？……只有徘徊罢了，只有匆匆罢了；在八千多日的匆匆里，除徘徊外，又剩些什么呢？……我赤裸裸来到这世界，转眼间也将赤裸裸的回去罢？……

如果说叠字可以把情推得更深，把视角伸入细致之处，那么，复字带来的是反复的强调，反复推进与加深，是节奏的突出，是情感的深化。这就是文学艺术的魅力。让我们一起把这些复字联、这些用复字手法完美展现的经典作品大声读一遍。（课件再次出现东林书院联、解缙与侍郎对联、《儒林外史》联以及《诗经·蒹葭》《木兰诗》《匆匆》片段）

（六）板书

复字联

数个

字数相同
词性相当
上联尾字仄下联尾字平

【评析】

从教学角度看，复字联创作与叠字联创作有很多相似之处。但相比叠字联创作，复字联创作对学生的吸引力却似乎小很多，对这个现象我们一开始也感到奇怪，于是利用各种机会进行不断观察并思索其原因。就目前我们的分析来看，一是叠字除本身的趣味性比复字更浓一些外，“叠字”“复字”与学生间情感的距离从小孩子一开始学说话就有了差距。任何一个孩子在最开始学习说话时，都是从“爸爸、妈妈、爷爷、奶奶”甚至“饭饭、果果、香香”等叠音词（又称“叠字”）开始的，可以这样说，叠音词就像他们的小伙伴伴随着他们的成长，虽然随着年龄的增长，生活中他们使用叠音词的概率越来越小，但一旦需要，这种潜在的记忆便立刻被唤醒，并产生一种亲切感，在他们的楹联创作中表现出来。二是复字相对叠字来说，需要人为构思一种规律，突出想要强调的核心词或关键词，这个过程有一定的难度，根据人行为方向和目的“趋利避害”的规律，将个人情感倾向轻松又有趣的活动，确属正常现象。这种现象给了我们一个启示，复字联相对来说更有利于培养学生的逻辑概括思维和创造型思维能力，因此，想办法调动学生学习的兴趣，变得愈加重要。

本节课在调动兴趣方面主要有三项措施：一是游戏激趣。以同尾字接龙，同时推荐同首词接龙。二是听故事悟规律。三是打开视野。由楹联向诗词的复字形式拓展。需要说明的一点是，受复字重复位置的限定，复字联在平仄要求上相对要放宽一些。

附：学生作品举例

松叶竹叶叶叶翠，秋声雁声声声寒。（三年级 寒娄森）

红花紫花花花成画，绿叶黄叶叶叶经霜。（三年级 梁雨欣）

歌声笑声声声悦耳，乐曲舞曲曲曲动心。（三年级 岳靖哲）

有山有水有秋艳，忆柳忆诗忆夏香。（三年级 王思祁）

花艳花娇花绽放，草香草盛草昂扬。（三年级 孙靖尧）

爱国家爱集体勤劳勇敢，讲风尚讲道德礼貌文明。（三年级 高馨怡）

七、集句联（四年级）

【学习内容】

集句联创作

【相关资料】

1. 集句联定义①

一种特殊的创作手法。是从古今文人的作品中分别选取两个句法特点一致的句子，按照对联的形式要求组成联句。

集句联可集同一作者的不同诗文，也可以集不同作者的诗文，既可以集同代作者的诗文，也可以集异代作者的诗文。

集句联要求所集原句不得有任何改动，所以很容易造成局部对偶不工以及声调上的不相协调与不匹配，只能不得已而放宽。

2. 经典作品举例

王安石集句联、镇江焦山夕阳楼联等共 5 副联。

【学习目标】

1. 通过诵读品味经典集句联，初步把握集句联特点，激发对诗词文化的热爱。

2. 通过创作集句联，激发对诗词阅读的兴趣。作品基本符合“字数相同、词性相当、平仄相谐、内容相关”要求。

---

① 参见刘太品、叶子彤主编：《联律通读导则》（增订本），中国诗词楹联出版社 2017 年版，第 123~124 页。

【评价设计】

1. 通过诵记经典集句联，检测评价目标 1 的达成。
2. 通过创作集句联，检测评价目标 2 的达成。

【学与教活动设计】

（一）导入

1. 温习

谁来说一说楹联创作的四条要求？（字数相同、词性相当、平仄相谐、内容相关）

过去我们一直强调前三项要求，这节课，我们可能会更多地用到第四条“内容相关”。不过这一会儿还不急，我们先来玩个游戏。

2. 游戏

（1）老师出一句诗，你来对一句——

两个黄鹂鸣翠柳（一行白鹭上青天）

这是谁的诗？（杜甫）就这两句，你发现了什么？（课件将两句诗竖起来）（一副联）

（2）再听“白日依山尽”，（黄河入海流）这是谁的诗？（王之涣《登鹳雀楼》）这两句还是——一副联。

（3）再来“夕阳无限好”，（只是近黄昏）这是谁的诗？（李商隐《乐游原》）这个是不是一副联？（不是一副联）我调整一下，不接李商隐原来的句子，我接苏轼《水调歌头·明月几时有》里的句子“高处不胜寒”，现在你再来看？（课件演示）词性相当，平仄相反，内容相关。从傍晚到晚上，从眼前看到的到身体感受到的，这就是一副联了。像这样将不同的作品中意思相关联的句子集到一起，组成的对联，就叫“集句联”。（**板书：集句联**）

（二）品读经典

集句联因为集的是不同诗人的不同作品，或者同一诗人的不同作品，集在一起的两句还要上下语意连贯，所以，集句联常常是展现一个人读书积累、才华智慧的平台。很多诗人都是集句联创作的爱好者。比如，宋朝文学家王安石就是其中一位。

（1）课件一句句出示：风定花犹落，鸟鸣山更幽。——宋王安石

他用谢贞的诗句“风定花犹落”，接南朝梁时王籍《入若邪溪》中的诗句“鸟鸣山更幽”。上联写看到的景象，下联写听到的感觉。对仗非常工整，天衣无缝，成为古今佳联！

（2）再如：有人将毛泽东《清平乐·六盘山》词作中的“不到长城非好汉”，与周恩来诗作《书赠饯行同窗好友》中的“难酬蹈海亦英雄”集在一起，也成了一副好联！

课件出示：不到长城非好汉，难酬蹈海亦英雄。

↗　　　　↖

毛泽东词《清平乐·六盘山》　周恩来诗《书赠饯行同窗好友》

（3）这是有人将南宋词人姜夔《翠楼吟·月冷龙沙》中的句子，与北宋词人柳永《望海潮·东南形胜》中句子集在一起，作成的对联。

课件出示：看槛曲萦红檐牙飞翠，有三秋桂子十里荷花。

↗　　　　↖

南宋词人姜夔词《翠楼吟·月冷龙沙》　北宋词人柳永词《望海潮·东南形胜》

（4）还有人将古今中外名人名言集在一起，作成对联。

课件出示：性格决定命运，距离就是权威。

小结：总之，集句联可以集诗与诗、诗与词、词与词、名人名句、经典文句等等，只要集的是不同作品的文句，集在一起的句子语意连贯，没有改动就可以。当然，因为是集不同作品的语句，所以想做到完全合乎楹联创作要求也很难，基本符合楹联创作要求就可以。

（三）小试牛刀

1. 教师示范

老师在备这节课的时候，突然想把杜甫的诗句“两个黄鹂鸣翠柳”与欧阳修《画眉鸟》中的“百啭千声随意移”集在一起，大家感觉一下怎么样？

课件出示：两个黄鹂鸣翠柳，百啭千声随意移。

↗　　　　↖

杜甫《绝句》　　　　欧阳修《画眉鸟》

百啭千声随意移，山花红紫树高低。
始知锁向金笼听，不及林间自在啼。

（生随意谈）

2. 集体练习集句

据说，北宋著名词人晏殊曾得一上联：无可奈何花落去。苦思一年，配不出下联。同学们搜索一下你脑中的诗句，看有哪一句可以对得上？（生交流）

课件出示：无可奈何花落去，似曾相识燕归来。

传说，晏殊的好朋友礼部侍郎王琪帮他对出下句“似曾相识燕归来”，晏殊如获至宝，后来将这副联写入自己的词作《浣溪沙》中，于是，这首词也因这副联而成为名词。

3. 现场创作

余下的时间就留给同学们了，可以搜索你们记忆中的诗句词句，可以查阅你们手中的诗词读本，创作一副集句联。注意：写明上联下联各自的出处。（生创作，师巡回批阅）

请作品纸上画有兰花的同学站起来读一读你们的作品。（生展示）

（四）总结延展

同学们，一节课又要结束了，这节课我们一起徜徉在古诗文与楹联的世界中，今天我们学习的集句联与其他对联不同，它既是一种创作，也是一种积累，更是一种品字嚼词、锤字炼句的好方法。希望它能带领同学们走入更广阔的诗词天地，感受中华传统文化博大精深的魅力！

这节课就上到这里，下课！

（五）板书设计

集句联

诗与诗	字数相同
诗与词	词性相当
词与词	平仄相谐
经典文句	内容相关
古今名言	
……	

【评析】

“低起点”在本课中的体现是很明显的。因为本课例在所有楹联创作课中属特殊课例，特殊的原因不在教学设计，而在集句联本身。集句联因为要集不同作品的文句，且集在一起的文句又一定要语意连贯，创作者非深入品读不能得，非积多积广不能得，因此，创作集句联对创作者来说是一次阅读的挑战、创作的挑战，也是一次逻辑思维的挑战和更深更广的阅读引领。对小学生来说，无论理解深度还是积累广度都难以达到集句联创作所需，然而集句联带来的挑战及阅读引领却是极具吸引力的，且在实践中也的确是受学生喜爱的，因此，我们将其设在四年级，不对作品本身提多高要求，只期望它能在高年级掀起更广泛更自主的阅读积累热潮，使“大诗教”再一次得到深入推进。

一起来欣赏一下学生的集句联吧，倒颇为有趣：

仰天大笑出门去，一日看尽长安花。集自唐李白《南陵别儿童入京》和孟郊《登科后》（四年级　于松玄）（此联有些意思，大笑出门逛街去，怕是孩子们心中潇洒的代表形象了）

忽闻岸上踏歌曲，隔江犹唱后庭花。集自唐李白《赠汪伦》和杜牧《泊秦淮》（四年级　武家诚）（此联初读直想笑，一边是朋友情深，一边是商女卖唱，完全不同的两副画面，但到小孩子眼里，却有着一种关联，或许是那条河、那条江吧，总之，以水为媒，牵起两幅画面）

桃花一簇开无主，小溪泛尽却山行。集自唐杜甫《江畔独步寻花》和南宋曾几《三衢道中》（四年级　李梓瑄）（此联读来颇有《桃花源记》之景象）

小荷才露尖尖角，蔷薇满架一院香。集自宋杨万里的《小池》和唐高骈的《山亭夏日》（四年级　丁立超）（这一副小荷图更像私家花园的一角，感觉真实一些）

八、顶针联（四年级）

【学习内容】

顶针联创作

【相关资料】

1. 顶针联定义

“顶真”“联珠”“蝉联”，是指对联的前一个分句的句脚字，作为后一个分句的句头字，使相邻的两个分句首尾相连，一气呵成。

2. 经典作品

江西省武宁县佛香山上弥陀寺弥勒佛像旁联等4副联。拓展阅读顶真手法的诗词。

【学习目标】

1. 通过游戏、诵读品味，了解顶针联“前后顶针”的特点，积累顶针联，激发对母语文化的热爱。

2. 尝试创作顶针联，作品基本符合“字数相同、词性相当、上联尾仄下联尾平”的要求。

【评价设计】

1. 通过背诵经典顶针联，检测评价目标1的达成。

2. 通过创作顶针联，检测评价目标2的达成。

【教学过程】

（一）导入

（课件出示：顶针图）看图，知道这是什么吗？（顶针）有什么作用？使细细的针与宽宽的金属圈连成一体，轻轻一用力，就能使针穿过布料！

（二）游戏激趣

把顶针的作用移植到词语游戏中，就是“顶针游戏”。一起来玩一玩？

师生玩顶针游戏：

（1）校园——园中、中国、国家、家乡……（词与词之间顶的是尾字与首字，这叫字顶针）

（2）游戏有趣——有趣活动、活动丰富、丰富资源、资源分享……（这里顶的是一个词，叫词顶针）

（3）上课听讲——听讲认真、认真学习、学习刻苦、刻苦读书、读书成长……

刚才我们玩的是词语顶针游戏，把词语顶针用到楹联中，就是“顶针联”。顶针联又叫“顶真”“联珠”“蝉联”，一起来看一看——

（三）赏析品读

1. 字顶针

开口便笑，笑古笑今凡事付之一笑；大肚能容，容天容地与己何所不容。

这是江西省武宁县佛香山上的弥陀寺的弥勒佛像旁边的一副对联，谁来读？（生读）上下联句中，前半部分与后半部相同的地方，就是顶针“顶”的位置，谁来说说上联“顶”在哪里了？（笑）下联呢？（容）。像这种前一个分句尾字与后一分句句头字相同联，叫“字顶针”。再来看几幅字顶针的联：

看山山已峻，望水水乃清。

谁来读？（生读）

说说这副联强调的什么？（山、水）

这就是“顶针”的作用，能把想要强调的内容，也就是山和水的形象突出出来，读者读来山峻水清、自然秀美。

空中腾雾，雾成云，云开见日；水面冻冰，冰积雪，雪上加霜。

这副联比较长，集体读。（生读）

你能读懂什么？（生谈）

水的不同形态，透过顶针的方式突出出来，且能清晰地展现其内在的联系。

山羊上山，山碰山羊角；水牛下水，水没水牛腰。

常德德山山有德，长沙沙水水无沙。

这两副联看起来字数不多，但与上面三副有所不同，谁能发现？（里面还有叠字、复字）

所以，楹联创作很多形式常常会交融在一起，对我们初学者来说，比如这节课学习顶针，只认真把顶针学好就行，这两副是供大家欣赏欣赏，不做具体创作要求。

2. 词顶针

再来看这幅联，女生齐读第一副，男生齐读第二副，边读边想：跟刚才的联有什么不同？（生分女男读）

第一副：年年喜鹊衔红梅，红梅吐芳映红日。

第二副：岁岁捷报入春联，春联含笑迎春风。

谁来交流？（词顶针）

在这两个词顶针的联句中，作者想要强调的是什么？（第一副强调红梅，第二副强调春联）

能具体说说，强调红梅的什么？强调春联的什么？（红梅吐芳鲜艳，春联迎春）

是呀，春联是人们对过去一年成果的汇报，对新的一年美好生活的祝福，有成绩内心欢喜，所以春联含笑；有新的希望就有新的干劲，所以迎春风。你看作者的观察与思考多么细致，描述多么到位。

3. 背诵积累

这么好的联，不积累可惜了，同桌二人一起背一背，赛一赛，看谁先背下来？（生同桌共学）

谁来背背试试？大家一起背。（生齐）

（四）现场创作

接下来请大家拿起笔——

课件出示：以你所见过的风景、经历的故事或其他想表达的观点为内容，写一幅顶针联。

（五）现场评点、修改

小组互相评点，根据众人所谈进行修改。

评点要点：联句流畅、表达内容清晰、字数相同、词性相当、上联尾字仄下联尾字平。

（六）延伸总结

顶针联在诗文中运用非常广泛，一起来看一看。

课件出示，师生接读：

归来见天子，天子坐明堂。——《木兰辞》

军书十二卷，卷卷有爷名。——《木兰辞》

出门看伙伴，伙伴皆惊忙。——《木兰辞》

忽闻海上有仙山，山在虚无缥缈间。——《长恨歌》

汝心之固，固不可彻。——列子《愚公移山》

子又生孙，孙又生子；子又有子，子又有孙。——列子《愚公移山》

名不正则言不顺，言不顺则事不成。——《论语·子路》

桃树、杏树、梨树，你不让我，我不让你，都开满了花赶趟儿。——朱自清《春》

你看，学好顶针联、作好顶针联对我们的诗歌创作、散文创作帮助都很大，希望同学们多观察、多思考、多创作，不断地实践练习让自己的能力不断提升，让自己的底蕴不断深厚，让自己的表达更加优雅。

【评析】

像其他楹联创作一样，顶针联创作依然是培养学生语感，使其“在实践中领悟文化内涵和语文应用规律”。但顶针联因自身独有的特点，使其在课堂教学中虽然一读学生就能明白，但真正进行创作，却有一定难度。因此，我们把顶针联创作放在四年级。但实际告诉我们，即使是四年级，学生创作顶针联也有些吃力，所以，顶针联的学习我们以积累为主，创作不做量的具体要求，创作的格律方面也不强调太多，学生能理解“顶针”的意思，能有意识地在阅读中积累、在语文学习过程中尝试运用即可。

第三节　节庆楹联习作课程

节庆联是楹联在人们生活中出现频率最高的样态，节庆时间是楹联文化在生活中最浓郁的时段。《中华优秀传统文化进中小学课程教材指南》提出：“开展对联欣赏、撰写等传统语言实践活动。”节庆时间开展专题楹联创作，既应时应景，又能使学生学有所用、用有成就。中国四大传统节日是春节、清明节、端午节、中秋节。但本书在这一节里安排的是春节、端午节、中秋节、重阳节。一方面因为“清明”同时也是二十四节气之一，而学生生活楹联创作活动中有一个系列就是二十四节气，所以“清明”便没有列入此列。另一方面，中华民族是一个敬老的民族，《诗经》中有一首送给老人的生日歌《小雅·天保》，就是一个很好的敬老例证。因此，本书将有敬老成分的被人们称为“老人节”的“重阳节”列入节庆联中，意在渗透这一传统文化思想，落实《中华优秀传统文化进中小学课程教材指南》中“强化中华优秀传统文化铸魂育人功能”的要求。

一、春联（三年级）

【学习内容】

鸡年春联创作

【相关资料】

1. 春联定义

春联在对联中数量最大。春联写在大红对联纸上，是过年红色喜庆元素的一个种类，表达人们辟邪除灾、迎祥纳福的美好愿望，抒发对未来生活的热烈向往。生活中的“春联”除上联、下联外，通常会有“横批”。横批是对联内容的升华，也是对联的主题与点睛之笔。

2. 春联举例

莫高窟藏经洞出土敦煌遗书联、后蜀主孟昶联、春晚春联等经典春联 5 副，学生春联 2 副。

【学习目标】

1. 通过经典春联赏析，了解春联结构特点及内容“送福”的特点，积累春联。

2. 尝试创作鸡年春联，要求“字数相同，词性相当，上联尾字仄下联尾字平”，继续尝试平仄相谐。

【评价设计】

1. 通过诵记优秀春联，检测评价目标 1 的达成。

2. 创作鸡年春联，检测评价目标 2 的达成。（说明：横批可加可不加）

【学与教活动设计】

（一）温故出新

还记得我们读过的楹联，读——

（课件出示：三阳始布，四序初开。新年纳余庆，嘉节号长春。）

记得这两副联的来处吗？（生记不起来了）

第一副联记录在莫高窟藏经洞出土的敦煌遗书中，是目前知道的最早的对联。第二副是五代后蜀主孟昶作的对联。这两副联都是写在新春到来之际，所以，在生活楹联中，它们都是——春联。（板书：春联）

（二）品读感悟

（1）关于“春联”，在《初识对联》一课中我们接触过，它来源于“桃符”，是人们表达对美好生活愿望的一种方式。

谁来说说第一副联“三阳始布，四序初开”的意思？（生答不上来）

“三阳始布”是指春天开始，阳气布满空间。“四序初开”是指四季开始运转，万物苏醒，美好的一年开始了。这是从天地自然环境的变化、自然界中四季的运转来写美好一年的祝福。（板书：景中寓福）

第二副联“新年纳余庆，嘉节号长春”，你读懂了什么？（生谈）

“余庆”是指上一年留下来的喜庆。春天是万物复苏、到处充满生机的季节，人们喜爱春天，春天藏着希望，所以，“长春”自然蕴含着作者对未来生活的美好祝愿。这就从过去一年顺到新的一年，有时间变换，更有不变的喜庆和祝福。（板书：顺时写福）

（2）老师曾教过很多同学，他们也通过风景、时间的变化来写祝福。一起读，男生第一联，女生第二联——

（课件出示：天短情不短，岁长福亦长。——三年级学生于医铭

春风送暖意，冬雪飘福音。——二年级学生鲁佳琪）

这第一副联就是一位三年级男生写的，第二副联是一位女生写的。所有男生读男生创作的联，女生读女生创作的联。（生读）你们读过之后有什么启发？（有对比，有祝福）

著名学者王国维说，词以境界为最上。境界首先从自然之境而来，但只有向上提升到情感之境界，方为上。这两副联第一副从昼夜时间长短与人们之间情感深浅的对比来写祝福，第二副从自然景物写祝福，皆有情有境。

（3）生活中，我们看到的春联常常还有一部分，就是“横批”。

（课件出示民居张贴春联图，上贴春联：金龙贺喜出东海，玉兔辞岁回月宫。横批：龙踞福地）读一读，看看横批与上下联之间是什么关系？（题目、总结、点睛）

横批是上下联内容的点睛之笔，是对上下联内容的概括、提炼。如果从一篇文章的角度来看，它就是题目。像这副联，上联写金龙出现，下联写玉兔走

了，走的不必说，来的是中华民族的象征，是祥瑞的代表，是会有福降临的。所以，横批写“龙踞福地”。再看这一副联，一起读——

（课件出示：减负恤民，浩浩东风常送暖；扶贫解困，潇潇春雨总关情。横批：前程似锦）

这副联上联写的是共产党体恤人民辛苦，为人民减负，党的政策就像送春的东风温暖民心；下联写的是共产党的脱贫攻坚政策带来人民生活的幸福，党对人民充满关怀之情。有了这样的党，有了这样的生活环境，全国人民前面的路会怎样？（美好、光明、前程似锦……）

横批就写成了。（**板书：横批，点睛，展望**）

（4）我们再回头来看这副联，（课件出示：金龙贺喜出东海，玉兔辞岁回月宫。横批：龙踞福地）除了我们刚刚谈到的，它的上下联在内容上还有一个特点，谁发现了？（写属相，前一年与后一年的）

十二生肖作为春节的吉祥物，是中华民族特有的文化符号。把十二生肖写进楹联，是人民表达美好祝福的一种方式，也是春联创作的一个重要思路。（**板书：属相送福**）

我们把读过的春联作品一起回回炉，看看你能记住多少？

课件逐联出示：

莫高窟藏经洞出土敦煌遗书联：三阳始布，四序初开。

五代后蜀主孟昶联：新年纳余庆，嘉节号长春。

减负恤民，浩浩东风常送暖；扶贫解困，潇潇春雨总关情。横批：前程似锦

金龙贺喜出东海，玉兔辞岁回月宫。横批：龙踞福地

下面这三副联一起读读即可：

天短情不短，岁长福亦长。（三年级学生　于医铭）

春风送暖意，冬雪飘福音。（二年级学生　鲁佳琪）

天和、地和、人和，和融华夏；歌美、舞美、花美，美在今宵。横批：新春大吉。（2007年春晚春联）

（三）创作春联

（1）今年是鸡年，金鸡报晓，声声送福。我们也来试试用春联为自己、为家人送上新年的祝福。创作之前，我们先交流交流。龙是中华民族的图腾，本身就是春节的吉祥物。那么，鸡呢？有什么隐藏着的吉祥的寓意？（金鸡报晓、金鸡独立、很勇敢）

鸡常常是守时、守信的代表；神话传说中，毒虫一般都怕金鸡，它是独立、吉祥的化身，有“辟邪去灾”的寓意。（课件出示：守时、守信、独立、辟邪去灾）

按楹联创作要求，还得有一个属相相对才行，另一个属相写什么？为什么？（猴，猴年刚过去）写些什么？（降妖、祛邪、留福）

一去一来，属相相对，这是春联创作的又一个特点。

（2）除了景中寓福、顺时写福、属相送福，春联还可以写什么？（习俗）

春节习俗有哪些？（生交流）

（随生交流课件出示春节习俗：贴春联、吃饺子、放鞭炮、贴窗花、贴年画、挂灯笼、舞狮子、踩高跷、拜新年、发红包……）

所谓文化，即做任何事都是有思想有内涵的，这就是寓意。这些习俗有什么寓意？（生交流）

随生交流课件呈现寓意：

贴春联：避邪求福；

吃饺子：更岁交子、招财进宝、岁岁平安、团团圆圆；

放鞭炮：辞旧迎新、驱邪驱灾；

贴窗花、贴年画：寄托希望、驱鬼迎祥；

挂灯笼：红红火火、喜迎团圆；

吃年糕：步步登高；

舞狮子：驱邪镇妖、事事平安；

踩高跷：步步高升；

拜新年：互传祝福、恭贺新岁；

发红包：压岁压惊、长命百岁……

这些寓意都是祝福，都可以写进春联。（**板书：习俗蕴福**）

（3）接下来，我们一起选取自己感触深的内容或运用灵感进行春联创作。上联下联要符合之前我们学的楹联创作要求“字数——（相同，词性相当，上联尾字仄下联尾字平）”。

楹联创作水平高的同学，继续尝试其他音节点上下左右平仄相反。关于横批，我们不做硬性要求，有能力的同学可以尝试，这两点谁能做到都是很了不起的事！

（4）现场创作（师巡回指导）。

（5）小组交流互评并修改。

（6）按座位顺序顺次朗读自己的楹联作品。

（四）总结

同学们的作品都很好，假期大家可以把自己创作的作品用软笔书法写在大红楹联纸上，张贴在你家或爷爷奶奶、姥姥姥爷家的门框上。若你觉得自己的软笔书法还不成熟，你可以请书法好的同学帮你誊写在大红楹联纸上。今年我们的春节一定与往年不一样，老师提前祝大家春节愉快！

这节课就上到这里，下课！

（五）板书

春联

景中寓
顺时写
属相送
习俗蕴

横批：点睛、展望

上下联句：字数相同、词性相当、上联尾仄下联尾平

【评析】

春联既是楹联的代表，又是传统节日文化的代表。最早出现的楹联类别就是春联，春联是学生学习楹联创作很重要的实践主题。本节课例为三年级课例，实际操作中一至五年级每年都会有春联创作，一来每年春节生肖文化不同、生活文化主题也常常不同。二来不同年级学生学习实际情况不同，创作要求也不同。

一年级只要能做到字数相同、尾字平仄合要求即可。

二年级在一年级基础上加入“词性相当”的要求。

三年级就是本课例所呈现的，不仅在字数、词性和尾字上有要求，也开始规范每个音节点的平仄，但此时老师并不明确要求，只在与学生交流的过程中有意识地将词语的平仄要求点出来。

三年级下学期至四年级上学期是规范音节点平仄的主要阶段，横批在这里作渗透即可。

四年级和五年级有能力的学生可以在横批上下下功夫。横批在楹联中为点睛之笔，起点明主题、提纲挈领的作用，它好比一篇文章的题目，或者一段文字的标题。

附：学生作品举例

吉猴送寿命长岁好，金凤招财福满日新。（三年级　姜紫安）
齐天大圣降妖辞岁，神鸟金鸡报晓佑民。（三年级　张艾嘉）
家家如意年年喜，户户幸福岁岁安。（二年级　朱礼谦）
看春晚家家高兴，吃年糕户户开心。（二年级　刘心璇）
金鸡报晓黎明到，灵猴除祸幸福来。（四年级　苑睿彤）
金鸡报晓佳节至，草木发芽新岁来。（四年级　郭昊宇）

二、端午联（一年级）[①]

【学习内容】

端午节楹联创作

【相关资料】

1. 传统节日——端午节

我国传统节日中有两个有趣的节日，一个是端午节，一个是重阳节。端午节在农历五月初五，重阳节在农历九月初九，都是日月重叠。五月初五的端午节，与春节、清明节、中秋节并称中国四大传统节日。

2. 端午节文化

端午节源远流长，影响地域广大，多源汇聚而成一节，形成了极为丰富的节日风俗，包括食粽子、划龙舟、挂艾草与菖蒲、佩香囊、躲端午、避五毒等。丰富的节日习俗，说明了端午节节日来源的复杂性，更充分展现了我国文化多层次共融的精神。

3. 诗词里的端午节

唐代诗人文秀《端午》诗云："节分端午自谁言，万古传闻为屈原。堪笑楚江空渺渺，不能洗得直臣冤。"

元代舒頔《小重山·端阳》诗云："碧艾香蒲处处忙，谁家儿共女，庆端阳。细缠五色臂丝长，空惆怅，谁复吊沅湘。"[②]

---

① 教学方案及执教：威海高区第二小学　时艳红
② 转引自伊羽雪：《古诗词中的端午节》，《火花》2020 年第 7 期。

4. 端午节楹联举例

粽香飘逸述传统，屈子悲怀啸古今。

艾叶吐芳香溢四海，龙舟掀浪气吞八荒。

香包盛满安康愿，艾草盈门邪狞消。

【学习目标】

1. 通过学习端午节的别称、由来和风俗习惯，了解端午节的有关文化，激发对传统文化的热爱。

2. 通过教师示范创作、学生楹联展评，进一步巩固楹联创作的基本要求。

3. 通过自由创作、合作创作的形式，激发学生的创作热情，作品符合“字数相同、尾字平仄相反”的要求。

【评价设计】

1. 通过复述端午节故事、习俗，检测评价目标 1 的达成。

2. 通过端午节主题楹联创作，检测评价目标 2、目标 3 的达成。

【学与教活动设计】

（一）导入

同学们，楹联是我们中华民族特有的文字艺术形式，是我国优秀的文化遗产。它的形式简单，语言精练，却能表达出丰富的含义。在我们的日常生活中到处可见楹联的影子，春节的时候家家户户要贴？（春联）结婚的时候，贴的是？（婚联）为老人祝寿，要用到？（寿联）庆祝乔迁之喜，要在新房的门上贴？（乔迁联）

中国有四大传统节日：春节、清明节、端午节、中秋节。今天是阳历 6 月 11 日，端午节马上要来临了，作为传统节日，它是很好的楹联学习主题。齐读：粽香飘——楹联话端午。

（二）话说端午

1. 端午节的时间、别称、由来

关于端午节，同学们了解多少呢？老师来考考大家。

第一个问题，端午节是什么时间？（五月五日）具体说是“每年农历的五月五日”。

第二个问题，端午节还有哪些别的名称呢？（板书：端阳节、五日节、夏节……师根据交流板书）

第三个小问题，端午节的由来跟哪些历史人物故事有关呢？（板书：屈原、伍子胥、曹娥）屈原的传说是人们众所周知的，另外端午节的由来还与伍子胥、曹娥有关，但以屈原说影响最为广泛。

（1）纪念屈原

先来看屈原的故事（课件出示）：

爱国诗人屈原被奸人污蔑报国无门，于五月五日抱石投汨罗江身死。

传说屈原死后，楚国百姓纷纷涌到汨罗江边去凭吊屈原。渔夫们划起船只，在江上来回打捞他的真身。老医师则拿来一坛雄黄酒，在岸边把雄黄酒倒进江里，说是要药晕蛟龙水兽，以免伤害屈大夫。

以后，在每年的五月初五，就有了龙舟竞渡、吃粽子、喝雄黄酒的习俗，以此来纪念爱国诗人屈原。

第一段谁来给大家读一读。（1 生读）（提炼词语，板书：抱石投江、爱国）

第二段老师读（师生合作提炼词语）：渔夫江上捞真身，医师岸边倒黄酒。

最后一段同学们一起读（学生提炼词语），从这一段我们知道了端午节的三大习俗。（划龙舟、吃粽子、喝雄黄酒）

（2）纪念伍子胥

端午节的第二个传说，请听录音（课件播放）：

伍子胥本来是一个忠诚正直的人，但是还是被奸人所害，在五月五日那天他的尸体被人装进皮革里，投进了江河里。

从这里我们知道了伍子胥是个什么样的人？（从文中提炼词语：忠正、装尸投江）

（3）纪念曹娥

端午节的第三个传说，我们一起读。

曹娥父亲溺于江中，数日不见尸体，孝女曹娥年仅十四岁，昼夜沿江嚎哭。过了十七天，在五月五日也投江，五日后抱出父尸。

用一个词来概括曹娥的行为？（投江救父）曹娥的行为体现怎样的美德？（孝敬）

2. 端午节习俗

端午节的习俗有包粽子、划龙舟、喝雄黄酒，还有哪些呢？你知道吗？（做荷包、挂艾叶、戴五彩绳、佩香囊……）

其实，端午节的习俗有很多很多，各地地域不同、文化不同，各地的端午节习俗也不尽相同。

（1）划龙舟

先来看划龙舟，划龙舟后来发展成了竞技活动，所以也叫赛龙舟，在吴川这个地方划龙舟又叫扒龙船。目的是什么？一起看大屏幕读一读。（提炼词语：赶“鬼”驱邪、驱邪消灾、以求平安）

（2）吃粽子、包粽子

（课件出示粽子图）这是什么？（粽子）

粽子是小朋友们都吃过的一种食物，在古代人们用菰叶包黍米成牛角状，称“角黍”；用竹筒装米密封烤熟，称“筒粽”。我们学过的课文《端午粽》中提到，外婆包的粽子味道怎么样？形状怎么样？（提炼词语：又黏又甜、各种各样）

粽子的外表是用青青的箬竹叶包的，我们可以说？（青青竹叶包）里面呢？（白白糯米裹）

（3）饮雄黄酒、画额

到了五月，天气渐渐热了起来，民间认为这时五毒（蝎、蛇、蜈蚣、壁虎、蟾蜍）开始频繁出没。民间用各种方法预防五毒之害，其中就有饮雄黄酒、戴香囊、插艾叶等方法。饮雄黄酒有什么好处呢？（祛病除疫、治百病）一起来读一读。

另外，大人们还会在小孩的脸上涂上雄黄酒，目的也是驱避毒虫。在额头画一个王，是借老虎的威风来镇压妖魔。（**板书：驱避毒虫、镇压妖魔**）

（4）佩戴香囊、荷包

香囊荷包里装有许多中药材，佩戴在胸前有什么作用呢？（防蚊虫叮咬）

（5）挂艾草、悬菖蒲

端午节的时候我们可以看到许多人家的家门口会挂上两种植物。一种叫？（艾草）一种叫？（菖蒲）艾草是一种可以治病的药草，可以？（招百福）插在门上，可使？（身体健康）菖蒲是天中五瑞之首，像驱邪魔的宝剑，叶片呈剑形，又称“蒲剑”，悬挂庭前可保护家人平安。（师生合作提炼词语：菖蒲、保平安、庭前悬/挂）

（课件出示悬钟馗像、食五黄等图）端午节各地习俗还有很多很多，等明年、后年，小朋友还可以继续一一了解。（提炼词语：钟馗、捉妖魔鬼怪、镇宅辟邪、五黄、驱毒避邪、正午立蛋、迎好运）

3. 传承文化

同学们，你们知道吗？时至今日，人们庆祝端午节时，齐心协力划龙舟、一家人坐在一起包粽子、门上悬挂艾草，已成为家家户户过节的习俗，同时这也是我们对优秀传统文化的一种传承。根据调查，端午节赛龙舟、吃粽子在许多的国家已经盛行开来，端午节已慢慢成为国际性的节日。所以，这就需要我们的小朋友们能够好好地学习传统文化知识，长大后能够更好地把我国的传统文化发扬光大。好不好呀？

（三）楹联话端午

1. 复习楹联创作要求

下面我们一起来复习一下楹联创作要求——（字数相等，词性相当，上联尾字仄声、下联尾字平声）

看黑板上的词语，说一副楹联，或者是两个人合作说一副楹联。（合作创作楹联）谁来交流？（门前挂艾叶，庭前贴门神）

我们对照楹联创作的要求，来评价一下。字数相等了，内容与端午节主题有关？（门前对庭前，不可以，“前”重复了）修改。（门上挂艾叶，庭前贴门神）尾字平仄对吗？（对。上联尾字“叶”四声，为仄声；下联尾字“神”二声，为平声）

这副楹联如果加上了表示节日的词，会更上一层楼。谁再来试一试？（端午门上挂艾叶，重阳庭前贴门神）（夏节门上挂艾叶，岁末庭前贴门神）

一下子出来了两幅楹联，同学们很了不起。

2. 楹联创作

下面请大家拿出自己的楹联纸、铅笔、橡皮，创作一副与端午节有关的楹联，并注意创作要求。（老师巡视指导）

3. 楹联展评

课件展出两副楹联：

第一副：千家门前挂艾叶，万户庭中喝黄酒。

第二副：曹娥投江救父，屈原抱石投江。

谁来评价一下第一幅楹联。（生评价，从格律正确及内容两方面评）我们还可以说："千家万户吃香粽，五湖四海划龙舟。"

第二副对联谁来评价一下？（符合楹联创作要求）如果能加上表示人物品格的词会更好。"曹娥孝敬投江救父，屈原爱国抱石投江。"这样写好不好？（好）

根据老师刚才所讲的，自己接着创作吧！

4. 楹联展示

创作完成的同学起立，拿好自己的楹联，向台下的老师展示自己的作品。

（四）端午安康

这节课我们就上到这里，同学们下课。

（五）板书设计

粽香飘——楹联话端午

端阳　夏节　午日

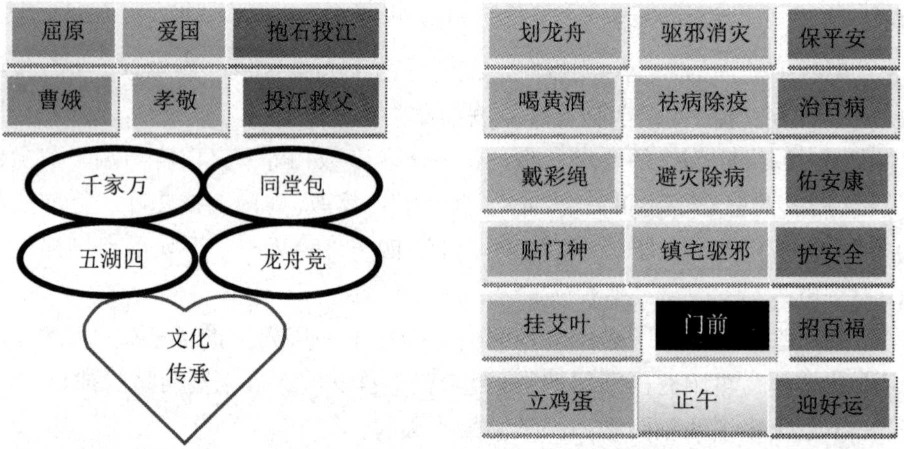

【评析】

这是一节一年级课例，实际上，端午联我们要求每个年级都要创作。我们认为，端午节作为中华民族传统节日之一，它需要与中秋、春节一样，是每年都要让学生认识熟悉的。既然我们要弘扬传统文化，那么就一定要好好引领学生认识传承传统文化元素最多的传统节日，并爱它、写它。

端午节楹联创作的重点不在作品本身，而在对端午节故事、端午节来历、端午节习俗等的了解。楹联在这一过程中的作用是加深理解。具体创作要求是字数相同、上联尾字仄声下联尾字平声。时艳红老师执教的这一节课，是小学语文课程论专家林志芳博士与临沂市罗庄区两所学校的领导老师们来校时上的，这一节课老师在带领学生听故事、提炼核心词方面下了很大功夫，听故事的方式各不相同，学生听得很认真；提炼的核心词按不同词性以不同颜色的纸张进行衬托，这些小细节无形中对学生楹联创作的词性进行了规范，也为二年级的创作做了铺垫。当堂之内，全班近四十名学生全部完成作品，令场下老师大为震惊。在交流分享时，有的小朋友当场站起来帮助其他小朋友修改联作，甚至有人在得到老师允许后将自己的作品作为礼物送给听课老师，那一张张自信的小脸不仅说明了老师平时进行的对对子练习扎实，也告诉我们：楹联之“小”对小学生语言文字运用能力培养的作用的确值得挖掘！

二年级学生端午楹联创作在一年级基础上，词性的规范要加强一些；到三年级不仅词性要规范，每个音节点的平仄也要开始规范；四年级在词境上开始下功夫，指导学生透过文字表达自己更深层的情感；五年级由联变为诗或词。

附：学生作品举例

夏节艾草门前挂，端午榴花石上开。（一年级 王曦晨）
寒食思介子，端午祭屈原。（三年级 王家旭）
凉爽蒲蒿握手里，清香艾草挂门前。（三年级 李娇）
粽叶飘香万里，榴花簇锦枝头。（四年级 郑子彤）
艾可除邪千处挂，粽能团聚万家尝。（四年级 朱文楷）

三、中秋联（三年级）[①]

【学习内容】

中秋节楹联创作

【相关资料】

中秋节，又称“拜月节”。中秋节自古便有祭月、赏月、吃月饼、玩花灯、赏桂花、饮桂花酒等民俗，流传至今，经久不息。中秋节以月之圆兆人之团圆，寄托思念故乡、思念亲人之情，承载丰收、幸福之祈盼，成为丰富多

① 教学方案及执教：威海高区第二小学 董晓君

彩、弥足珍贵的文化遗产。

【学习目标】

1. 通过交流互动、阅读资料，了解中秋节的由来和习俗，激发学生热爱我国优秀传统文化的感情。

2. 根据中秋节习俗及自身感悟创作中秋节楹联。作品符合“字数相同、词性相当、上联尾字仄下联尾字平”的要求。

【评价设计】

1. 通过互动交流，检测评价目标 1 的达成。

2. 通过中秋楹联创作，检测评价目标 2 的达成。

【学与教活动设计】

（一）谜语导入

同学们，你们喜欢猜谜语吗？老师说一个谜语，你们来猜一猜。

迎佳节，庆丰收，歌舞表演乐融融。

月饼香，月饼甜，全家欢乐大团圆。

这个谜语是一个节日，是什么？（中秋节）（板书：**中秋夜　中华情**）

中秋节与春节、清明节、端午节合称中国四大传统节日。（指读课题，齐读课题）

受中华文化的影响，中秋节也是东亚和东南亚一些国家尤其是当地的华人华侨的传统节日。

（二）话说中秋

这么重要的节日，它是怎么来的呢？课前老师让同学们搜集了相关资料，谁来交流一下？

（1）（中秋节是上古天象崇拜——敬月习俗的遗痕。在二十四节气“秋分”时节，是古老的“祭月节”，中秋节则是由传统的“祭月”而来）（师边听边板书：**祭月**）

你搜集的信息很有价值。在传统文化中，月亮和太阳一样，是先民崇拜的对象，于是有了对月亮的祭祀。祭月，就是古人对“月神”的一种敬拜活动。

（2）（在汉代时，中秋或立秋之日敬老、养老，赐以雄粗饼）（师边听边板书：敬老，养老）

（3）（中秋节成为官方认定的全国性节日，大约是在唐代。并将中秋与嫦娥奔月、吴刚伐桂、玉兔捣药、杨贵妃变月神、唐明皇游月宫等神话故事结合起来）

大家搜集到的资料真不少。唐代是传统节日习俗融合定型的重要时期，到北宋时期，中秋节已经成为人们普遍的民俗节日，并正式定农历八月十五为中秋节。这就是中秋节的由来。

中秋节不仅起源历史悠久，它的名字也非常丰富，你知道中秋节的别名吗？（板书：团圆节、祭月节、八月节、果子节……）

因为中秋节的主要活动都是围绕“月”进行的，所以“中秋节”又俗称“月节”（板书：月节）。

中秋节有这么多别称，我们一起来读一读吧。（生读）

（三）中秋习俗

你们一定也对中秋节的传统习俗非常了解。谁来交流一下？（板书：吃月饼、赏月、祭月、追月，师随学生交流板书）

除此之外，中秋节还有哪些习俗？（玩花灯、猜灯谜、拜祖先、烧斗香、饮桂花酒、赏桂花……）

中秋节是古老的节日，也是文化活动丰富的节日，是中华民族悠久文化的一部分，我们要热爱它、传承它。

（四）楹联创作

1. 创作

有一种方式可以寄托我们对它的热爱，帮助我们传承它，那就是楹联创作。说说楹联创作的要求？（字数相等，词性相当，上联尾字仄声、下联尾字平声）

下面请同学们根据黑板上的词语并结合自己的感受，创作一副中秋节楹联。

2. 分享

一起来分享你们的楹联。

举例：中秋赏圆月，游子思故乡。

评价要点：字数相等，词性相对，上联尾字仄声、下联尾字平声。

请同学们修改作品并把它誊抄到楹联纸上。

（五）总结

同学们，中秋节有它悠久的历史文化，它象征着人们对全家团圆、生活美满的向往，寄托着人们对亲人的思念之情。马上就是中秋节了，跟家人讲一讲中秋节的习俗，把你创作的楹联送给家人吧！

（六）板书设计

中秋夜　中华情

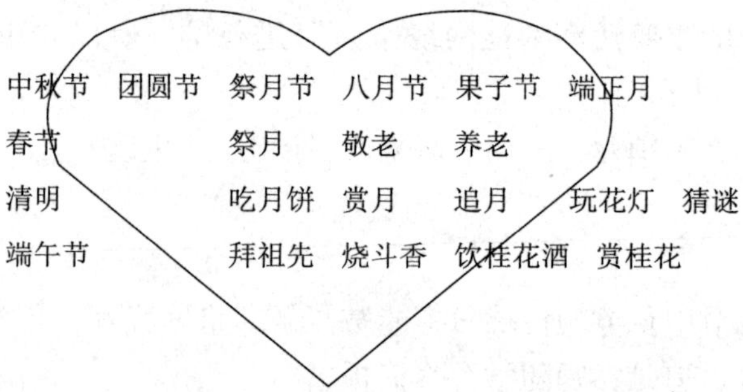

【评析】

与端午联一样，中秋节联我们也是要求每个年级都要创作的。具体理由在端午节楹联创作一课中已讲过，在此不再赘述。不过，因为中秋节所属时段为每年级的上学期，端午节在每年级的下学期，因此，各年级中秋节联创作的要求相比端午节都要有所下降：

一年级“字数相同”，尾字平仄虽有要求，但不强求，只要能说顺畅，即使尾字平仄不合要求也要鼓励学生。

二年级要求与一年级相同，但尾字平仄要规范。

三年级在二年级基础上加入“词性相当”，但即使有词性不对的，只要联句顺畅，意思表达明白，也是好联。

四年级与三年级要求相同，但“词性相当”一条要提升要求，规范起来。

五年级已经进入绝句创作阶段，就不再多说。

四、中秋联之二（四年级）

【学习目标】

1. 通过聊天、听故事、赏楹联，了解中秋节的由来、风俗等，激发学生对传统文化的热爱。

2. 通过赏联，激发楹联创作热情，当堂完成作品。作品符合“字数相同、词性相当、平仄相谐、内容相关”的要求。

【评价设计】

1. 根据课堂参与情况，检测评价目标 1 的达成。

2. 通过创作楹联，检测评价目标 2 的达成。

【学与教活动设计】

（一）七嘴八舌说中秋

孩子们，再过几天是什么节日啊？（中秋节）

中秋节是中华民族古老的传统节日之一。年年我们都会有中秋节活动及创作，今年的中秋节楹联创作会有哪些进步？一起再来回顾你了解到的知识，谁来谈？（中秋又叫仲秋，时间八月十五，相关事物嫦娥、玉兔、月饼……）

（师归纳并板书：节日名称：中秋、仲秋……风俗习惯：吃月饼、赏月……神话传说：嫦娥奔月、吴刚伐桂……）

（二）赛中悟联、梳理关键词

1. 赛读联

老师这里有几副对联，大家赛一赛，看谁知道这些对联分别写入了哪方面内容。

（1）第一副对联（课件出示）：中天一轮，秋野万里香。（节日名称）

你怎么看出来的？（有“中”“秋”两个字，嵌字了。**师板书：中秋节联**）

（2）中秋有哪些形象代言？我们一起来看看。

第二副对联（课件出示）：一天秋似水，满地月如霜。

这里面提到了什么？（月）

这副对联写了中秋的特色景物——月亮。这里也嵌字了。

(3) 我们再来欣赏这副对联（课件出示）：二仪含皎洁，四海尽澄清。

“二仪”指的是“天地”，“皎洁”“澄清”写的是什么？（月亮）

这一副对联与上一副同样写月亮，有什么相同与不同呢？（两副都写中秋月景；但一个嵌字，一个用形容月亮的词语代替）

2. 月亮的代称

我们再来看看历史上的月亮都有哪些代称。（板书：月）

（课件出示，生齐读）婵娟　玉弓　蟾宫　玉盘　银盘　白玉盘　玉镜　瑶镜　银轮　玉轮　玉兔　玉钩　银钩　素娥　广寒宫　太阴

3. 中秋节特色代言

除了月亮之外，中秋节还有哪些特色景或物的代言？（霜、露、桂花……）

看看这几副对联中有哪些中秋特色代言？

(1) 月静池塘桐叶影，风摇庭幕桂花香。（梧桐、桂花）

(2) 叶落疏桐秋正丰，花开丛桂夜来香。（梧桐、桂花，板书：植物）

观察这两副对联，从联句及平仄方面评价一下。（第一副对仗工整、蕴含秋天的景物；第二副上下联尾字都是平声）

第二副联应该怎么改？（“丰”可改为“盛”）

(3) 几处笙歌邀月，万家糕饼乐中秋。（节日习俗）

从哪里读出来的？（糕饼，板书：习俗）

(4) 中秋节还有哪些代言？

金鸡啼鸣天破晓，嫦娥起舞月高悬。（神话传说，板书：传说）

4. 关于中秋节的神话故事

你知道哪些有关中秋节的神话传说呢？请你给大家讲一讲。[嫦娥奔(bèn)月、吴刚伐桂……]

我们来看大屏幕，听故事。

《嫦娥奔月》《吴刚伐桂》《玉兔捣药》（略）

这是三个神话传说，下面还有三个传说，不同的是，下面三个传说故事都有一定的历史原型，与知名历史人物和史料记载紧密联系。我们细细品读一下：

《玄宗游月》《貂蝉拜月》《月饼起义》（略）

5. 小结

这节课，我们从中秋夜景、中秋代言、中秋习俗、中秋传说四个方面来说

中秋的相关内容，当然除此之外，还有我们过节时家家幸福美满、其乐融融的场景。

（三）现场创作

现在请你拿起笔，以“中秋”为主题，创作一副楹联，注意：字数相同、词性相当、平仄相谐、内容相关。

（1）生现场创作（师巡回指导）；

（2）小组交流互评并修改；

（3）按座位顺序顺次朗读自己的楹联作品。

（四）总结

这节课，我们一起走进中秋，感受我们生活中的传统文化。有人说，世界上最诗意的国度就是中国，希望同学们能好好学习，留心生活中的文化，做真正诗意的中国人。提前祝大家中秋节快乐！

（五）板书设计

中秋节联

月	字数相同
植物	词性相当
习俗	平仄相谐
传说	内容相关

【评析】

相比三年级的中秋节课例，这一节四年级课例的可贵之处在于以作品催生作品，借读作品打开作品创作思路。这是本课例落实《语文课程标准》中学生语文素养培养要求的策略。《语文课程标准》在写作教学建议中提出增加“展示交流与互相评改的机会”①。这里的“互相评改”即是赏评的过程、提升审美水平的过程，也是以作品催生作品的过程。对于楹联创作的要求，因中秋节处在四年级上学期，这个时段是应该全面规范学生作品的时段，因此，楹联

① 中华人民共和国教育部：《语文课程标准》，北京师范大学出版社2011年版，第24页。

创作四个要求应全部呈现，以期打好基础，为下学期绝句创作铺好路。

附：学生作品举例

畅饮桂花酒，乐观圆月光。（二年级 崔铭俣）
国强家富人长寿，花好月圆果脆甜。（三年级 郭航嘉）
家人团聚传吉庆，好友相逢叙厚情。（四年级 邓博文）
花灯亮丽家家挂，月饼清香户户传。（四年级 徐隆辉）
碧水摇明月，苍穹扶岁星。（五年级 张宗平）
月映千山翠，风传万里香。（五年级 王文杰）

五、重阳节联（四年级）

【学习内容】

重阳节楹联创作

【学习目标】

1. 通过听故事或读资料，激发对传统文化的兴趣，培养自主记笔记的习惯。

2. 通过教师示范、个人创作、小组互助等方式，尝试创作端午节联，要求“字数相同、词性相当、内容相关、平仄相谐”。

【评价设计】

1. 通过笔记情况，检测评价目标 1 的达成。
2. 通过重阳节联创作，检测评价目标 2 的达成。

【教学过程】

（一）导入

谁来告诉老师，我国传统的节日有哪些？（清明节、春节、端午节、中秋节……）

我国四大传统节日是春节、中秋节、端午节、清明节。四大节日之外，还有一个节日，也是我国传统节日，那就是“重阳节”。（**板书：重阳节**）

（二）了解重阳节文化

1. 学生谈见解

说说你对重阳节有哪些了解？（生谈）

（生谈过程中，师提醒：用心听别人交流，抓住关键词做笔记，是一个很好的习惯）

2. 根据资料进行讨论

老师也带来了一些资料，一起来看——

（1）重阳节的来历（课件出示，1生读）

①数字说：最能代表中国智慧的书《易经》把偶数定为阴数，奇数定为阳数，“九”是奇数，是阳数，九月九日中日月都是阳，所以叫重阳，也叫重九。

②谐音说：在中原人的传统观念中，“九”是最大的数字，且与“久”谐音，双“九”有生命长久、健康长寿之意，所以重阳节又叫老人节。

说说你知道了什么？（1生谈，其他人笔记）

③民间传说《恒景降魔》（课件出现文字与音频，学生听）大意：汝河有个瘟魔，百姓深受其苦。青年恒景，父母被害，为求百姓，访仙学艺，并终于学成。九月初九，辞别仙师回家，把乡亲们领到附近山上，发给每人一片茱萸叶、一盅菊花酒。瘟魔出来，闻到茱萸和菊花酒的奇香味，脸色突变，不敢前行。恒景手持降妖宝剑，刺死瘟魔，瘟疫消除。从此，每年农历九月九日，登高避疫的风俗流传下来。

（2）重阳节的习俗

还有一些资料，老师已在课前发放给小组长。请组长分给小组成员，每人一份，独立阅读，3分钟后，小组内逐人交流，其余人做笔记。5分钟后小组交流笔记。

资料一：敬老、赏菊、饮菊花酒

感恩敬老是当今重阳节两大重要主题之一。重阳节看望老人，询问排解老人的困难，为老人设宴，感谢老人辛勤付出，祝老人健康长寿。

和老人一起赏菊，菊花有长寿之意，菊酒有祛病之功。东晋大诗人陶渊明对重阳节赏菊、饮菊花酒情有独钟，写诗《九日闲居》：“余闲居，爱重九之名。”后人希望有其才华，于是在重阳节赏菊、饮菊花酒。

资料二：登高

取登高望远之意。杜甫《登高》最有名。

吃重阳糕（又叫花糕、菊糕、五色糕）

重阳糕要制作成九层，上有两只小羊，有重阳（羊）之意。插上蜡烛灯，“点灯”“吃糕”代表“登高”。九月九日晨，糕片放在子女额头，口中念念有词，祝愿子女百事俱高。

资料三：插茱萸和簪菊花

插茱萸有避难消灾一说；菊花枝叶贴在门窗上可“解除凶秽，以招吉祥”。唐代已有此习俗。王维诗《九月九日忆山东兄弟》：独在异乡为异客，每逢佳节倍思亲。遥知兄弟登高处，遍插茱萸少一人。

资料四：各地不同习俗

陕北，吃完荞面熬羊肉，三三两两上山头，点灯谈天，鸡叫回家。插菊女儿头，以避邪。福建莆田，祭拜妈祖。山东吃辣萝卜汤。浙江绍兴祭祖、吃重阳粽。湖北重阳节酿酒久藏不坏。

3. 交流与评价

哪个小组交流一下你们组的笔记？（生交流）

评价要点：笔记以关键词为主，若能进行分类或加想象、总结则属优秀笔记。

（三）小结引领

大家交流得都很好，其实在我们中华民族的传统理念中，节日除中秋节是团圆节、丰收节外，其余节日大都是祭祀的日子，这样的日子有一个共同特点，就是通过一定的习俗或仪式，避邪祛灾，祈求幸福美好、平安健康。（板书：避邪祛灾、祈求幸福平安）

作联也是节日祝福的一种很好的方式，老师新得了一联，念给大家听：

吃糕饮酒凶邪少，尊老敬贤福寿全。

接下来就看同学们的了。创作之前，我们再来重复一遍楹联创作的要求，四条：字数相同、词性相当、平仄相谐、内容相关。

学生现场创作、交流评价、修改。

评价要点：字数相同、词性相当、平仄相谐、内容相关。

（四）小结

同学们，中国历来被世界称为“文明古国”，我们的祖先在长期的生活中，积累了丰厚的文化，其中包括今天接触的重阳节文化，还有记录一年四季天气变化的二十四节气文化等，后面，我们将陆续走进“二十四节气”，进一步感受中国传统文化。

（五）板书

重阳节联

避邪祛灾
祈求幸福平安

字数相同
词性相当
平仄相谐
内容相关

【评析】

中华民族的每一个传统节日都蕴含着丰厚的民族文化和传统美德。这种融入生活常态的教育契机是“小楹联到大诗教课程开发”的重要着力点。

本课具体教学过程安排，主要还是两大板块：一是积累信息、提炼关键词，二是创作与指导。

重阳节这个时段，正处于四年级上学期，这个时间段是学生楹联创作的最后一个阶段，至四年级下学期，学生一方面全面复习楹联创作知识；另一方面开始初步尝试绝句创作，因此，本次楹联创作重在方法指导与习惯培养，包括笔记的习惯、自我修改的习惯等。创作要求已经从三条拓至四条，每个音节点的平仄要求也在规范范围之内。

附：

威海高区第二小学“文化筑梦 扬帆童年”元旦实践作业实施方案

——以传统文化深化“课程协同”篇方案之二

一、指导思想

元旦假期即将开始了，在这个具有传统文化气息的节日里，为使孩子们在常态生活中感受文化，学习文化，实践文化，把课堂学习与生活实践协同起来，促进课程在教室内外的实施协同。学校拟根据学生年龄特点，开展丰富多彩的语文文化实践活动，让学生在丰富生活、增长见识的同时，加深文化积淀，特制定本方案。

二、活动及完成时间

12月30日至1月1日

三、参与学生

一至五年级全体学生。

四、具体安排

（一）识元旦　搜楹联　重积累

活动主体：面向全体一、二年级学生

活动内容：一年级、二年级全体学生搜集楹联、创作楹联，将自己搜集或者创作的楹联写在老师设计的楹联作业纸上。

（二）写楹联　创古诗　表心意

活动主体：面向全体三年级学生

活动内容：三年级大部分同学以创作楹联为主，有能力的同学可以创作一首古诗，表达新年愿望和祝福或者对新学期的畅想。学生作品誊抄在三年级老师设计的作业单中。

（四）读散文　品古诗　学创作

活动主体：四年级学生

活动内容：四年级大部分班级以仿写散文片段为主体，2个班级以古诗创作为主。

四年级老师需选取适合学生仿写的小散文名作1~2篇（要有具体篇目并印发给学生），全体四年级学生朗读，从书中获取知识营养，练习创作散文片段。老师还需设计一张作业单，作为学生散文片段的誊写纸。

古诗创作的班级，学生作品内容与散文创作要求相同，皆可表达新年愿望和祝福，或者对新学期的畅想。学生作品誊抄在作业单中。

（五）创古诗　绘图画　绎生活

活动主体：五年级学生

活动内容：古诗配画——根据最近学到的古诗创作技法，联系生活创作一首与元旦有关的古诗，要注重学科联系，巧用美术技法将古诗内容画面化。版面设计可以老师做，也可以让学生自主创作。

五、活动要求

注意学科之间的融合，注重学与玩有机结合、知识与实践相结合，内容与情景相结合，个体体验与家庭参与相结合，努力使学生在假期里既过得开心又能有目的有计划的学习。

六、成果展示

在全员参与的基础上，开学后一个周内，以年级组为单位完成班级成果展示，并把材料上交到学校。

威海高区第二小学教导处

2019 年 12 月

第四节　诗词习作课程

运用螺旋课程理念与方法设计推进大诗教课程是本书的重要思路。按照螺旋课程理念，设置合理的梯度，将学科知识结构与学生认知水平相统一，由浅入深、由易到难地引导学生学习新知识，有利于夯实基础，掌握科学、有效的学习方法，养成良好的学习习惯。因此，在诗词习作课程的推进过程中，我们尤其强调由楹联切入，借助楹联与诗、楹联与词的亲缘关系开始诗词习作，强调“温故知新”，有效降低难度，消除学生畏难心理。

一、绝句（五年级）

【学习内容】

律绝认识及创作

【相关资料】

1. 绝句

起源于汉魏六朝时期文人的“联句”。当时文人宴集，有联章作诗的风气，即每人作四句五言，合在一起成一整首诗。如果将每个人的四句截出来，单独成篇，就叫“一绝”，“绝句”由此而来。唐朝以后，“绝句”从五言发展到七言，成为一种体裁。

2. 粘对

“粘”，即平声与平声相粘，仄声与仄声相粘。“粘对”严格地说，应是二四六三个字平仄相粘，但对小学生来说，前一联下联的第二字与后一联上联的第二字平仄相同，即可认为做到了“粘对”，反之为“失粘”。

3. 经典作品

《绝句》（两个黄鹂鸣翠柳）、《绝句》（迟日江山丽）。

【学习目标】

1. 通过观察、对比、填词，认识“绝句”体裁，学习运用绝句“四句、五言或七言、平声韵、粘对”的基本特点，激发对诗词文化的热爱。

2. 通过品读认识古诗“起承转合”的篇章结构，感受诗圣的家园情怀，树立作诗与做人的榜样。

【评价设计】

1. 通过师生对话品读，检测评价目标 2 的达成。

2. 通过填写诗句，检测评价目标 1 的达成。

【学与教活动设计】

（一）导入

1. 引子

（板书：绝句）看到这两个字，你首先想到的是什么？（生谈）你对杜甫有哪些了解？［诗圣，学过他的《绝句》（两个黄鹂鸣翠柳）和《绝句》（迟日江山丽）］

2. 认识“圣”“诗圣”

这两首《绝句》，都是我们在二三年级学过的杜甫的诗。杜甫，他被尊为“诗圣”！什么是“圣”？（生谈）来看它的甲骨文：下面是——一个人，上面一只耳朵、一张口。耳朵和口这么大，说明这人耳聪目明、口齿伶俐，既善于观察体悟，又善于表达，是有智慧、水平高而能成为大家榜样的人。

诗圣，就是在诗坛上可以成为大家榜样的人。杜甫就是。他一生写了一千五百多首诗，这两首《绝句》和其他上百首诗都是千古名篇，被后人仿学。这节课，我们就从温习他的绝句开始，看看自己在诗歌阅读与习作方面有哪些新的收获。

（二）认识“绝句”

1. 绝句起源及四句特点

［课件出示《绝句》（两个黄鹂鸣翠柳）和《绝句》（迟日江山丽）］先看这两首诗的题目，你有什么疑问？（为什么都叫“绝句”？“绝句”是什么意思？）

有没有能回答这两位同学的？我们来看一份资料，谁来读？（1 生读）

（课件出示）“相关资料 1”（略）

找到问题的答案了吗？你来回答刚才的问题。（绝句是一种体裁，不是题目。绝句有四句、五言或七言）（**板书：体裁、四句、五言或七言**）

你读过哪些体裁的文章？（散文、说明文、小说、楹联……）

既然“绝句”是体裁，你能不能举出不用“绝句”这两字做题目的绝句？（四年级下册学过杜甫的《江畔独步寻花》）这是几言的？（七言）资料中讲绝句还有几言的？（五言）

还记得杜甫的《春夜喜雨》吗？（一起背）它是不是绝句？（不是）它有八句，它是“律诗”！绝句有四句，所以有人认为绝句截取了律诗的一半，像杜甫写的这些绝句，又叫“律绝”。

2. 两联

绝句有四句五言或七言。这是它的一个特点，那它还有没有其他特点？

一起来读这首绝句。［课件回到《绝句》（两个黄鹂鸣翠柳）］有什么发现？（两联一诗）这是你的发现。我们把它的句子立起来，看一看（课件跟进演示）数量对数量，名对名，动对动，词性、字数、内容都没问题，再看看平仄，上下左右相邻的平仄相反，也没问题……非常工整的两副联！（**边说边板书：平仄相谐**）

3. 粘对

是不是我们作两副联放在一起就是一首绝句呢？一起来听这首《绝句》的吟咏（课件：平仄加上去），看看你又能发现什么？（二三句平仄相同）

——这叫“粘对”。就像用胶水把两副联粘在一起一样，这是由联变诗的重要一点，也是杜甫作为“诗圣”的过人之处，他可以将联与诗的亲缘关系演绎得淋漓尽致！

当然，我们现在不是诗圣，作为初学者，我们只要能做到第二句和第三句的第二字平仄相同，就算做到“粘对”了（**板书：粘对**）。

4. 起承转合

是不是两幅联用“粘对”的方式“粘”在一起就是一首好诗了？我们来看杜甫的另一首绝句。[课件出示《绝句》（迟日江山丽）]

迟日江山丽，春风花草香。

这首绝句和前面一首都是杜甫在成都草堂的春天写下的。第一联，他写了哪些景物？（日、江山、风、花草）“迟日”出自《诗经·豳（bīn）风·七月》“春日迟迟”，意思就是“春日”。杜甫为什么不用“春日”而用“迟日”？（春日、春风重复）考虑了用词的丰富，这是楹联创作的常识，用在这里用得好。还有，杜甫用《诗经》中的“迟日”是一种修辞手法叫“用典”，可见作好诗既要多读书，也要会炼词。

接着说，“迟日”带来了什么？（江山丽）诗圣就从这里写“起”，顺承着描绘了因“江山丽”呈现的“花草香”。自然、顺畅！（课件：起承）

泥融飞燕子，沙暖睡鸳鸯。

第二联，他从阔远的自然景象，把目光转到了近处，他写了什么？（“燕子”“鸳鸯”）为什么他不写麻雀、鸭子、小鸡，单写“燕子”“鸳鸯”？（生谈）“燕子衔泥”是为——“安家”，鸳鸯相伴是“家庭和谐”。当时唐朝正经历一场巨大浩劫——安史之乱。北方被战火笼罩，杜甫靠朋友的帮助，辗转奔波，最后才逃到成都，安了家。他就像眼前的“燕子”和“鸳鸯”，太幸福了！这就从自然景象“转”到了身边平凡却不凡的生命，从“小”处落笔，写出自己对生活的满足和热爱。（课件：转合）

你看，好诗还要从小处落笔，有层次、有“情”！（**板书：起承转合**）

5. 押平声韵

现在关于“绝句”，就剩最后一个问题了。[课件出示《绝句》（迟日江山丽）]

跟我一起轻声读这首绝句（有意拖长韵）有什么发现？（二四押韵，押“ang”韵，韵字香、鸯）谁也能像他这样说说这首诗？[课件出示《绝句》（两个黄鹂鸣翠柳）]（“an”韵，韵字是天、船）

这些韵字，都是平声还是仄声？（平声）（**板书：平声韵**）

刚才我们说的韵，都是汉语拼音中的韵，古诗人用韵是根据韵部来选用的，像我们读过的《声律启蒙》中的“一冬、二东、三支、四江……”“冬”“东”“支”“江”分别代表一个韵部。不同韵部的韵表达的情感是不同的。像这首“an”韵，先是张大口，明朗的，然后下沉，合上，说明他情感有变化！

这一首押“ang”韵，整个都是明丽悠远，掉在幸福堆里。

当然，我们同学不用这么复杂，你会用汉语拼音的韵就可以。至于选什么韵，教给你一个简单的规律：凡开口大的，发声时底气足的韵，气势、情境都比较开阔；开口小的，委婉、细腻些。

6. 小结

谁来谈谈你的收获？（生谈）

“纸上得来终觉浅，绝知此事要躬行”啊，我们跟着诗圣一起练一练，好吗？

（三）现场练笔

（1）这是成都的武侯祠，武侯就是诸葛亮。祠，就是庙。武侯祠就是纪念诸葛亮的庙。杜甫在成都生活期间专程拜过武侯祠。我们也追随诗圣的脚步去看一看（课件出示武侯庙图片及诗）：

武侯庙

____丹青古，____草木___。

犹闻辞后主，不复卧_____。

你看到了什么？（庙、草、树……）用形容词形容一下（生谈，师生切磋），看看诗圣用的哪个词？你有什么感想？（师生交流，要点：用字传神）继续对照图片填写后面三个空。（杜甫原诗如下）

武侯庙

<u>遗庙</u>丹青古，<u>空山</u>草木<u>长</u>。

犹闻辞后主，不复卧<u>南阳</u>。

（2）课件出示山乡新村图片及未完成诗作：

山村人家

秋日山乡丽，新村田舍佳。

____绕青瓦，枫叶赛____。

这是我在新闻里看到边远的贫困村民在党和政府的帮助下，搬到漂亮的新村后写下的一首绝句。有几处需要和同学们一起切磋，来看看。（师生填写）

参考填写：

山村人家

秋日山乡丽，新村田舍佳。

<u>清香</u>绕青瓦，枫叶赛<u>红花</u>。

（3）课件出示一家四口月下吃美食图片及未完成诗作：

中秋夜

月圆云淡妆苍宇，人悦声欢______。

____乖觉懂分寸，____憨傻露痴容。

这一首，是我写中秋夜家家团圆、幸福美满的诗，猜一猜，我从夜空写起，顺承着写到了哪儿？（院中）三个字，你填什么？（师生切磋交流）再把镜头拉近，看看这是给谁的特写？（师生继续填诗句）

参考填写：

中秋夜

月圆云淡妆苍宇，人悦声欢聚院中。

长女乖觉懂分寸，小儿憨傻露痴容。

（四）拓展

小练习就到这儿。还没过足瘾的同学们，课后可以用一首“绝句”写一写你印象深刻的画面，可以是一处风景画，可以是一幅生活画，还可以是一个连环画故事……题目自拟。

（五）板书

绝句

体裁	起	四句
	承	平声韵
小	转	平仄和谐（粘对）
情	合	

【评析】

这一节课《绝句》，学习的载体是部编教材小学语文二至五年级的杜甫的诗。课的目标有二：一是认识绝句这一体裁，学习运用绝句“四句、五言或七言、平声韵”的基本特点，激发学生对诗词文化的热爱。二是通过品读认识古诗“起承转合”的篇章结构，感觉诗圣的家园情怀，树立作诗与做人的榜样。

前一个目标基于笔者对“诗教”“诗”的认识与理解，“诗教”首先要有“诗”，有“诗”的阅读、创作、鉴赏等，第二个目标基于笔者对“诗教”的

“教”的认识，“教”有教学、教育的意思，但更多应该是“教化”。而这种“教化”，应该是在一种良好的氛围下，学生个体主动参与、体验，主动发生言与行变化的过程。

那么，怎样借助课堂实现这种“体验”、这种“教化”呢？本课教学有以下两点思考与实践。

第一，关于课堂活动的设计定位。这是一节近体诗创作基础课。在一线教学中，有一个普遍的现象：老师和学生对楹联诗词创作会“望而生畏”。与此矛盾的是，“创作”又是最能深层次带动师生“体验”、带动师生文学素养、人文素养提升的途径。

怎么解决这个矛盾？如何最大限度地减少学生“体验”的难度？本书提出的策略是“低起点、小台阶”“快乐学联学诗”。用山东省教育科学研究院副院长、山东省“互联网+教师专业发展”工程传统文化工作坊指导专家团队组长李文军先生的话说：不需要太专业。引导学生从身边事物入手，争学小解缙，能开口敢开口，提升学用整合的思维能力最重要！所以，这节课，我首先以“温故知新”为核心词，通过温习学生在二、三、四年级学过的杜甫的诗，增加学生的课堂亲近感，然后引导他们自己发现绝句的特点。其次，通过老师的练笔，老师与他们平等地切磋探讨，激发他们的存在感，提高他们的兴趣，从而使他们自主投入诗句填写练习中。通过这节课来看，学生的兴趣的确被调动起来了，尤其是为作品补充填写词语这个环节，学生思维很活跃，比如，《武侯庙》一诗“空山草木长”这一句，学生对“长”字的解读，后面的男生说因为二四句要押平声韵，所以它该读“cháng”，前面的女生说草没有人修剪，由着自己长，很“cháng”，虽然是两个人分别说的，但没有积极的思维分析是说不出这些话的。还有一位女生在为《山村人家》第三句“____________绕青瓦”补充词语时，给出了“清香”一词。这个“清香绕”比教师拟用的“层林绕”要精彩多了！所以，个人认为“低起点”“温故知新”的活动设计思路还是比较贴近学生的。

第二，关于课的内容设置。因为是基础课，也可以说是初识课，所以，这一节课的目标是老师跟学生一起为“绝句”画一张像，让他们从整体上认识了解“绝句”。这一节课之后，我们还会跟进一系列具体的单项练习课，如“用韵”“篇章结构”等。

附：学生作品举例

秋景

五年级　聂子涵

山外青山苍翠，坛边秀草斑斓。
绣球风里独挺，花朵雨中成团。

战疫

五年级　于传志

白衣战士似天使，救死扶伤品质贤。
昼夜任劳多贡献，无边大爱暖心田。

复学①

五年级　管怡晨

清风拂面飞鸟唱，绿树成荫遮烈阳。
学子归回校园乐，久别重逢趣语扬。

春暖花开

五年级　邓皓文

百花绽蕊送寒月，千树抽枝迎暖阳。
冠病无情袭世界，大国有爱赴远邦。

二、诗韵（五年级）

【学习内容】

律绝品读与创作

【相关资料】

五组诗文：（1）李白《赠汪伦》；（2）李白《黄鹤楼送孟浩然之广陵》、王维《送元二使安西》；（3）李白《望天门山》、杜甫《绝句》（迟日江山丽）；（4）《声律启蒙》（六麻）；（5）王昌龄《采莲曲》、范成大《田家》。

【学习目标】

1. 通过赏析同伴作品与名人作品，进一步认识韵与诗句情感的关系，同时温习巩固“绝句”特点。

2. 通过“韵”字游戏及创作实践，积累并把握韵字与情感表达的关系，进一步感悟诗词文化。

【评价设计】

1. 通过作品赏析，检测评价目标 1 的达成。

---

① 复学是 2020 年新冠肺炎疫情期间特有的一段故事。

2. 通过游戏及创作实践，检测评价目标 2 的达成。

【学与教活动设计】

（一）导入

同学们，今天我们先来看一个字“韵”（出示韵字演变图），这个字读？（yùn）它的左边是一个“声”，右边本来是“员”后来改为“匀”，合起来，字义是和谐悦耳的声音。

在中华优秀传统文化中，和谐悦耳的声音一直与诗词有着密切的关系。从《诗经》开始，诗词就讲究押韵，即使现代诗歌，比如徐志摩的《再别康桥》等，也都是押韵的。正是因为押韵，所以诗词在情感表达上就有了与别的文体的区别，这也是诗词一直是中华文化瑰宝的原因。可见，这个字多么重要！齐读！（生齐读）

二、品读诗与韵

1. 第一组诗

一起来看几首诗（课件出示：四年级同学的作品《赞中华》）

赞中华

庆贺祖国七十诞，英姿飒爽检阅兵。

后人不忘前辈命，儿女牢记中华情。

谁来读？（2 生读）

这是一首绝句。谁说说这首绝句是否符合要求？（第三句前后平仄不相反，最后一句尾三平）尾三平是作诗大忌，请帮她改改。（第三句改：后人不忘红军志或后人不忘家国志；第四句改：儿女牢记华夏情）

刚才我们修改的时候是本着不改变原句意思做的。那你能说说你从这首诗中读出了什么？（建国七十周年大阅兵，诗人挺自豪的，赞美）

这首诗用了什么韵？（ing 韵）好，记住它的韵。

再来看这首诗，一起读一读。（课件出示李白《赠汪伦》）

讲了什么？（生谈诗意）什么韵？（ing、eng 古时同为“庚韵”）

（课件把两首诗放在一起）这两首诗是同一个韵，你发现它们在情感上有什么共同点？（赞美大阅兵，赞美朋友情）

李白为人爽朗大方，爱饮酒，喜交友。因此，他以庚韵表意，夸赞朋友之情坚不可摧。四年级同学则用庚韵表达大阅兵场面之开阔、雄壮。

2. 第二组诗

再来看一组诗（课件出示李白《黄鹤楼送孟浩然之广陵》、王维《送元二使安西》），同桌两人一组，反复读这两首诗，品味一下它们的“韵”，看看这个韵在情感表达上有什么特点？（同桌切磋）

哪对同桌交流一下？（这两首都是送别朋友的，都有些伤感，第一首用了“iu”韵，第二首用了“in”韵）

第一首“iu”韵，在古代韵书中叫“尤韵”。它是最悠长、舒缓的韵，诗人都用它表达伤感之事。比如“故人西辞黄鹤楼”，还有（课件出示尤韵句）“无言独上西楼，月如钩。寂寞梧桐深院锁清秋”。一听就很“愁”是吧？还有（课件出示《登鹳雀楼》）“欲穷千里目，更上一层楼”。这首诗的作者王之涣遭人诬陷，不到三十岁就罢官开始漫游的生活，作这首诗时，他 35 岁，年纪轻轻，空有一身抱负却无处施展，他希望更上一层楼，但鹳雀楼只有三层，再高又能高到哪里？他自己被罢官再有才华又能到哪里施展？一起听听徐健顺教授的吟诵。（播放徐健顺教授的吟诵）问：“听出什么味道了？”（愁）自古有“登楼发愁”之说。因此，诗的“韵”，常常是我们品味诗人情感的重点！

3. 最后一组诗

最后一组诗大家也很熟悉。小组一起先讲讲诗意，然后讨论诗人的情感，再找找诗的韵对照着感觉一下。[课件出示：《望天门山》和《绝句》（迟日江山丽）]

哪个小组来交流？（一首是李白望见天门山与长江，画面大气磅礴。一首是杜甫看到江山美丽，心情舒畅。第一首用了“ai”韵，第二首用“ang”韵）

《望见天门山》是李白 24 岁初次出蜀，雄心壮志要为国效力的诗。作这首诗时他正在船上，行至安徽芜湖，看到两岸的西梁山、东梁山相对而立，长江气势磅礴而作。他说他“从日边来”，能量很强大，虽然现在无名，但“天生我材必有用”“大鹏一日同风起，扶摇直上九万里”，我一定会有施展才华的机会！充满希望！

第二首诗《绝句》（迟日江山丽）上一节课我们学习过，是杜甫死里逃生终于过上安稳日子时写下的，他心情大好，所以用了“ang”韵。一起再来读读两首诗！（齐读）

4. 用韵规律

（课件出示几首诗的韵，如图 4-1）

ai	ing	iu
ang	eng	in

图 4-1　诗韵图（一）

请你反复读这三组韵，看看你能发现什么？（开口度大，情绪明朗；开口度小，发愁）

（师根据学生交流把诗名及相关文字配上，如图 4-2）

《望天门山》ai　乐观豪迈
《绝句》（迟日江山丽）ang　对生活满足

《赞中华》ing　开阔、雄壮
《赠汪伦》eng　开阔、坚硬

《黄鹤楼送孟浩然之广陵》iu　忧愁
《送元二使安西》in　依依不舍

图 4-2　诗韵图（二）

5. 小结

韵开口度越大，表达的情感越明朗乐观；开口度越小，表达的情感越忧愁、细腻。这么一来，前面那位同学写的诗，还可以换成什么韵？（ang 韵或者 ɑ 韵）

（三）认识声韵书、积累韵字

韵字作用如此大，同学作诗一定要注意积累韵字。古代小朋友积累韵字的办法是读背《声律启蒙》或者《笠翁对韵》。一起读读，《声律启蒙》下平六麻的一部分：

吴对楚，蜀对巴，落日对流霞。酒钱对诗债，柏叶对松花。驰驿骑，泛仙槎（chá），碧玉对丹砂。

从汉语拼音角度看，这是什么韵？（ɑ 韵）一起读一读。（生读）这样的韵可以用在什么样的诗中？（情绪开朗，大气的）

再看这一韵部（an 韵）：

多对少，易对难，虎踞对龙蟠（pán）。龙舟对凤辇（niǎn），白鹤对青鸾。风淅淅，露漙漙（tuán），绣毂（gǔ）对雕鞍。

表达的情绪情感怎样？（不如那个开阔、大气）

这个韵先是把口张到最大，后来又小下去了，所以，凡用这样韵的诗，诗人的情绪都是多少有变化的。比如：杜甫的另一首《绝句》（两个黄鹂鸣翠柳），之前我们讲过，这首诗是杜甫在四川草堂的春天作的，他心情总体不错，看到蓝天白云绿树黄鹂……什么时候变了呢？当他看到东吴来的船，他知道水路通了，他想家了，想回洛阳了，情绪便稍有低落，所以用了 an 韵。

（四）定向积累韵字

欣赏两首与劳动相关的诗：

采莲曲

唐・王昌龄

荷叶罗裙一色裁，芙蓉向脸两边开。
乱入池中看不见，闻歌始觉有人来。

田家

宋・范成大

昼出耘田夜织麻，村庄儿女各当家。
童孙未解供耕织，也傍桑阴学种瓜。

这两首诗分别用的什么韵？（ai 韵、a 韵）

背诵古诗也是积累韵的好方法。还有同韵词接龙游戏，一起玩玩："人才"，请接——（发呆、应该、小孩、打开、起来、蓬莱、车牌、球拍、竹筛、上台、投胎、天灾、住宅、采摘……）

（五）现场创作

1. 创作主题

如果老师请同学们作一首以"五一劳动节"为主题的诗，你会写什么？（生交流）你觉得用什么韵比较好？（生谈，此处可随意，只要与小诗人个人情绪相吻合即可）

2. 交流评价修改

评价要点：四句，粘对，二四句押韵（韵与情绪吻合）。

（六）小结

这节课，我们从《绝句》中走来，一起研究讨论了诗的韵表情达意的作用。一般开口大的情绪比较明朗，开口小的委婉、细腻甚至有些伤感。希望同学们在创作自己的劳动作品时，能用好韵字，让自己的生活更有韵味！

（七）板书

诗韵

开口大　明朗　大气

开口小　委婉　细腻

【评析】

“从小楹联到大诗教课程开发”致力于能力、素养的培养。就本课例来说，这是一节绝句创作复习课，目的是在学生初学绝句后，进行相应训练点的巩固练习，以期形成相应能力。课堂着重突出三个方面。

一是绝句创作基本要求的巩固练习。以学生的《赞中华》作品为例进行，有学生发现几处不合格律之处，如第三句“后人不忘前辈命”四六尾字三处皆为仄声，第四句“儿女牢记中华情”尾三平。集体修改为“后人不忘家国志，儿女牢记华夏情。”顺势提出绝句修改原则：在尽可能不改变原句意思的前提下进行修改，尽量避免尾三仄，禁止尾三平。这里尾三平的问题相比尾三仄强调得重一些，因为古人看来，尾三仄尚可接受，而尾三平的诗句读起来太难听了，无法接受。

二是分组赏析，明确韵字的情感表达作用。语感是“从小楹联到大诗教课程开发”的重点关注之一。语感就字面讲，是直接、迅速地感悟语言文字的能力，听起来颇像直觉，富有浓郁的经验色彩。但语感不是虚无缥缈、与生俱来的，它与其他语文能力一样，是靠长期反复实践得来的，比如对语言语音蕴含的情感的感悟等。本节课就提供了多组引导学生通过语音领悟语言的品赏例子。第一组是学生的《赞中华》和李白的《赠汪伦》，两首诗都是庚韵（ing、eng）；第二组是李白的《黄鹤楼送孟浩然之广陵》和王维的《送元二使安西》，前一首是 iu 韵，后一首是 in 韵；第三组是李白的《望天门山》和杜甫的《绝句》（迟日江山丽），两首分别是 ai 韵和 ang 韵。三组诗，第一组韵的开口度居中，因此，绵长的友谊、雄壮的场面皆可用；第二组全是送别诗，情绪情感委婉细腻，因此两首诗的韵皆开口度小；第三组一首是写年轻气盛、初出茅庐的小伙子，充满朝气、充满豪情，另一首是中年杜甫饱尝苦难后喜看新乡的满足与幸福，因此全都用了开口度很大的韵。三组诗句的欣赏拨开学生用韵的迷雾，绝句创作进一步明朗。

三是教授方法，培养自主积累韵字的能力。一是借助《声律启蒙》积累韵字，《声律启蒙》本身就是按韵部编排的，把每个韵部的韵字积累起来，就是很大的韵字资源；二是古诗积累，因为每一首诗都会有一组同韵字，借助古诗积累韵的同时还能积累古人用字的技巧，可谓一举两得；三是游戏积累，主要是迎合小学生的年龄特点，在玩中学，更容易让他们接受。

三、十六字令（五年级）

【学习内容】

《十六字令》词牌创作

【相关资料】

1. 词与词牌

词，起源于民间或燕乐，是一种诗的别体。词到宋代，进入全盛时期。词最初称为“曲词”或者“曲子词”，是配合宴乐乐曲而填写的歌诗，词牌是词的调子的名称。词根据调子的不同，有不同的词牌，大约 100 多个。每个词牌在句数、字数、声调上都有规定。词按字数多少分为小令（59 字以下）、中调（59~90 字）、长调（91 字以上）。

2.《十六字令》

词牌名，全词仅十六字得名，是最短的词。“十六字令”又名“苍梧谣”“归梧谣”“归字谣”“燕衔杯”“花娇女”。“十六字令”单调，正体三平韵，第一、二、四句押平声韵；变体两平韵，第二、四句押韵。

3. 词牌正体与变体

一个词牌产生后，它的格式也随之固定下来，这种固定的格式被称为“正体”。但很多比较有成就的词人在创作过程中，觉得依原来固定的平仄、句读去填，不符合自己的意脉，有削足适履之嫌，于是稍加修改，并不改变词牌，称为“变体”。对小学生来说，初次接触词牌，只学正体即可。

4. 经典作品

毛泽东《山》；宋袁去华《归》；宋李清照《诗》；宋蔡伸《天》；当代作品《人》《帆》。

【学习目标】

1. 通过阅读十六字令作品，了解十六字令的特点，增强对诗词文化的喜爱之情。

2. 通过创作十六字令，培养生活观察及遣词用字能力，渗透逻辑思维能力。作品符合“4句，每句分别是1、7、3、5字，共16字，一、二、四句押平声韵”的要求。

【评价设计】

1. 通过积累十六字令经典作品，检测评价目标1的达成。
2. 通过创作十六字令，检测评价目标2的达成。

【学与教活动设计】

（一）导入

这节课，我们先来读一幅作品：

山

毛泽东

山，
快马加鞭未下鞍。
惊回首，
离天三尺三。

一读大家就知道，这不是一首诗，那这是什么？（词）说说它与诗的不同？（每句字数不同）有没有补充？（生谈）

（二）品读悟格律

1. 了解“词”

（课件出示词起源资料，师读）谁来说说词的分类？（词分小令、中调、长调）具体到字数是？（小令59字以下，中调59~90字，长调91字以上）

2. 认识“十六字令”

（1）请你看一看毛主席的这首词，属于词的哪一种？（小令，只有16个字）猜它为什么叫“十六字令”？（只有16个字，又是小令，所以叫“十六字

令”。板书：十六字令）

（课件出示：“十六字令”，又名“苍梧谣”“归梧谣”“归字谣”“燕衔杯”“花娇女”）请你来读。（生读）

十六字令因为字数少，初学诗词的人都喜欢它，尤其是小学生。看一看16个字怎么分布的？（4句，每句分别1、7、3、5字，加起来正好16个字）（板书：4句，1、7、3、5）

（2）感受一下这首十六字令。看看这么少的字数，毛主席能写出什么？（生齐读《山》，女生一遍，男生一遍）

你读懂了什么？（生谈词句意思）

这“三尺三”什么意思？（山太高，看起来好像离天三尺三）

这“三尺三”只是个虚数而已。毛主席把它写进词中是不是只因为它的高呢？请大家自己小声读一遍词，思考。（生自读）

谁来谈？（生谈）

（3）请看这段资料，谁来读？（1生读）

（课件出示）1934~1935年，蒋介石屡次想消灭红军。红军被迫离开根据地，开始二万五千里长征。一路上，遭遇数不尽的艰难困苦，除蒋介石设置的四道严密封锁线外，还有一道道像大渡河一样的天险。红军不仅以举世罕见的牺牲精神，战胜了强敌，还依靠万山丛岭冲破蒋介石的围追堵截。山，成了红军路上的好朋友，毛主席和红军翻山越岭，既历尽艰辛，又充满胜利的喜悦。

你读懂了什么？（毛主席对山很喜爱，因为山帮助红军冲破敌人的围追堵截）

是呀，尽管这山又高又陡又险，但毛主席依然掩不住心中的喜悦。一起再来读一读这首十六字令，体会这种喜悦之情。（生齐读）

除了从老师给的文字资料中了解到毛主席对山的这种特殊情感，你还能从哪里读到这种情感？谁再来读？（生1读，思考）

有答案了吗？（生谈）（用换词法引导思考）

“三尺三”换成“七尺七”“一尺一”行不行？（不行，七尺七，离天就远了，山就不高了；一尺一，韵押不上了）

（4）上一节课我们讲“韵”在表达情感中的作用，你仔细品一品这首词的韵，（示范读“an”）什么情感？（情感明朗但有变化）

我们讲过韵字在表达情感的独特用处。你再说说，十六字令哪几句押韵？（一、二、四尾字押韵，押平声韵。板书：一、二、四句平声韵）

再想想，an韵表示情感有变化，那么，毛主席的情感是怎么变化的？（毛主席纵马扬鞭飞奔过山，毫不畏惧，但毕竟这山离天三尺三，停下来回头看时，还是不免吃了一惊，如此高山我竟没有下鞍？情感发生了变化）

这是豪情之后转化成的惊喜！所以，人们说毛主席不仅是伟大的军事家，也是伟大的诗人，这首十六字令就验证了这句评价的准确，的确文字功底深厚！一起再来读读这首十六字令，把它记在心里。（生齐读）

3. 总结

现在我们来总结一下，十六字令有4句，分别是1、7、3、5字，一、二、四句押平声韵。除此外，还有没有其他特点了？（第三句尾字仄声，其他音节点上下左右平仄相反）

这与楹联和诗的规律是一样的，所以说，学楹联是学诗词的基础。一起打着平仄手势读一遍感受一下。（生打手势读）

（三）再读悟篇章结构

（1）现在请你再来看这首十六字令，词中哪一句话最能体现毛主席的心情？（最后一句“离天三尺三”，看出毛主席的惊喜。）

如果这一句是点明主题，我们用“合”来概括的话，前面哪一句是引起的话题？哪一句是“转”？（第一句“山”引起话题，第三句“惊回首”是转）

诗与词在篇章结构上也是相通的（**板书：起承转合**）

（2）一起来看一看，是不是所有的十六字令都是这样的呢？

课件出示：

人

人，
世界同尊骨肉亲。
抛恩怨，
和睦万年欣。

请男同学一起读。（男生齐读）

起的话题是第一句“人”，哪一句转？（第三句）最后一句是不是点明的主题？主题是什么？（是，主题是讲团结、和睦）

我国一直倡议世界各国团结起来，共建“人类命运共同体”！你看，“起、承、转、合”很清晰。女生，来读下一首。（女生一起读）

课件出示：

归

宋·袁去华

归，
目断吾庐小翠微。
斜阳外，
白鸟傍山飞。

这首十六字令是有一些背景的，老师简单讲一讲，袁去华的境遇颇似当年的陶渊明，富有才华但仕途不得志。于是，“归”！毅然辞官回乡。一路上，他极目所望他的山间小屋，“归”有一种飘动之感。到第三句，从归途转到了斜阳西下的画面，斜阳即夕阳，“夕阳无限好，只是近黄昏”。心情稍微暗淡，紧接着，“白鸟”出现，这是传统文化中的“吉祥”之意。“吉祥”绕山飞，可见失意中也算有了安慰。哪一句点题？（第四句）哪里“转”了？（第三句）

小结：麻雀虽小，五脏俱全。十六字令，短小，但格律、韵、意境一应俱全。

（3）除了刚才读的这些话题，十六字令可以写哪些内容？一起来看一看——女生读《诗》，男生读《天》，男生女生齐读《帆》。

诗

宋·李清照

诗，
几许清奇几许痴。
夕霞晚，
魂梦几人知。

天

宋·蔡伸

天，
休使圆蟾照客眠。
人何在，
桂影自婵娟。

帆

当代 · 湖边小镇

帆，
白鸥竞尾碧天蓝。
齐涨满，
点点地平衔。

谁来说说最后一首《帆》，读懂了什么？（帆涨满后，船行得非常快非常远）

词之境界为最上。什么是“境界”？就是通过自然景物能传递思想情感，使读者受到人生的启迪。就像这首《帆》，它如人生，当你心中充满热情、激情、智慧和力量，你就可张帆远航，就可“点点地平衔”。

（4）你有没有发现，它们的题目有什么特点？（题目就是一个字）

也就是第一句。词与诗不一样，诗有单独的题目，词是以词牌为模板填写的，所以通常不另起题目。一定要写时，会先写词牌名，中间加点，然后是正文的第一句。像这样（课件出示《苍梧谣 · 帆》）。不过，十六字令因为第一句只一个字，易记易识，所以，常常只写一个字。

（四）现场创作

十六字令的基本规则知道了，现在要你来创作一首十六字令，你会写什么？（1 分钟思考，然后交流）

生：国，家，师，友，医，归……

将自己的思考写下来，完成一首十六字令。（生创作）

（五）交流修改

多生读作品，现场评点。评点要点：语句是否流畅、韵、格律、结构（起承转合，最后一句点题）等。

（六）总结回顾

这节课，我们从毛主席的小令《山》，走进了红军二万五千里长征路上的艰辛与惊喜，也走进了词的天地，尝试了十六字令创作的喜悦。愿这首小令，打开同学们诗词学习的新天地！没有完成的同学，课后抓紧完成。

（七）板书设计

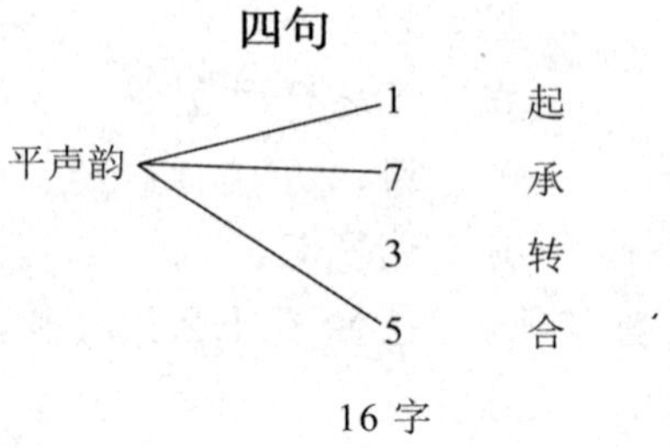

【评析】

这是由“诗”到“词”的起始课。由浅入深、从感性到理性既是《中华优秀传统文化进中小学课程教材指南》强调的，也符合螺旋课程设计理念，因此，给“词”画一张像亦是本节课的重点。由于联、诗、词皆有相通之处，阅读与创作也有相通之处，本课例着重突出以下几点。

一是厚积薄发。有一句话叫“巧妇难为无米之炊”，孔子也曾说“不读诗，无以言”，虽然所指不同，但皆是对积累重要性的强调。对小学生楹联诗词创作来说，倘若没有积累，即使规则章法掌握得再好，学生也难作出好的作品。因此，大量阅读成为本课的首选，教师不仅在品读作品、分析韵字作用时引导学生积累词作，而且在启发学生构思话题时也提供了多篇作品。虽然数量有限，但对一节课四十分钟来说，能在创作前读这么多首词已实属不易。好在《十六字令》字数少，六篇作品的阅读学生倒也能够完成。

二是关注思维。从楹联到绝句，学生的创作已经开始接触篇章结构了。对词来说，篇章结构上也离不开“起承转合”四字，因此，本课在这方面的压力不是很大。但毕竟绝句创作课数量不多，且中国还有一句古话“熟能生巧”，为数不多的绝句创作课还不能完全使学生在篇章结构的把握上“熟能生巧”。因此，在词创作的起始课上，教师依然要格外关注学生对篇章结构的规划。这不仅有助于他们对语言通畅的关注，更有利于从整体架构上培养学生的思维能力。

三是拓展思路。初学词牌，有如初学驾车，硬性的技能尚且不熟，又怎能指望学生拓展出更好的创作思路？因此，互相启发便成为创作前选题的一个重要环节，“现在要你来创作一首十六字令，你会写什么？”老师一句话引出学生的思考与交流，于是，“天”“师”“忙”“医”“球”“花”等不同的话题、不同的思路便出来了，这在很大的程度上减少了学生个体苦思冥想的时间，也大大减少了学生创作的畏难情绪。

四是格律放宽。毕竟初学词牌创作，尽管《十六字令》的确不难，但对学生来说依然有难度，这样的情况下，创作兴趣、创作热情便成为教师教学过程中尤其要保护的内容，凡尾字平仄合律、语句流畅、语意清晰、句数字数合要求的均为优秀作品。令我们欣慰的是，学生的确不负所望，作品呈现出的他们在楹联诗词创作学习过程中培养起来的观察力和思考力实实在在惊艳了老师。

附：学生作品举例

妈

五年级　张丰劢

妈，

整天勤劳如匹马。

为我劳，

能不感动吗？

（虽然末句感觉像大土话，但第二句“整天勤劳如匹马”中对妈妈劳动强度的关注和第三句“为我劳”中对妈妈为我辛劳的体谅，的确叫人感动）

家

五年级　王钒宁

家，

每逢佳节见爸妈。

说又笑，

人人乐哈哈。

（这个孩子很明显爸爸妈妈在外地工作，平时鲜见团聚，因此，“每逢佳节见爸妈，说又笑”，这是多么让孩子难忘的一个画面！）

医

五年级　刘春彤

医，

妙手回春总出奇。

似天使，

救人是天职。

（疫情袭来白衣战士勇赴前线救国于危难，救民于危难。这份大义感动国人，也影响着校园的孩子们）

球

五年级　高博

球，
坪上速跑未停休。
往前望，
网门晃悠悠。

（我们的学校虽然总占地面积不大，但孩子们终是有一方体育场地的，每到大课间休息，足球场便成了男孩子们快乐的天地，也成了他们心中难忘的生活画面）

四、《十六字令》创作（五年级）

【学习内容】

《十六字令》填词创作

【学习目标】

1. 通过阅读十六字令作品，了解十六字令的特点“4 句，每句分别 1、7、3、5 字，一、二、四句押平声韵，第三句尾字与韵字平仄相反”，激发诗词学习兴趣。

2. 通过创作十六字令，培养生活观察及遣词用字能力，渗透逻辑思维能力。

【评价设计】

1. 通过读记十六字令经典作品，检测评价目标 1 的达成。
2. 通过创作十六字令，检测评价目标 2 的达成。

【学与教活动设计】

（一）导入

今天我们进入词的学习，看看谁是咱们班的小才子、小才女，有信心吗？

（二）学习十六字令的基本规则

来看毛主席写的这首词（板书：词），先自己读一读。（课件出示：《十六字令·山》）

十六字令·山

毛泽东

山，
快马加鞭未下鞍。
惊回首，
离天三尺三。

谁来读？（1~2 生读，齐读，平长仄短）

在字数上，你有什么发现？（4 句，每句分别为 1、7、3、5 字，共 16 字）所以这首词的词牌名就叫“十六字令”，十六字令是字数最少的词。

这首词的题目是什么？（山）为什么？（生谈）

十六字令的题目就是第一句，也是你要写的内容，那么今天我们就像毛主席一样，用十六字令的形式写一处景物，你想写什么？（生交流，**师板书：山、天、雪、云、泉、林、花、草、树、风……说什么板书什么**）

再来读词，除了字数以外，你还有什么发现？（课件变红三字：山、鞍、三）（三平韵）

十六字令中，一、二、四句押平声韵，因为第一句就是题目，所以刚才大家讲的这些内容，哪些不能用？（生说，师擦掉：雪、草、树……）

小结：一起回头看一看十六字令的特点，说说有哪几条？（生谈）

（三）指导选题、选韵

句数、字数都简单，题目和韵字要好好琢磨琢磨，拿出创作单，选择你要写的内容，填到题目和第一行（既可以选择黑板上的，也可以有自己的想法）。

____

作者：______

____

____

____

题目写全，余下的重要事就是准备好韵字，你可以有哪些方法？（换声母换声调；找到《声律启蒙》相应韵部查字）

（四）指导构思

一共4句，完成了第一句和题目，创作就完成四分之一了，接下来写什么呢？看看老师创作的这首十六字令，默读，看看老师都写了些什么？怎么写的？

十六字令·霜

霜，
素雅冰晶巧着装。
阳光照，
变身润故乡。

交流：写了霜的样子和作用，用到了拟人的手法；写了霜的情思，即诗人的情思……

总结方法：抓住景物特点写，表达作者情思，适当运用比喻、拟人、夸张等修辞手法。

另换一个题目，“冬”，第二句写什么？（冬天特点）哪些特点？（下雪、结冰……）

十六字令·冬

冬，
飞雪如花冷气浓。
看北国，
千里见冰封。

（五）牛刀小试

（1）尝试创作一首十六字令。
（2）注意每行的字数。
（3）注意一、二、四句要押平声韵。

（六）交流修改

到《声律启蒙》中找韵字，进行修改。

【评析】

同课复上、同课异构是“从小楹联到大诗教”课程实施的重要教研方式。同课复上利于凝聚教师团队的力量，深入挖掘研究文本，对形成大诗教课程体系意义重大。同课异构则是开发教师各自研究潜能，寻找更适于学生、利于学生纵向成长的学与教方法的策略。本节课例是《十六字令》创作教学的异构课例。相比上一节课例，本节课积累少一些，阅读赏析也少了一些，对词牌作品的篇章结构关注不够，但这一节课最突出的亮点是将腾出的时间放在创作指导上。比如对押韵的指导、对韵字的积累、对创作步骤的引领以及教师个人的示范等。从某种角度讲，这节课更适合没有太多楹联诗词创作基础的学生。

五、渔歌子（五年级）

【学习内容】

《渔歌子》创作（单调正体）

【相关资料】

1.《渔歌子》词牌

又名“渔父”“渔父乐”“渔父词”“秋日田父辞”等，原为唐教坊曲，后用作词调。《渔歌子》词牌是以渔家生活为主要内容的主题词牌。“渔父”是其主要形象。“渔父”形象最早出现在屈原的《渔父》篇，经过几千年的文化传承，“渔父”已成为一个文化意象，他既是回归自然、追求自由的代表，也是坚持操守、独善其身的代表。后世文人传承不绝，如王维的“竹喧归浣女，莲动下渔舟”（《山居秋暝》），柳宗元的“孤舟蓑笠翁，独钓寒江雪”（《江雪》），等等。

《渔歌子》有单双调之分，正体单调 27 字，共五句，每句分别为 7、7、3、3、7 字，一、二、四、五句押平声韵，三、四句为一副三字对联。

2. 经典作品

唐张志和《渔歌子・西塞山前白鹭飞》《渔歌子・松江蟹舍主人欢》《渔歌子・青草湖中月正圆》，明刘基《渔歌子・钓得鳊鱼不卖钱》。

【学习目标】

1. 通过阅读《渔歌子》经典作品，认识词牌《渔歌子》，感受中华诗词文化的魅力，激发热爱诗词艺术的兴趣。

2. 通过创作《渔歌子》，培养观察思考及遣词用字能力，继续渗透逻辑思维能力。创作作品内容健康，主题明确，词句流畅，符合“5 句，每句分别为 7、7、3、3、7 字，一、二、四、五句押平声韵，三、四句为一副三字对联”的要求。

【评价设计】

1. 通过记诵及对话交流，检测评价目标 1 的达成。

2. 填写《渔歌子》，检测评价目标 2 的达成。

【学与教活动设计】

（一）游戏激趣

1. 游戏韵词

一起玩个游戏？还是同韵词接龙。

第一组：“阳光”——开窗、昂扬、帮忙、长长、操场、经常、相当、共产党、长江、衣裳……

品味一下，这些词语的色彩都怎么样？（明朗、开阔）这是 ang 韵的特点。

第二组：“起来”——讲台、大排、应该、口袋（仄声韵）、打开、小孩、出差……

这一组的韵？（也比较明朗，但有一点变化）因为它的开口度先比较大，然后变小了。

2. 回忆词牌

玩过乐过，现在来回忆一下，词分哪几类？（小令、中调、长调）上一节课我们认识的词牌是？（十六字令）它属于？（小令）

今天，我们继续认识小令中的一个词牌（板书：渔歌子）齐读词牌名。

（二）认识词牌

《渔歌子》又名《渔父》《渔父乐》《渔父词》等，请同学把这份资料读

给大家听。（课件出示：《渔歌子》词牌资料）

说说现在你对《渔歌子》有哪些了解？（生谈，师引导三个要点：①又名什么，②主要内容，③渔父形象。板书：回归自然、追求自由）

（三）温故知新　归纳规则

1. 悟篇章结构

《渔歌子》最经典的作品是张志和的《渔歌子·西塞山前白鹭飞》。接下来，我们就来欣赏张志和的《渔歌子·西塞山前白鹭飞》。

课件出示词作：

渔歌子

唐·张志和

西塞山前白鹭飞，
桃花流水鳜鱼肥。
青箬笠，
绿蓑衣，
斜风细雨不须归。

谁来读？（生1读）这首词大家很熟悉，在我们五年级的语文教材有，谁来说说这首词中讲了什么？（生交流，师引导要点：①景色优美，②渔夫出现，③风雨不须回。）

这首词的核心句是哪一句？（斜风细雨不须归）

师简介（课件出示）：张志和小时候是名副其实的神童，三岁能读书，六岁做文章，过目成诵。十六岁金榜题名，一路平步青云。但天有不测风云，杜甫经历的安史之乱也在张志和的生活中出现。不同的是，杜甫一家在逃命，张志和却凭着智慧，协助太子李亨平定了战乱。然而，登上皇位的李亨却因心急答应了回纥苛刻的条件，张志和百般劝阻，不仅无效反而获罪被贬，于是借父亲亡故回家守丧。皇上回心转意，为笼络人才，借张志和母亲故去，赐他奴、婢（“渔童”和“樵青”）各一人，但紧接着张志和妻子又故去，他彻底没有回朝复命之意。于是隐居山林，扁舟垂纶，渔樵为乐。

听了老师的介绍，再来读这首词，看看你又能明白什么？（生齐读）

谁来交流？（张志和不想回的是朝廷）

也就是说，这里他说的“风雨”不仅指自然界风雨，还指政治风雨。（板书：末句点明主题）

这首《渔歌子》是张志和40岁的时候，驾舟拜见赴湖州做刺史的名臣、书法家颜真卿而作的。当时正是暮春时节，桃花水涨，鳜鱼肥美，他们即兴唱和，张志和首唱，作词五首，这首词是其中之一。吟成后，不仅唱和者甚众，而且还流播海外，成为千古名作。所以，一首好词，不仅语言美，背后也一定有深意。一位读者，若能读出字句背后的深意，那一定是一位好读者。来，再来读一读这首词，你的感觉一定跟之前不一样。(生齐读)

从学绝句、十六字令开始，我们就知道诗词的篇章结构基本特点是“起承转合”，如果说最后一句是“合”（**板书：合**)，那么，“转”在哪里？（第三、四句）从什么转到什么？(从景色转到人物)（**板书：转、起、承**)

2. 悟格律规则

这是一个钓鱼的好时节，诗人由景到人，写到内心的淡泊与坚持。现在请你观察这首词，看看《渔歌子》词牌有什么独特之处？（课件提示：比如句数、每句字数、韵、特殊句式等)

生交流。（**师根据生交流板书：5句，每句7、7、3、3、7字，一、二、四、五句押平声韵，三、四句为三字对**)

3. 迁移验证

这是我们总结出的规则,看看是不是这样的?(课件出示另外三首《渔歌子》)

渔歌子

唐·张志和

松江蟹舍主人欢，

菰（gū）饭莼羹亦共餐。

枫叶落，

荻（dí）花干，

醉宿渔舟不觉寒。

渔歌子

唐·张志和

青草湖中月正圆，

巴陵渔父棹（zhào）歌连。

钓车子，

橛（jué）头船，

乐在风波不用仙。

渔歌子

明·刘基

钓得鳊（biān）鱼不卖钱，

瓷瓯引满看青天。

芳树下，

夕阳边，

睡觉芦花雪满船。

（1）（师生分句读第一首）句数、字数一看便知。韵是什么？（欢、餐、寒，an 韵，平声）诗人心态明朗。

三四句呢？（枫叶对荻花，落对干，工整的对联）

三四句从前两句的什么转到什么？点出什么主题？（从主客进餐的愉快，转到自然界叶落花干的秋冷，最后点出船冷人不冷，朋友情温暖）

（2）后两首按同样的思路，由小组讨论后集体交流，并小结《渔歌子》特点。

（五）集体填词练习

现在请你根据《渔歌子》词牌特点，结合给出的词句意思，填写词牌，敢不敢挑战？

课件出示词句意思：

钓鱼台上的渔父穿着粗毛或粗麻织的短衣。朋友来了，渔父邀朋引伴，三三两两划着小船同行而乐。渔父能操纵船桨，踏着水波河流，弄潮的技艺很高，因此，不管遇见怎样的风浪危险都不曾担忧。

渔歌子

唐·张志和

钓台 渔父褐为裘，

两两三三 舴艋舟 。

能纵棹，

惯乘流 ，

长江白浪 不曾忧 。

师生对话交流并填写。要点：押韵、对仗、语意。

（六）独立创作

现在请你选择你感兴趣的红色故事或者感触很深的一个故事画面，以它为题，写一首“渔歌子”（生创作，师巡回指导，并在学生优秀作品旁做星标记）。

现场展示有星标记的作品，学生朗读分享，师点评（点评要点：语句流畅，韵，三四句对联，篇章“起承转合”）。

（七）总结

这节课我们以张志和的《渔歌子·西塞山前白鹭飞》为敲门砖，一起走进了《渔歌子》的天地。同学们的作品很精彩，你们都是充满灵性的小诗人，老师为你们点赞！还没有完成的同学，下课可以把作品完成，我们会择优推荐到校报、校刊上。

这节课就上到这里，同学们再见。

（八）板书

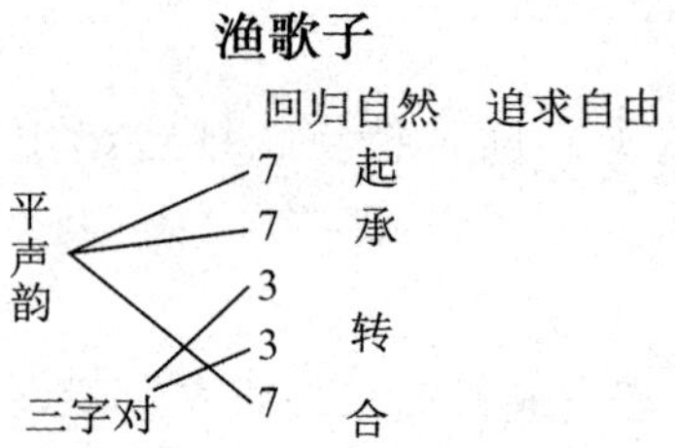

【评析】

充分落实《中华优秀传统文化进中小学课程教材指南》精神，将中华优秀传统文化的优秀代表楹联诗词与学科课程紧密链接是本书一直强调与坚持的。《渔歌子》词牌对五年级学生来说并不陌生，五年级上册第七单元园地的“日积月累”提供的就是张志和的《渔歌子·西塞山前白鹭飞》。因此，以这首词为主要学习载体，进行《渔歌子》词牌的学习可以有效降低难度，减少学生对词牌创作的畏难情绪。从《十六字令》到《渔歌子》，一课之差，学生创作的字数却一下子增加了11个字，因此，本课依然需要立足学生实际，花点心思调动学生学习创作的热情。

一是游戏激趣。这是“从小楹联到大诗教”课程实施自始至终坚持的一条原则。荷兰游戏研究先驱胡伊青加在《人：游戏者》一书中指出：“人类社会中的那些伟大的原型活动（archetypal activities），从一开始就渗透着游戏。”① 如果说教育是人类智力遗传的DNA，游戏则携带着人类社会属性的遗传密码，二者恰如人类进行自我复制的双螺旋。因此本课例上课伊始便开启“游戏”活动——“同韵词接龙”。游戏的设置不是为了单纯的玩，而是希望学生在“玩”中积累韵字为后面的创作奠定基础。从课堂实效看，本课游戏的确起到了预期的效果。学生不仅积极地投入其中，ang韵字、ai韵字皆积累得盆满钵满。学生脸上不仅荡漾着笑容，一种发现新大陆的兴奋从他们透着光的眼中传递出来。

二是温故知新。这是“从小楹联到大诗教”课程实施的核心方法。楹联诗词创作不能功利地为创作而创作，因此，本课“温故知新”环节是以《渔歌子·西塞山前白鹭飞》为载体，通过师生对话，引导学生观察发现《渔歌子》词牌创作的规律，上承下接，获得完整知识体系，并借助熟识的作品获得亲切感，带动学生以积极的心态投入其中，学有所乐。

三是训练思维。与《十六字令》填词一样，本课也是在完成一个完整的作品，这不仅需要遵守格律上的规则，还需要有整体篇章结构谋划，因此，这一过程学生的思维会伴随着不断地取舍、提炼、修改获得提升。需要说明的是，本课在学生独立创作前设计了一个集体挑战填词的环节，以师生共同参与为方式，依据给出的词意填写空白之处。因此，老师需要带领学生先认真阅读词意部分，然后对应词意，逐句逐空填写。其中二五句尾字是韵脚，填词时要从押韵的角度进行思考。

四是格律放宽。凡尾字平仄合律、语句流畅、语意清晰、句数字数合要求的均为优秀作品。

附：学生作品举例

渔歌子·关帝庙西建六房

五年级　李欣桐

关帝庙西建六房，
历经数难迎太阳。
千柳绿，
百花香，
学生未来路远长。

渔歌子·遵义精神美名扬

五年级四班　祝思雅

遵义精神美名扬，
红军奋斗创辉煌。
府邸里，
槐树边。
铭记历史成栋梁。

① ［荷］约翰·胡伊青加：《人：游戏者》，成穷译，贵州人民出版社2019年版，第5页。

渔歌子·晨雾蒙蒙罩远山

五年级一班　曹秋阳

晨雾蒙蒙罩远山，
草花雨里绽容颜。
衣未减，
精神足。
欢声笑语浸校园。

渔歌子·盛夏来临莲叶稀

五年级一班　李浩宇

盛夏来临景色奇，
树枝花草有生机。
花衣裳，
甜笑容，
美丽校园似古诗。

六、望江南（五年级）

【学习内容】

《望江南》词牌创作

【相关资料】

1. 词牌知识

“望江南”，词牌名，小令中的一种，又名“忆江南”“梦江南”“江南好”，本名《谢秋娘》。相传，它是唐代宰相李德裕为悼念爱妾所作。望江南，在唐朝时为单调小令，每首 27 字，二、四、五句押平声韵，至宋朝时多为双调 54 字。

2. 经典作品

唐白居易《忆江南·江南好》、清纳兰性德《望江南·咏弦月》。

【学习目标】

1. 阅读《望江南》经典作品，了解词牌特点，激发对诗词文化的喜爱。

2. 尝试填写《望江南》，作品符合“单调，5 句，每句分别 3、5、7、7、5 字，二、四、五句押平声韵，三、四句对偶”的要求。

【评价设计】

填写《望江南》，检测评价目标 1、目标 2 的达成。

【学与教活动设计】

（一）导入

还记得我们学过哪些词牌吗？（《十六字令》《渔歌子》）

不同词牌有不同的特点，不同的故事。今天我们学习的词牌就藏着一段凄美的故事。一起来看——（课件出示《望江南》词牌介绍）

《望江南》原是隋炀帝时的乐曲名。至唐朝时，著名宰相李德裕因受牛李党争倾轧（yà），被排挤出京，三次贬至浙西任职。在浙西他邂逅了一位名叫谢秋娘的歌伎，才子佳人一见倾心，李德裕便为其赎身纳为妾室。只可惜天妒红颜，谢秋娘不到二十三岁便香消玉殒（yǔn），李德裕思极悼念之时，便用隋炀帝所制的《望江南》曲，填词寄语，以托哀思，并定名《谢秋娘》。

后来，白居易依照李德裕《谢秋娘》的格律作了三首怀念江南的词，取名为《忆江南》，自此，《忆江南》便成为此词牌之名。

今天，我们就从白居易的《忆江南》读起，认识这个词牌。

（二）品读词句悟格律

忆江南·江南好

唐·白居易

江南好，
风景旧曾谙。
日出江花红胜火，
春来江水绿如蓝。
能不忆江南？

1. 温故知新

这首词同学们已经学过了，谁来说说，写的什么内容？（生谈）

“浅切平易”是白诗突出的特点，所以，这首词读来也是通俗易懂，同学们讲得也比较到位。白居易曾先后做过杭州、苏州刺史，应该说，他对江南相当了解，江南在他心中留有深刻印象。后来，他因病卸任苏州刺史，回到洛阳，十二年后，他六十七岁时，写下了这首《忆江南》。

一起再来读一遍。（生齐读）

2. 读结构

这首词，第一句三个字“江南好”，你能读出他对江南怎样的感情？（喜爱、怀念，哪里也比不上这里）十二年了依然觉得“江南好”，这是白居易对江南的一句总评价。（课件：总起）

接着又写了什么？一起读。（生齐读，然后交流：风景很熟悉）

熟悉的画面里有什么？（江花、江水）这是“顺承”着写下来的（课件：承），最后一句写了什么？（能不忆江南？）

从景转到了情，大气明朗又有变化，这是“转”也是“合”。（课件：转合）

你看，诗也好，词也好，都有“起承转合”的结构规律，《忆江南》的创作亦如此！

3. 悟格律

（1）《望江南》词牌格律是怎样的？请你从句、字、韵、特殊句式几个方面仔细观察，然后交流。（5 句，3、5、7、7、5 字，二、四、五句押平声韵，三、四句对联）

（2）辨析对偶与对联。看“日出江花红胜火，春来江水绿如蓝”，按楹联要求分析，谁来？（字数相同，词性相当，内容相关，平仄不对，还有同字相对问题）这是“对偶”，是一种修辞，对联是一种文体，且对联平仄要求严格。

（3）小结：回头梳理一下《望江南》词牌特点：5 句，每句分别 3、5、7、7、5 字，共 27 字，二、四、五句押韵，三、四句对偶。（生集体交流）

（三）迁移并拓展

1. 迁移巩固

这是我们总结出来的，是不是这样呢？一起看纳兰性德的《望江南》。（1 生读）

望江南·咏弦月

清·纳兰性德

初八月，
半镜上青霄。
斜倚画阑娇不语，
暗移梅影过红桥，
裙带北风飘。

这首词与以往我们读的词不太一样的地方，主要在它的题目。谁发现了？（生谈：单独有题）为什么会这样，我也不太清楚，不过这首词倒颇有《谢秋娘》的情味，是纳兰性德写给他妻子的。请看资料，谁来读？（1 生读）

课件出示：

纳兰性德是纳兰明珠的儿子。他很有才华，22 岁中进士，并成为康熙帝器重的随身近臣，常常跟随皇帝南巡北狩，游历四方，因称圣意，多次受到恩赏。但纳兰性德本人是性情中人，20 岁与两广总督卢兴祖之女卢氏成婚，小夫妻恩爱有加。23 岁，妻子难产去世，纳兰性德悼亡之音由此破空而起。这首词填于什么时间不太清楚，但词之情深令人难忘。

说说你了解到什么？（生谈，要点：情深，爱妻）一起读一读他的这首词（生齐读）。谁来说说词的意思？（初八的月亮，如同半面妆镜，悬挂青空。她斜靠在雕花的栏杆上娇媚不语，梅花的影子随着月光暗暗移过红桥。北风吹来，裙裾飘飘。）

这里先起了一个话题（课件：起），就顺承着讲了一个画面（课件：承）。接着写谁？（妻子）这就从（景）转到了（人），接着呢？“暗移梅影过红桥”这一句意思其实是“梅影暗移过红桥”，从（人）又转回（景）了，这真是百转千回！（课件：转）最后一句“裙带北风飘”，怎么样？（美人离去）诗人之情亦跟去。这就从画面提升，（合）到了“情”字。（课件：合）

多么清丽的小词！一起读读，感受它的百转千回。（生齐读）

看它的格律：几句？（5 句）每句分别几字？（3、5、7、7、5）哪些句子押韵？（二、四、五句）三、四句用了什么修辞手法？（对偶）

2. 拓展练词

《望江南》词牌特点了解了，根据这些特点填一首《望江南》试试？

望江南·春去也

唐·刘禹锡

春去也！

多谢洛城<u>人</u>。

弱柳<u>从</u>风疑举袂（mèi），

<u>丛兰</u>裛（yì）露似沾巾，

独坐亦含颦（pín）。

注释：袂（mèi）：衣袖；裛（yì）：沾湿。

此词什么韵？（in 韵），与纳兰性德词相近，清新婉转。

3. 填词实践

老师也作了一首词，以建党100周年，学党史、颂党恩、庆党寿活动为背景，一起帮老师填完，看看老师的词风是怎样的？

望江南·共产党

共产党，
救国护人民。
冲锋陷阵洒热血，
奋战拼搏显忠心。
红军壮志吟。

师生互动交流，共同填词。填完一起读一读，感受其中的情感。（大气）

有一位五年级同学填了一首：

忆江南·庆七一

七一庆，
全国人民欢。
红旗高扬随风舞，
彩炮齐鸣向天参。
红色永流传。

谁来读给大家听一听？（1生读）

（四）现场创作

1. 创作

同一个词牌，在白居易笔下大气明朗，在纳兰性德和刘禹锡笔下清丽婉约；同一个词牌，在老师和同学们的作品中成了深情的弦歌、豪情的誓言。如果请你根据自己听到或读到的红色故事写一首《望江南》，你想用怎样的风格？你会选用什么韵？（生交流、创作）

2. 现场交流

点评要点：语句是否流畅，韵，格律，结构（起承转合）。

（五）总结

这节课，我们一起从白居易和纳兰性德的《望江南》走到红色的历史，同学们的作品很精彩，我们共同期待校报和校刊作品早日出炉！

这节课就上到这里。下课！

（六）板书

望江南

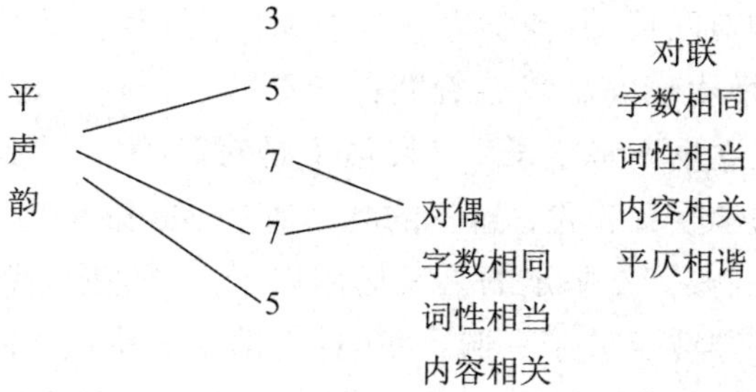

【评析】

将学科知识结构与学生认知水平相统一，由浅入深、由易到难地引导学生学习是螺旋课程方法设计理念，也是《中华优秀传统文化进中小学课程教材指南》中“贴近学生生活、学习、思想实际”的要求。“从小楹联到大诗教”课程将《望江南》词牌与《渔歌子》词牌一前一后，皆置于《十六字令》之后就是出于这样的考虑。《望江南》与《渔歌子》都是27字，虽说在词牌中算是字数较少的了，但对于小学生来说，从16字的词牌增加到27字的词牌依然有一些跨度，连续两个词牌停留在27字，这从字数上给学生心理带来一定的亲切感和心理上的放松，于是，孩童的稚嫩与学习创意便自然流露出来。

1. 创意积韵法

细心的老师会发现，我们为学生提供的积累韵字的方法多是游戏。这是老师想到的方法，可是在学生那里，却还有很多意想不到的方法。那天我进课堂稍微早了些，学生还没收拾好桌面，我一进门，眼尖的学生看到了，赶紧小声提醒其他人：“校长来了，楹联课!”（尽管已经学诗词很长时间了，但学生依然喜欢把我的课叫作“楹联课”）于是，有一部分学生齐刷刷地低下头，在桌箱里翻找着，我奇怪，于是看着他们，一会儿一个个小脑袋抬了起来，笑眯眯地看着我，桌面上多了一本《现代汉语词典》，我恍然大悟：这是要用字典随时查字呀！我扫了一圈班里的学生，发现有人没拿字典，于是问他，孩子镇定地说：“查字典太麻烦，我先选好一个韵字，然后用换声母的方法，逐个拼，看看哪个字适合放在我的句子里就用哪个字。”我笑，虽说这些方法有点儿稚拙，但在他们用韵的初始阶段，也不失为一种方法。

2. 对偶与对联

这是在本课出现的新概念。课堂上我让学生寻找《望江南》词牌特点时，一生兴奋地站起来说："老师，我发现第三、四句'日出江花红胜火，春来江水绿如蓝'是一副对联！"其他学生立刻附和："是啊，是对联！"我笑："一起读读这两句。"学生读完，我接着问："看准了，真的是对联？"学生看着我，一会儿就有人立场不坚定了："好像不是对联哈。""到底是还是不是？"我依然笑，胆大的学生看着我，这样的画面似乎不是第一次了，于是大声说了一句："是！"这一喊，不坚定的人又摇回来了："是！"我继续笑望着他们："一起再读一遍！"学生又读了一遍。我问："楹联的特点，四条，还记得吗？"学生齐齐地答："知道！"于是，有人起了头，大家一起温习了一遍。"那么，你来逐项对对看，这两句，字数——"我故意停下，学生接"相同！""词性呢？"有学生开始小声咕噜起来："'日出'对'春来'；'江花'对'江水'；'红'对'绿'……不对，老师，不是对联，上下联同一位置都有'江'字，'火'跟'蓝'也对不起来。"我纠正："'蓝'在这里是指'蓝草'，江边的一种草。"学生"哦"的一声，我继续说："词性倒能算对上了，平仄你们注意了吗？"于是我带着学生一起把音节点的平仄逐个标出来，学生感叹："真不是对联！上下左右相邻两个音节点的平仄不是相反的！"我接着聊："就这一条之差，这个是一种修辞手法，叫'对偶'，'对联'是文学体裁，你们一定要弄清呀。"学生笑了。

附：学生作品举例

望江南·马石山

五年级　张雅萱

山之大，
抗战敌无情。
为护群众舍己命，
三出四进脚步轻。
能不忆恩情？

忆江南·胡兰勇

五年级　姜雨嘉

胡兰好，
身躺铡刀中。
气凝村口观音庙，
血染凌杂荒草丛。
能不忆她勇？

望江南·叹红岩

五年级 于子雯

叹红岩，
革命情高昂。
拒绝坦白死不怕，
鼓励战友责任当。
团结互相帮。

忆江南·叹红军

五年级 侯昀佳

叹红军，
誓死保青天。
血染山河心不变，
情感天地民永安。
不怕征程难。

七、长相思（五年级）

【学习内容】

以纳兰性德的《长相思》为主要内容，学习认识词牌《长相思》并尝试创作。

【相关资料】

1. 词牌知识

"长相思"，词牌名，小令中的一种，又名"吴山青""山渐青""青山相送迎""长相思令""相思令""越山青"等。

《长相思》调名出自诗句："客从远方来，送我一端绮。相去万余里，故人心尚尔。文彩双鸳鸯，裁为合欢被。着以长相思，缘以结不解。以胶投漆中，谁能别离此。"《长相思》为乐府旧题，南朝萧统、陈叔宝、徐陵、陆琼、江总等均有诗作。唐代为教坊曲，多抒写离别相思之情。

《长相思》正体为双调，共三十六字，前后段各四句，三平韵，一叠韵。变体亦双调，三十六字，前段四句三平韵，一叠韵；后段四句，三平韵。（本课只学习正体）

2. 经典作品

清纳兰性德《长相思·山一程》、唐白居易《长相思·汴水流》。

【学习目标】

1. 通过品读纳兰性德和白居易的《长相思》经典作品，了解词牌特点，激发对诗词文化的喜爱。

2. 以填写词牌为载体，初步把握《长相思》特点"双调，前后段各4句，三平韵，一叠韵”，同时激发对党对红色革命精神的赞美之情。

【评价设计】

1. 通过背诵及师生对话，检测评价目标 1 的达成。
2. 通过填词，检测评价目标 2 的达成。

【学与教活动设计】

（一）导入

在《望江南》词牌创作课中，我们分别赏析了白居易和纳兰性德的作品，两人一个大气，一个清丽。今天的学习依然从他二人的作品阅读开始，一起看看。

（二）读作品悟格律

课件出示纳兰性德作品：

长相思·山一程

清·纳兰性德

山一程，水一程，身向榆关那畔行，夜深千帐灯。

风一更，雪一更，聒碎乡心梦不成，故园无此声。

这首词我们在上学期语文课上已经学过，现在请大家闭上眼睛，背一遍。（生齐背）

谁来告诉我，“长相思”是什么意思？（绵长无尽的相思之情）

课件出示，师读：

客从远方来，送我一端绮。相去万余里，故人心尚尔。文彩双鸳鸯，裁为合欢被。<u>着以长相思，缘以结不解。</u>以胶投漆中，谁能别离此。

这是《古诗十九首》中的诗句。“着以长相思，缘以结不解。”诗中女主人公收到丈夫从远方寄来的一端素缎，上面有鸳鸯，于是想到用它做床被子，里面放进丝绵以表达她对丈夫绵长无尽的相思。这就是“长相思”的来历。大声读一遍课题（师板书：长相思），看看纳兰性德的这首词，找一找《长相思》与其他词牌相比，有哪些独特之处？（生读，然后交流。引导要点：2 段，每段 4 句，分别是 3、3、7、5 字。每句都押平声韵。前两句复字）

词牌中的段叫“阕”，前面一段叫“上阕”，后面一段叫“下阕”。两段的词叫“双调”。仔细观察《长相思》的韵，从上阕到下阕有什么变化？（没有）

这叫“一韵到底”。前两句重复的是什么字？（韵字）这叫“叠韵”。

再观察，每阕从第一句到最后一句，平仄有没有规律？（前后音节点平仄相反）

这就跟楹联的平仄要求一样了。

小结：我们一起梳理一下刚才大家交流的《长相思》的特点：双调，每阕四句，分别是3、3、7、5字，押平声韵，前两句叠韵，平仄规律与楹联相近。（师板书）

（三）品词文、悟风格

《长相思》这样独特的结构带来的风格或者情绪情感特点是怎样的？我们一起来听一听。（课件出示《长相思·山一程》吟诵）

有没有发现《长相思》吟诵过程，情绪情感是有变化的？集体模仿吟诵一遍。谁来说一说？（先响亮又快，后来慢下去低下去）

观察很仔细。上一课我们讲过，纳兰性德是少年才子，深受皇帝喜爱。但纳兰性德为性情中人，他虽22岁中进士，但23岁妻子难产去世后，悼亡之音便破空而起。他不追求功名，因此“情”之一字便更真更纯，王国维赞其曰：“以自然之眼观物，以自然之舌言情。”这首词是他27岁随皇帝出巡山海关祭告奉天祖陵时所写，但词人并非喜欢此行。我们一起看上阕，有两个字写出了他的不情愿。哪两个字？（身，那。身向，也意味心不向；那，本身就有疏远之意）

第四句，“夜深千帐灯”什么意思？（夜很深了，很多帐篷都还亮着灯）这说明？（很多人睡不着）把上阕四句放在一起，哪一句明显在写心情？（最后一句）而且这心情还很？（低落）把这种感觉带入词句中，一起读上阕。（生读，师示势引领越来越低）

下阕呢？他用对比写了自己的心情，是哪句？（聒碎乡心梦不成，故园无此声）

（课件出示“聒”字）一个舌头在耳边，什么感觉？（耳边不清静，声音吵闹，使人厌烦）

太厌烦了！所以他郁闷地想起了自己的？（故乡）又是最后一句点明心情？（第四句）这心情是一路向下的，越来越低。完整地读一遍这首词。（生齐读）

（四）迁移拓展

（1）如果说纳兰性德本就是性情中人，把词写成这样的情绪不奇怪，那么我们来看，风格大气的白居易来写《长相思》又是怎样的？

课件出示：

长相思·汴水流

唐·白居易

汴水流，泗水流，流到瓜州古渡头。吴山点点愁。

思悠悠，恨悠悠，恨到归时方始休。月明人倚楼。

谁来读？（1生读）你来说说，上阕最核心的一句是哪一句？（第四句）前面几句都是写？（风景的）只有这句是写？（心情的）什么样的心情？（愁）

下阕呢？（先写心情，后写恨，最后写景）怎样的景？（月明人倚楼）这个姿态传递怎样的心情？（无奈）如果思念和恨表明心里还有希望，那这无奈表明他的希望？（没有了）这是写一位少妇，丈夫沿汴水、泗水向东南行，远离家乡，杳无音信，少妇爱而恨，由恨得跺脚到最后只能倚楼发愁。这情绪一路是往上还是往下？（往下）所以它用了一个特别有代表的字？（楼）一起再读一遍这首词。（生齐读）

（2）小结：这就是《长相思》，无论谁来写，都是从叠韵开始拉长节奏，上去，再悠长悠长、舒缓地落下去，表达绵绵情意。

（五）现场创作

现在请你带着这种感觉，选取最令你难忘的画面，写一首《长相思》。可以是党的漫漫征程，像长征，也可以是军民同甘苦共患难……还可以是自己小学五年生涯中与学校、老师、同学间的点点滴滴……选择你感触最深的画面为题材，写一写你内心真实的情感。

（六）板书设计

长相思

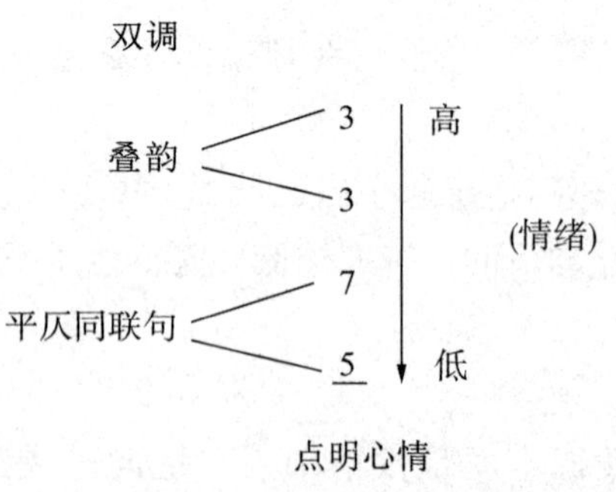

【评析】

说实话，这节课只在本学期试过一次，且当时正值期末，便尽可能少讲，以免学生创作时间不充足。也许是受前几个词牌的影响（前几个词牌皆用单调），也许是本课讲得少，所以，学生作品多呈现的是单调，且在用韵上也出现不少开口韵，从结果看，学生对词牌特点把握不到位，个体感觉本课学与教活动设计还需要进一步探讨。

但本节课例教学并非一无所获，从学生的反应来看，本课例与叠字联教与学的感觉颇有相似之处。《长相思》词牌的叠韵特点很受学生喜欢，课上课下随时就会背记几遍甚至创编一两句，这或许就是母语的力量吧，一种无须多讲便能使学生喜欢的力量！从文化传承的角度讲，这是值得我们激动与欣喜的，文化自信力量生来就烙印在我们的血脉中！从教与学的角度讲，这是值得我们研究的，中国汉字作为音形义的结合体，它的形与义在语文课程实施中体现得很充分，“音”的特点与意义似乎可以在楹联诗词创作教学过程中找到落脚点。

附：学生作品举例

长相思·百年风华

五年级　于景赫

旧几年，新几年，
列强争霸子民寒，先烈战斗难。
观百年，延百年，
扬帆起航续新篇，永致祖国安！

长相思·心飞扬

五年级　尹依诺

心飞扬，
旗飞扬，
报国之士创辉煌。
建党百年强。

长相思·山中战

五年级　戚恒瑞

山中战，
水中战。
风雨不怕护家园，
长征路艰难。

长相思·少年强

五年级　董琀语

少年强，
中国强，
英勇奋战创辉煌。
报国志气昂。

长相思·冷风寒

五年级　于晶

冷风寒，
雨雪寒，
万里长征路艰难。
奋战护山川。

第五节　现代诗歌与散文习作课程

按照螺旋课程理念①，对应《中华优秀传统文化进中小学课程教材指南》“古今衔接”② 的要求，我们对大诗教课程内在知识结构进行了梳理。如果说楹联与近体诗、词有着亲缘关系，那么，现代诗歌与散文则同样是与它们有着亲缘关系的现当代语言形式。这种亲缘关系以节奏、意象、音乐美、诗意的情与境为相同基因呈现，对培养学生的诗心，形成诗家思维，提升语文素养、人文素养以及创造型思维、逻辑概括思维能力有着同样的力量，因此，本书将其纳入诗教课程之中，以期在“古今一脉、传承创新”中落实诗教之“大”。

一、快把窗子打开（三年级）③

【学习内容】

现代诗歌仿写

【相关资料】

《快把窗子打开》这首诗歌的作者是林武宪，该诗被收录到《一起读诗》中，是第二组“尝尝，春天的滋味”中第一篇诗歌。诗人用拟人的修辞手法，写出了阳光、春风在初春的形态，生动形象地写出了春天的生机勃勃，表达了作者对春天的喜爱。除了能激发孩子们对春天的热爱，还让孩子们在春天对万事万物充满期待!

【学习目标】

1. 引导学生有感情地朗读诗歌，读出急切、欣喜以及对春天的热爱之情。

---

① 螺旋课程在本书第三章第三节“大诗教课堂的实施路径”第二部分“运用螺旋课程方法，设计绝句和律诗习作课程梯度”中具体谈到，在此不赘述。

② 原句是：“结合时代要求，衔接古今，赋予中华优秀传统文化新的时代内涵和现代表达形式，促进创造性转化和创新性发展……”

③ 教学方案及执教：威海高区第二小学　邵婉怡

2. 边读边想象春天的美景，想象春天的美好画面。

3. 尝试自己写一首小诗，体现对春天、对大自然的热爱，体现儿童生活的欢乐。

【评价设计】

1. 朗读诗歌，描述画面，检测评价目标 1、目标 2 的达成。

2. 通过现场创作，检测评价目标 3 的达成。

【学与教活动设计】

（一）导入

（音乐伴朗诵）盼望着，盼望着，东风来了，春天的脚步近了……

同学们，提到春天，你能想到春天的哪些景物呢？（春风、落花、春草、春水、杨柳、微雨、燕子……）

春天的落花、微雨、佳人、黄昏，别有风韵。在诗意的季节，古代诗人给我们留下许多关于春天的美好诗篇，谁来分享一下你积累的春天古诗？（生背诗）

现在已经是六月份了，春天已经离我们远去，但是我们依然可以寻觅春的踪迹，在哪里寻找呢？（诗中）

请齐读本课主题。（生读）

长恨春归无觅处，不知转入“诗”中来。

（二）品读诗歌

（1）中华民族是一个诗的国度。不仅有璀璨的唐诗宋词，现代诗同样熠熠生辉，诗中的春天也别有韵味。不信你看，春天已经来啦！请你来读读这一句。（生读）

阳光在窗外站着，
春风在窗外待着。

你认为还有谁在窗外站着？还有谁在窗外待着呢？（小草、小花、垂柳、春雨）

现在，阳光、春风……都在窗外站着，都在窗外待着，他们等了好久啊！如果是你，你会怎么办？（把窗子打开，迎接他们进来！）你是怀着怎样的心

情迎接他们进来的？（急切、激动）这是你的做法，诗人是怎么做的呢？大家请看！请你来读。（生读）

阳光在窗外站着，
春风在窗外待着，
别让他们等得太久啊。
赶快把窗子打开！
赶快把窗子打开！

谁来评价一下他的朗读？（读出诗人急切的感情）

从哪里看出诗人很急切？（连续两个感叹号的运用，反复手法的运用）

是啊，作者通过感叹号及句子反复的方式，表达出诗人急切渴望春天进来的心情。想一想妈妈早晨催促你快点上学的场景，谁能怀着急切的心情再读一读这一小节呢？（生读）

反复出现的感叹句语调应该渐高、渐快、渐强。那第一句应该怎样读？（安静一点）

谁来试试？（生读）听出春天等了太久，你盼望着春天进来。

（2）这首小诗是谁在急切盼望春天进来呢？（诗人）

春天着不着急进来？（着急）哪里看出春天也很着急进来？

课件出示：

春光在窗外嚷着，
春天在窗外等着，
欢迎他们一起进来呀，
赶快把窗子打开！
（嚷着、等着）

之前“站着”“待着”，现在变成“嚷着”“等着”。如果之前是一个静的状态，那现在就是？（动的状态）（**板书：静、动**）

谁能读出这种急切？（生读）谁能读得和他一样好？（生读）

这次老师把前后两部分放一起，谁来读？（生读）

告诉大家你读这两段时注意到了什么？（越来越急切，所以第二部分比前面语调更高、语速更快，声音也应该渐强）

他读好的秘密告诉大家了，你也练练吧！（生自由练习朗读）一起读读试试。（男生、女生分别齐读）

这么急切的心情，那我们就？（**板书：快把窗子打开！**）

（3）窗子打开啦，老师想出去踏青你急切地想要做什么？（放风筝、玩游戏、跑跑、跳跳……）

听出来了，你们是想出去拥抱春天，享受美好春光。对于你们来说，这个年龄正是人生中的春天，朝气蓬勃、充满生机，你要怎样做才能不辜负美好春天呢？（好好学习，好好读书，珍惜光阴，不虚度时光）

窗子打开，作者想要做什么呢？（欢迎春天进来）怀着怎样的心情欢迎？（**板书：开心、激动、欣喜**）

课件出示：

欢迎活泼的春天进来，
欢迎春天的气味，
欢迎春天的光彩。
让青山、绿树
把窗子打扮起来！

你能读出作者的开心、激动吗？（生读，师评）谁再试试？（1生读、齐读，师评价）

你有没有发现，作者欢迎了春天的什么？（气味、光彩、青山、绿树）

这是从哪些方面来描写春天？（嗅觉、视觉）

作者调动多种感官来描写春天。那你在打开窗子后，又看到了什么？仿佛听到了什么？闻见了什么？（生谈）

（大屏幕出示整首诗《快把窗子打开》）

诗人写对春天的渴望、迎接春天的欣喜，还有内心细致的感受，都源于他对春天的——热爱之情。请大家怀着这种热爱之情，做一次春天的小使者，打开窗子，欢迎他们进来。男同学读蓝色部分，女同学读红色部分，黑色字体一起读。（生读）

（三）现场创作

同学们，现在窗子打开了，无限的春光展现在我们眼前。请发挥想象，充分调动自己的感官感受春天吧！（课件播放春天视频）（交流所观）

同学们，感受春天之后，你能试着根据视频内容，对照大屏幕上给出的模板仿写这首小诗吗？谁先来说说试试？

课件出示：

在窗外，
在窗外，
别让他们等得太久啊，
赶快把窗子打开！
让青山、绿树，
把窗子打扮起来！

固定的内容、固定的格式仿写哪有自己创作过瘾呢？视频内容是有限的，请你开动小脑筋，回想春日校园的风景，在作业纸右侧即兴创作一首小诗吧！注意书写认真哟！（学生自由选择创作，教师巡回指导）

展示诗作，交流评价。评价要点：

（1）语句通顺，表达流畅，内容完整。

（2）能调动多种感官，从不同方面来描写春天。

（3）能够运用比喻、拟人、反复等修辞手法。

（4）能够从春天的平凡事物中发现春天的美，表达对春天的热爱之情。

（四）课堂总结

你们真是一位位了不起的小诗人！从你们笔尖流淌出的，就是一首首美丽的诗。

孩子们，一首诗，就是一扇神奇的窗子，打开它，我们就看到了世界上最美的东西，听到最动听的声音。让我们打开窗子走进春天！

（五）板书设计

快把窗子打开

静
感官　急切、欣喜 } 热爱
动

【评析】

本课仿写内容取自林志芳博士编写的《一起读诗》。课例结构按读中得法、写中用法的框架进行，大致分为两大部分。

前一部分在“春天来了，你能想到哪些景物？”“有谁在窗外站着？”“他们等了好久啊！如果是你，你会怎么办？”“你是怀着怎样的心情迎接他们进来的?”三个问题的引导下，一层层深入作者的情感中，并带着这种情感进入深度品读。

第二部分从观看校园风景视频、对照模板仿写，到抛开模板、抛开视频进行创作两个层次带学生经历了写作的两个阶段，这一过程中，老师适时呈现的“调动多种感官、从不同方面来写”，“运用比喻、拟人、反复等修辞手法写”，“从平凡事物中发现春天美，表达热爱之情”提示语将当堂的交流再次梳理在学生面前，方法得当，为学生创作做了良好的铺垫。

这节课也是在林志芳博士及临沂市罗庄区领导老师们来校时呈现的，学生当堂的作品留给大家很好的印象。这既得力于教师指导得法，也得利于学校坚持了五年的“从小楹联到大诗教”的课程实施。

值得说明的一点是，任何一节课都是遗憾的艺术。在我校，现代诗歌创作与楹联及近体诗创作相比，开始研究的时间较晚，且执教的邵老师任教时间不长，对“从小楹联到大诗教”课程教学研究整体把握不够。因此，本课选取的仿写文本在诗歌文化的“押韵”特征上不是特别突出，仿写只从单纯的现代诗歌角度进行。倘若老师能够站到诗歌文化传承的角度多思考研究，通过像徐志摩《再别康桥》、三年级下册第六单元第 18 课《童年的水墨画》等诗歌研读，就会发现现代诗歌与古诗词文化的一脉相承之处。如：

再别康桥

轻轻的我走了，
正如我轻轻的来。
我轻轻的招手，
作别西天的云彩。(二四句押“ai”韵)

那河畔的金柳，
是夕阳中的新娘。
波光里的艳影，
在我的心头荡漾。(二四句押“ang”韵)……

童年的水墨画

溪边

垂柳把溪水当做梳妆的镜子，
山溪像绿玉带一样平静。

人影给溪水染绿了，
钓竿上立着一只红蜻蜓。
忽然扑腾一声人影碎了，
草地上蹦跳着鱼儿和笑声。（二四六句押“ing”韵）

江上

像刚下水的鸭群，
扇动翅膀拍水戏耍。
一双双小手拨动着浪花，
你拨我溅笑哈哈。
是哪个“水葫芦”一下钻入水中，
出水时只见一阵水花两对虎牙。（二四六句押“a”韵）
……

从这些诗歌的文化基因出发，老师就会关注到《快把窗子打开》一课中第二小节“ai”韵的特点，或者另选一首押韵特征明显的现代诗歌，再在指导学生仿写时，稍加点拨“注意诗歌中的押韵”，以学生已有的楹联诗词创作基础，他们一定会创造出更多的精彩带给我们。当然，万事皆不可太过理想，单纯从现代诗歌角度看，一位年轻教师初次执教诗歌创作课，的确已是一节不错的课例了。

附：学生作品举例

生1：
花朵在窗外向我招手，
小草在门口向我点头，
别让他们等得太久啊！
赶快出去
和他们分享生活的乐趣！
蝴蝶在身边陪伴我散步，
小鸟在身边给我唱歌，
赶快出去
和他们一起尽情地玩耍！

生2：
春天来了！
那春雨滴滴答答地向我们走来，
加上小朋友放学后嬉戏玩耍的声音，
让我想起
“夜来风雨声，
花落知多少。”
还让我想起
“儿童散学归来早，
忙趁东风放纸鸢。”

二、那一树一树的花开（二年级）[①]

【学习内容】

小散文阅读欣赏与楹联创作

【相关资料】

“那一树一树的花开”是《小学生小散文 100 课》中第一单元的一组散文。这些文质兼美的散文不仅可以帮助孩子们积累语言，培养语感，更能涵养他们的精神，开启他们诗意审美的人生。

组文目录：许地山《梨花》、林清玄《有情》、季羡林《夹竹桃（节选）》、老臣《地丁花》、席慕容《白色山茶花》。

【学习目标】

1. 通过师生对话，抓住文章主要内容，学习体会文字藏着的情感。

2. 尝试创作楹联，内容表达完整，促进逻辑概括思维能力的提升，作品符合“字数相同、词性相当、上联尾字仄下联尾字平”的规则，加深对文章的理解。

【评价设计】

1. 通过不同形式读文，检测评价目标 1 的达成。

2. 通过楹联创作，检测评价目标 2 的达成。

【学与教活动设计】

（一）导入

孩子们，你们喜欢花吗？说说理由（喜欢，花美丽、香）

你觉得花和石头一样吗？（不一样，花有生命）

那花和人一样吗？（生谈，意见不一致）

带着这样的疑问，我们一起畅游花海，看那一树一树的花开。（板书课

① 教学方案及执教：威海高区第二小学　邵婉怡

题：那一树一树的花开）

（课件出示五篇小散文题目）老师给大家准备了五篇小散文，分别是？（生齐读）

（二）品读散文

1. 第一部分：花儿本是无情物

（1）花儿固然很美，但花儿本是无情物，只有赋予它赏花人的情感，花儿才别有灵性，请大家坐端正，听老师朗诵这篇小散文——《梨花》。（师朗读）

说说你听出了什么？（雨中梨花更白净，但懒懒地垂着）

（课件出示图片）雨中多姿的梨花，或睡或舞，或喜或悲，令人浮想联翩。

（姐妹两人喜欢梨花的方式不同）你是怎么读出来的？（妹妹摇梨花，让花"活动"起来，更有活力，更美；姐姐觉得摇动梨花会洒下水滴，那是梨花的"泪"，说明姐姐爱护梨花）

是啊，面对被雨洗得发白的梨花，两个姐妹一个喜"静"，一个好"动"，一个老成持重，一个率性天真。

请同桌一起分角色朗读第 2～6 自然段，揣摩不同性格人物话语风格的不同。

生自由练习朗读，指定学生分角色朗读。（评价要点：姐姐沉稳、妹妹活泼）

文中还有个人物是谁？（老妈子）谁来读读？（生读描写老妈子部分）

我听出了你对姐妹俩的苛责！

花儿本是无情物，《梨花》将赏花人的情感赋予花儿，花儿才变得有灵性。那花，到底是怎么开起的呢？

（2）（课件出示《有情》）以自己喜欢的方式阅读《有情》，说说作者认为花是怎么开起的？（生读）

生交流：

①花的开放，是它自己的力量在因缘里的自然展现。它蓄积了自己的力量，使自己饱满，然后爆破，犹如阳光在清晨穿破了乌云。

②花开是一种有情，是一种内在生命的完成，这是多么亲切呀！使我想

起，我们也应该蓄积、饱满、开放，永远追求自我的完成。

花的盛开是对生命的有情，我们也应该积蓄力量，让自己的生命能够圆满绽放。回归课前老师的问题，花和石头有什么分别呢？（花有生命，石头没有生命）

花和人又有什么分别呢？（人有情感）

花有生命，但没有情感、情欲、情识。它被剪来插在花瓶里，并不会有巨大的痛苦，它依旧会美丽地开放，一直到凋谢。

花，以生命作为奉献，使我们感受到生活的美丽，让我们也愿自己的心如花一样美丽，来关爱一切生命，这样，一朵花的生命也就有了无比的价值。

2. 第二部分：感悟生命之美

接下来就让我们一起来感悟生命之美。

（1）齐读《夹竹桃（节选）》，想一想，作者为什么爱上了夹竹桃？

生交流：

①夹竹桃“静悄悄地一声不响，一朵花败了，又开出一朵；一嘟（dū）噜（lu）花黄了，又长出一嘟噜”。他们默默无闻，又很顽强。

②“在和煦（xù）的春风里，在盛夏的暴雨里……这一点韧（rèn）性，同院子里那些花比起来，不是形成一个强烈的对照吗？”夹竹桃和别的花不同，它有韧性。

文章第二自然段写了什么呢？（月光下夹竹桃引起我的幻想）作者把夹竹桃幻想成什么呢？（地图、水中的荇藻、墨竹）正因为夹竹桃这样的韧性，能引起作者许多幻想，所以作者说他爱夹竹桃。

（2）在料峭的春寒中，有一种弱小的花儿正在悄然绽放，从起初的星星点点，到后来却灿烂成浩瀚星河，它们是谁呢？请大家阅读《地丁花》，说说你知道了什么？（课件出示《地丁花》，生自由阅读）

生交流：地丁花很小，但是它们在一起能变成“浩瀚星河”，把春天钉牢在大地上。

（3）（课件出示《白色山茶花》）感受到夹竹桃的韧性、地丁花的坚强，我们来看看美丽的山茶花，又能给我们怎样的感悟呢？请一位同学朗诵，谁来？（生读）

“每次，我都不能无视地走过一棵开花的树。”你能说出其中的原因吗？（因为花的生命只有一次）

是啊，花朵就像我们的青春。青春是美丽的，但青春之于我们每个人只有一次。请仔细品味第四自然段，说说你读后的感想。（我们要珍惜生命，对待生活要认真、慎重）

每朵花都是一种生命，每一次生命的轮回都是一个花开花落的过程，花开的时候尽情地绽放，花谢的时候才会有一地的缤纷，才会有无遗憾的人生。

（三）现场创作

同学们，洁白的山茶花认真地开放，雨中的梨花懒懒地飘落，“一声不响”的夹竹桃有着独到的韧性，“渺小”的地丁花竟能“把春天钉牢在大地”。

（课件出示）一起读：

那么，花儿为什么要开呢？

大人说：“是春天的关系吧。”

小朋友却认为：“花儿自己要开，就开了嘛！”

是春天的关系，还是花儿自己要完成生命的绽放？

看了这么多花，相信大家收获了很多，现在让我们拿起手中的笔，根据黑板上的提示以及散文内容，写一副对联，“妙笔生花”。

课件出示文本关键词语分类列表，如表4-1：

表4-1　文本关键词语分类列表

	名词	动词	形容词		
			外形	颜色	品质
山茶花	芽	绽放	温润　美丽 半圆　将圆 满圆　饱满	洁白　青绿	慎重　认真 高洁
梨花	遇雨　残瓣 鱼儿 燕子	垂　睡　衔泥 浮池面 构香巢	懒　倦	白净　银片	悲喜
夹竹桃	月光　幻想 香气	幻想生 芬芳荇藻动	模糊 枝叶参差 花影迷离	粉	默默无闻 韧性

续表

	名词	动词	形容词		
			外形	颜色	品质
地丁花	向阳 清香　芬芳	钉牢 暗香绕	渺小　灿烂 寥落寒星 浩瀚银河	紫	悄悄 坚韧
有情	力量　秩序	积蓄　开放 展现　爆破	饱满		追求自我 生命价值

展示联作，交流评价。评价要点：

（1）符合对联创作“字数相同、词性相当、上联尾字仄下联尾字平”的规则。

（2）语句通顺，内容表达完整。

（3）有景有情者为特优作品。

（四）课堂小结

同学们真棒！这一幅幅楹联，就是你们心中开出的花朵！让我们一起努力，认真、慎重地对待学习、对待生活，开出一朵朵美丽的人生之花。

（五）板书设计

那一树一树的花开

人的情感→花→灵性
花开是一种有情
默默无闻、顽强、韧性 } 生命的绽放
渺小却坚强
珍惜生命

【评析】

本课例是散文与楹联整合的课例。散文以语言优美、形散而神不散成为当代诗体，作家李洱说：“因为情感过于激烈而生下的孩子，就是散文。”而“诗”则是美妙而富于生活情趣或能引发人强烈感情的事物。由此，散文与诗有着不解的情缘，也可以说，散文是诗意语言的表达，是另一种诗。因此，

“从小楹联到大诗教”课程也将散文阅读与相关创作纳入其中，作为大诗教的一部分，期望用传统的楹联诗词、当代的诗意语言共同为学生构建诗一样美的童年与成长。

本课例是二年级的，是群文阅读与楹联创作整合的课例。当时学校要组织年级学科组接力教研成果展示活动，二年级组报了这样一个课题，我们都为他们捏了一把汗，先不说楹联创作，仅群文阅读量已够大。令人欣慰的是，他们居然完成了。一节课五篇小散文加楹联创作全部完成。我仔细回想课程的设计，大致有三个特点。

一是五篇小散文并不完全由学生来读，老师与学生是阅读的共同体，有的由老师来读，有的学生读，有的师生分读，讲解并不多，即使交流，师生也是用文中语言进行，于是，整节课都是不同方式的读。

二是诗的语言充满课堂。这一组文章美就美在诗一样的语言。于是，师生的交流也在诗一样的语言中进行：“花儿固然很美，但花儿本是无情物，只有赋予它赏花人的情感，花儿才别有灵性。”“花的盛开是对生命的有情，我们也应该积蓄力量，让自己的生命能够圆满绽放。”“每朵花都是一种生命，每一次生命的轮回都是一个花开花落的过程，花开的时候尽情地绽放，花谢的时候才会有一地的缤纷，才会有了无遗憾的人生。”……其实，不必多去思考，只沉浸在这样的课堂中，思维与心灵便得到提升。

三是无痕中送来拐杖。临近创作，老师与学生一起简单回顾后，呈现一张幻灯片，是本课阅读的重点词语分类表，密密地提供了课堂交流中的关键词语，学生只需连词便可成联，这正是我们的“小楹联”创作在低年级的经典模式。学生的作品真的完成了，当然，老实地讲，不是所有学生，但已经很不错了。或许这就是诗的语言魅力吧。

附：学生作品举例

生 1：山茶温润，梨雨细垂。

生 2：梨花洁净遇雨睡，地丁灿烂向阳生。

生 3：枝叶参差荇藻动，花影迷离幻想生。

生 4：点点繁花洒泪，丝丝细雨沾衣。

生 5：鱼儿浮水戏残瓣，燕子衔花构香巢。

三、会飞的伙伴（四年级）[①]

【学习内容】

散文阅读与创作

【相关资料】

《会飞的小伙伴》是《小学生小散文 100 课》上册第二组文章。阅读组文，既能与身姿优美、啼鸣婉转的各色鸟儿为伴，又能从作者或自然，或质朴，或诗情画意的笔锋中体味汉语言的妙趣。

组文目录：郭风《会搭船的鸟》；法国儒勒·列那尔《燕子》；郭沫若《白鹭》；张抗抗《天鹅》；戴望舒《夜莺》。

【学习目标】

1. 通过朗读、交流，感受散文的节奏美、韵味美，体味文字含着的情感，感受散文形散而神不散的特点。

2. 尝试用对比、想象与联想等写作方法仿写片段，培养语感，激发对汉语言文字的兴趣。

【评价设计】

1. 通过对话、朗读，检测评价目标 1 的达成。
2. 通过片段仿写，检测评价目标 2 的达成。

【学与教活动设计】

（一）导入

一山一水总知意，一花一鸟皆有情。情到真处，再寻常的小动物也会有诗情画意。同学们，你最喜欢什么动物呢？（燕子、白鹅……）

这节课，让我们把目光投向蔚蓝的天空，投向青色的水边。齐读课题：会飞的伙伴。（板书）

---

① 教学方案及执教：威海高区第二小学　于凤凤

（二）整体感知

（课件出示组文题目）这节课我们将一起认识那诗情画意的《白鹭》；纯洁娴静的《天鹅》；随和可爱的《会搭船的鸟》，素描音符般的《燕子》；还有月下歌唱的《夜莺》，想想都热闹……

（三）品读

（课件出示白鹭图）蒹葭苍苍，白露为霜，所谓伊人，在水一方。不经意间，白鹭倩影已悠然映入我心。看，这就是白鹭，如同它的名字，洁白而又轻盈。说起白鹭，你会想到哪些关于它的诗句？（生交流，师适当点评）

古往今来，文人墨客，为什么那么钟情于白鹭？让我们一起去聆听郭沫若心中的那只《白鹭》，去追寻他的心路历程。（师配乐朗读）

你仿佛看到了一只怎样的白鹭？

生交流：

1. 平凡、朴素之美

（白鹤太大而兼生硬，即使如粉红的朱鹭或灰色的苍鹭……然而白鹭却因为它的常见，而被人忘却它的美）

这种美出于平凡，却朴素自然，谁再来读？（另 1 生读并交流）

这种美太常见，容易被人忽视，被人忘却，却依然真实地存在。（齐读）

与直入云端的白鹤、略施粉黛的朱鹭、素雅清冷的苍鹭相比，作者看来，都不及那常见的白鹭，这种写法就是对比。（**板书：对比**）通过这样的对比，更能让我们感受到白鹭那平凡、朴素的美。

2. 自然、适宜之美

还有哪里让你觉得它美？哪里写得美？（生交流：那雪白的蓑毛……增之一分则嫌长，减之一分则嫌短，素之一分则嫌白，黛之一分则嫌黑）

短短几十个字，一只色彩配合适宜、身段大小适宜的白鹭便飞入心底。谁能读出它适宜的美？（生读）他哪里读得好？（抓住关键词重读、有停顿、有高低起伏……）集体试试看。

先秦诗人宋玉曾这样赞美绝代佳人：“增之一分则太长，减之一分则太短……”文中也有一个相似的句式：你发现了吗？（生读）宋玉是描写佳人的，而作者巧妙地借用在描写白鹭上，真可谓是恰如其分，乃神来之笔。（**板书：句式**）

这种适宜的美，会让你想到苏轼的哪句诗？（欲把西湖比西子，淡妆浓抹总相宜）

你能试着也用相同的句式去赞美这位“白衣仙子”吗？［欲把白鹭比佳人（仙子），淡妆浓抹总相宜］

小结：此时此刻，白鹭早已成为作者心中的那个绝世佳人。也许，他理想中的自己，竟也像白鹭这般的美丽、独特、自然。

3. 和谐美、灵魂美

白鹭吸引作者的，仅仅是美丽的外表吗？（可能是……）

于是，便有了这幅“水田钓鱼”图、“枝头闲立”图、“黄昏低飞”图，白鹭用它的各种姿态诠释着它独特的美。选择你最喜欢的画面读一读，用心去体会字里行间要表达的情感。（生自由读）

你喜欢哪幅图？请读一读。（学生自己选）

（1）（水田钓鱼）在清水田里，时常有一两只白鹭……好像是有心人专门为白鹭设计的镜匣。

静态的绿色背景，动态的白色线条，给你带来什么样的感受？哪些文字让你觉得它写得很美？（生谈）

（2）同样的文字，因为有了不同的表达，便有了不同的画面和意境。再谈，你更喜欢哪一幅？说说你的理由。（生谈，**师板书：修饰词、联想与想象**）

（3）（枝头闲立）这只清晨孤立的白鹭，引发了作者怎样的想象？（生读）

晴天的清晨，每每看见它孤独地…………这是别的鸟少有的……他真是在望哨吗？

为什么它只能孤独地不安稳地站在小树的顶端？其实这跟郭沫若自身的经历有关。（课件出示）1942 年，蒋介石发动第二次反共高潮，郭沫若被迫辞去国民政府厅长职务，他没有了言论自由。白色恐怖下，当时的作者形单影只，内心非常苦闷。于是，他把感情寄托于白鹭，借白鹭来抒发自己的情怀，这种写作手法就是——借物抒情。（**板书：借物抒情**）

把感情加进去……试着把作者的这种孤独而悠然的感情读出来。（生读）

望哨什么意思？作者在守望着什么？（生谈）

或许他在坚守、在等待；或许他在思索“先天下之忧而忧，后天下之乐而乐”的责任；或许他坚信，自己有一个不平凡的世界……或许谁也不得而知，只有他自己知道……读懂了它的精神，你便读懂了它的心。

回眸一笑解千愁，于是，这些美丽的画面便永远被定格成这样一首精巧的诗。

这次你们来读。（出示三幅图改编成的诗，生读）

（四）拓展

散文即诗，诗亦散文。散文与诗天然结缘。比如，张抗抗笔下的《天鹅》。（生读片段）这是在逆境中傲然坚守的天鹅。张抗抗爱这高傲、娴静的天鹅，但她更倾慕于它出淤泥而不染圣洁的品质。

（五）说话

寻常的画面加进人的感情，文字便有了生命的温度。让我们把目光投向那雨后的路边……（小组共读，交流）

（六）写作

一千个读者就有一千个哈姆雷特，一万个作家就有一万个哈姆雷特。你的眼中，什么动物最特别、最让你钟情呢？请至少运用一个本节课所学到的写作方法，也来写一个小动物。注意，可以只写一段，也可以是一篇，可以是一个场景、一个画面，也可以是一个回眸、一次邂逅……（生创作，交流展示）

（评价：美是到处都……）

（七）总结

一花一世界，一叶一菩提。谁都有属于自己的那个如诗如画亦如歌的世界……

愿我们多捧起书，捧起这温暖的文字，丰盈我们的那个世界——

（八）板书

会飞的伙伴

对比　句式　修饰词、联想与想象　借物抒情

【评析】

关于散文与“从小楹联到大诗教”课程的关系，在“那一树一树的花”课例中我已谈过，这里不再多讲。“会飞的伙伴”这一课，也是采用林志芳博

士编写的《100篇小散文》中的一个单元。本课例成果呈现的过程是以年级学科组接力教研为方式的。接力教研，顾名思义，即大家共同准备一节课，由第一位老师进课堂，其余人观课，发现问题，共同提出，修改教案，第二位老师继续在另一个班上课，如此类推。如同运动场上的接力赛，老师、学生一棒接着一棒跑，最后一位、最后一个班代表年级在全校进行展示。我应邀与四年级六位教师一起共研共进，在经过三个不同思路的教学实践后，终于找到了打开学生思路、现场完成创作的突破口。大致有以下四点。

一是“润”。杜甫有诗“随风潜入夜，润物细无声”。韩愈讲“天街小雨润如酥”。万物生长，皆喜一个“润”字。狂风骤雨、干旱无水皆不可能催开花朵。接力教研中，前两个思路的“教”皆以“讲”为主，分析来分析去，学生没有充分接触语言文字的时间，天上无雨，雷再怎么响禾苗也无法生长。最后一个思路，大家放弃“讲”，改为“共读”。师生以读代讲，以读代评，以读品味情感，课堂充满诗意的散文气息。“一山一水总知意，一花一鸟皆有情。情到真处，再寻常的小动物也会有诗情画意。”“白鹭早已成为作者心目中的那个绝世佳人。也许，他理想中的自己，竟也像白鹭这般的美丽、独特、自然。”……诗一样的语言像无声细雨润泽课堂，学生一上课就开始变样儿了。

二是“开”。开，即打开学生视野。如何打开？在经过了指向“借物抒情”后学生思维的“堵”，经历了“总分结构梳理”后学生表达的“千篇一律”后，我们痛定思痛，放下那盏自认为明晃晃的灯，把窗户打开——对比写、特殊句式写、修饰词辅助写、联想与想象写、借物抒情……随便用哪种方法都可以，即使只记住了一样，也是一种超越。没想到，学生真的超越了！

三是“品”。是以打开学生视野为目标的多形式“品”。比如，对比品——用同一内容不同表述方式的对比，品味修饰词的作用；迁移品——用宋玉词的品，带动郭沫若句子的“品”，带动拟人手法赞白鹭的独有情感的品；图文结合品——以图引文，以文悟图。“品”即是“读”，“读”即是“品”，“读”的多了，“品”的收获便多了。

四是“放”。放，先是“放”松学生心态——“至少运用一个本节课所学到的写作方法”，“一个”！学生自然心里轻松。接着，继续“放”——“可以一段，也可以一篇”，“低”中有“高”，照应了不同层次。最后，“放”宽思路——“可以是一个场景、一个画面，也可以是一个回眸、一次邂逅……”这是“放”中有“教”，“宽”中有“导”，学生思路打开，作品精彩纷呈就成为自然了。

附：学生作品举例

乌龟

那青绿色的壳，那全身的流线型结构，那绿色的脚，那花纹一般的嘴，那脚，增之一分嫌长，减之一分则嫌短，轻之一分则嫌浅，黛之一分则嫌深。

（四年级　郭子萱）

蜘蛛

那一根根细丝，组成了一张美丽的网，这张网是谁织的呢？啊！是一只蜘蛛。它虽然没有鹦鹉那漂亮的羽毛，蝴蝶那美丽的身姿，但是，它有一颗坚强的心。“上帝对每个人都很公平，上帝关上了一道门，同时，又为它打开了一扇窗。”不管风吹雨打，蜘蛛都很坚强。

（四年级 谢添旭）

萤火虫

夜幕降临，我偶然在草丛中见到了它——萤火虫。

那深棕色的头，短短的小腿，但这些不重要，你看它那闪闪发光的“小灯笼”，从远处看，像是一双发光的小眼睛，它只不过是一个小小的生灵，但它心中会想什么呢？它也许很孤独，它的孤独也许只有它自己知道。

（四年级　任航宇）

第六节　诗教课程中的修辞[①]

《语文课程标准》关于修辞知识教学的要求是：“从所遇到的具体语言实例出发进行指导和点拨。”指导点拨的目的是“形成一定的语言应用能力和良好的语感，而不在于对知识系统的记忆”[②]。鉴于此，本节“诗教课程中的修辞”没有按楹联诗词创作修辞体系进行梳理，而是站在小学生年龄特点、认知发展特点及已有修辞知识基础上，将与小学生语文学科学习、语感培养、生活应用、文化素养提升密切相关的六种修辞进行梳理学习，以促进学生语文素

---

① 教学方案及执教：威海高区第二小学　谷静，执教年级：四年级。

② 中华人民共和国教育部：《语文课程标准》，北京师范大学出版社 2011 年版，第 25 页。

养的提升。

【学习内容】

常用修辞手法的楹联创作

【相关资料或说明】

1. 修辞定义

修辞即修饰词句，使之收到尽可能好的表达效果的一种语言活动。① 楹联创作传统修辞有嵌字、叠语、谐音、转品、对偶等。

2. 诗教课程中小学生常用修辞法

对偶：是成对使用的两个文句“字数相等，结构、词性大体相同，意思相关”②。

比喻：用跟甲事物有相似之点的乙事物来描写或说明甲事物，又叫“打比方”。

夸张：为突出事物的某一特征，对事物的形象、特征、作用、程度等方面着意夸大或缩小的修辞手法。

拟人：把事物人格化，将不具备人的动作和感情的事物变成和人一样有动作和感情的样子。

对比：把两个相反、相对的事物或同一事物相反、相对的两个方面放在一起，用比较的方法加以描述或说明。

用典：准确地说，这是一种写作手法，多见于诗歌中。引用古籍中的故事或词句，为用典。

【学习目标】

1. 学习楹联常用修辞手法，欣赏积累经典联作，培养对楹联的喜爱之情。

2. 通过常用修辞楹联的创作，提高运用语言文字的能力，领悟中国传统文化的博大精深。作品符合楹联创作四要求，并能恰当运用修辞手法。

【评价设计】

1. 通过师生对话、辨一辨，检测评价目标 1 的达成。

---

① 参见何九盈、王宁、董琨主编：《辞源》（第三版合订本），商务印书馆 2019 年版，第 160 页。

② 刘太品、叶子彤主编：《联律通则导读》（增订本），中国诗词楹联出版社 2017 年版，第 14 页。

2. 通过楹联创作，检测评价目标2的达成。

【学与教活动设计】

（一）导入

今天上课，先来欣赏几幅精美的对联。

1. 第一副对联

这是我班赵怡岑同学的春游联作“紫燕随风舞，野花沐雨生”，请她给大家读一读。(生读)

结合这幅联，回顾一下，楹联有什么特点？（生说师板书：字数相等、词性相当、内容相关、平仄相谐）

2. 第二副对联作品

这是我校老师教师节创作的对联“瑞雨无声护桃李，甘泉有意馨沃田”，请用最洪亮的声音齐读。

这副对联有什么特点？（用了比喻）把什么比作什么？（瑞雨、甘泉比作老师，桃李、沃田比作学生）

对联本就精巧凝练，而各种修辞手法又可使其语言更准确、鲜明生动。大家熟悉的修辞法，除了比喻还有什么呢？(拟人、夸张)

这些常用的修辞法，以及诗词常用的对偶、用典等都可用到楹联创作中。

（二）听故事，识修辞

1. 对偶

对偶是对联最基本的修辞手法。什么是对偶呢？听一个小故事帮你了解。

（师讲故事）解缙是明朝有名的才子，他家对面是归隐的曹尚书家，曹尚书门前种了一片竹林。除夕，解缙写了一副春联：“门对千竿竹，家藏万卷书。”曹尚书见了很生气，叫人把竹子砍成竹桩，解缙心中有数，于是在联尾各添一字，变成了一副新联。曹尚书更加恼火，又下令把竹子连根拔起。谁料解缙在上下联又各添一字，曹尚书无可奈何。

猜一猜，解缙添了哪几字成的两副联？小组长带领大家在作品稿上填一填。(生小组填)

（门对千棵竹少，家藏万卷书多）（门对千棵竹不见，家藏万卷书太多）

老师来揭秘！(课件出示)“门对千棵竹短，家藏万卷书长”；“门对千棵竹短无，家藏万卷书长有”。

读一读这三副联，你能发现什么？（生谈，引导：字数、词性、内容）

这样一对一对添词而成的文句，就是“对偶”。与楹联相比，它有三个关键点，即“字数相等、词性大体相当、内容或意义相关”，楹联是四个要求，即“字数相同、词性相当、内容相关、平仄相谐”。对偶是修辞手法，而楹联是一种文体。

2. 对比

（课件出示故事，生读）

郭沫若小时候在私塾读书，有一次和同学们偷吃了庙里的桃子，和尚找先生告状，先生斥责学生，但没有人承认。先生说，我出个上联，谁能对出下联，就可以免罚。先生出联曰：“昨日偷桃钻狗洞，不知是谁?”郭沫若思索片刻，对道：“他年攀桂步蟾宫，必定有我!”先生惊其才华，极为高兴，于是全体学生都免于处罚。

读一读老先生联句“昨日偷桃钻狗洞，不知是谁”什么意思？（有人偷桃贪嘴）

郭沫若对句“他年攀桂步蟾宫，必定有我”又是什么意思？（将来干大事的一定有我）

对，老先生有意借联点出他们做事不光彩，郭沫若却借联说出凌云志，表示将来他一定不平凡。这里上联讲他们现在，下联讲他们未来，猜猜这是什么修辞手法？（对比）

“对比”能给人以深刻的印象或启示。郭沫若就给了先生？（深刻的印象）

3. 用典

这里有一副蒲松龄的镇纸铜条联，谁来读一读？

课件出示：

有志者，事竟成，破釜沉舟，百二秦关终属楚；

苦心人，天不负，卧薪尝胆，三千越甲可吞吴。

你发现了什么？（里面有成语“破釜沉舟、卧薪尝胆”，有名言：“有志者，事竟成。”）

这就是“用典”，就是在对联中引用古籍中的故事或词句。“用典”最能显示一个人的读书积累，古代很多名诗人都很擅长用典，像我们山东的辛弃疾就是这样。

（三）读名联　辨修辞

同桌合作读一读下面的楹联，说说下列对联所使用的修辞手法。

风吹马尾千条线，日照龙鳞万点金。——比喻

声驱千骑急，气卷万山来。——夸张

春风放胆来梳柳，夜雨瞒人去润花。——拟人

天着霞衣迎日出，峰腾云海作舟浮。——比喻

猛虎一杯山中醉，蛟龙两盏海底眠。——夸张

青山有幸埋忠骨，白铁无辜铸佞臣。——对比

一起交流一下。（生交流，师点拨）

（四）牛刀小试

1. 完善楹联

现在以我们写过的春景联“野花红艳艳，小草绿油油”为例，用一种修辞手法使它更生动。

（1）野花红胜火，小草绿如茵。（比喻）

（2）小草新衣翠，野花笑脸红。（拟人）

（3）野花戴红帽，小草披绿衣。（拟人）

（4）野花红胜火，小草绿过玉。（对比）师指导：下联尾二字可以改为“如蓝”（比喻）。

2. 创作楹联

大家看，抓住事物特点，运用恰当的修辞就能使联更准确生动。接下来，请你以人物、景物为主题，结合自己的体会，创作一副对联，用上至少一种修辞手法。作品符合楹联创作四要求。

（1）学生创作。

（2）展示作品，集体评点。

3. 合作改联

（1）请大家根据刚才的点评，以小组为单位，互相交流、修改，完善自己的楹联作品，一会儿请你介绍你的大作！

（2）分享交流。（要求：先读联，再解读联）

（五）总结

同学们，其实，楹联创作中可以用到的修辞法还有很多。比如嵌字、叠字、复字、顶针等。我们今天只是将主题课中没有涉及，但我们在楹联创作中又能用得到的几种修辞给大家做了梳理。希望这些修辞法能让同学们的楹联创作水平快速从“下里巴人”上升到“阳春白雪”。下课！

（六）板书设计

常用修辞法的楹联创作

比喻、拟人、夸张
对偶、对比、用典

字数相等
词性相当
内容相关
平仄相谐

【评析】

本课是“从小楹联到大诗教”课程中的复习课例。教师通过朗读、听故事、同桌合作辨析等活动形式，引导学生将现代白话文课例学习中的修辞迁移到楹联修辞中，既给学生以亲切感，又有效减少学生学习的难度。

值得说明的一点是，楹联中的修辞除了本课所讲，其实还有许多，比如叠字、复字、嵌字、谐音、互成、转品、流水等。因为我们面对的是小学生，所以，在设计这些课例及相关内容时，我们将语言文字运用特点特别鲜明、小学生特别喜欢的一些修辞法单列为课例进行授课，比如叠字、复字、嵌字等。有些修辞法处境比较尴尬，虽然阅读理解难度小，且有助于开阔学生视野、提升学生审美水平，但在小学阶段，受学生年龄特点所限，实践运用难度大、强行运用易打击学生学习自信心，比如用典、对比等，便在本课例中与其他修辞放在一起，让学生了解即可。至于有的修辞，比如“对偶”，多年来一直是一个有争议的概念，其界限没有明确的划分，所以，在这里只捎带讲一讲，让学生了解即可。

第五章　诗教整合课程设计与课例

“天下至深是学海，世间无底是书囊。”这是学校理念长廊的一副联，体现学校对学生学习、对学科课堂的解读。一节学科课堂不应仅仅只是一节课，更应该是以这节课为起点引发的学生对文化、对更多未知事物探索的起点。而承载着浓浓文化气息的诗教，它的“小楹联”的简单好用、它的“大诗教”的广博深厚，既是中华优秀传统文化与学科课堂整合的极佳契合点，又是带学生从学科知识向文化深处漫溯，向语文素养、文化素养以及创造型思维、逻辑概括思维能力提升的扶手。让诗教走进各学科课堂，让师生在各学科学习过程中与诗教紧密牵手，是从小楹联到大诗教课程开发实施的重要内容，也是站在小学一线，找到的对《中华优秀传统文化进中小学课程教材指南》中“统筹各学科”“纵向有机衔接、横向协同配合”① 等原则落实的有效策略。

第一节　诗教与语文整合课程

“随心览阅阅中有趣，惬意诵吟吟里悟真。”② 《语文课程标准》指出：“语文课程对继承和弘扬中华民族优秀文化传统和革命传统，增强民族文化认同感，增强民族凝聚力和创造力，具有不可替代的优势。”③《中华优秀传统文

① 《中华优秀传统文化进中小学课程教材指南》提出四条基本原则，其中第四条基本原则“坚持整体设计，科学合理布局”中提到“统筹各学科，确保中华优秀传统文化内容全覆盖，形成纵向有机衔接、横向协同配合的格局”。

② 这是中国楹联学会会员、中国楹联学会书法艺术委员会委员、中国秦文研究会艺委会副主任、世侨书画院院士、著名书法家陈靛先生题写在教学楼一楼开放书吧厅柱上的一副联。

③ 中华人民共和国教育部编：《语文课程标准》，北京师范大学出版社 2011 年版，第 1 页。

化进中小学课程教材指南》在学科安排中将语文列为“落实中华优秀传统文化教育的核心课程”。两份文件皆强调了语文学科在传承和弘扬中华优秀传统文化中的重要地位。而诗教作为中华优秀传统文化的重要组成部分，它与语文课程的整合，既是诗教课程对语文素养提升的重要作用使然，也是教育部政策导向的体现。

一、对韵歌[①]

【教材分析】

本课是在前四课识字基础之上，根据启蒙读物《声律启蒙》等编写而成的韵文，音韵和谐，朗朗上口。课文以自然景物为题材，借助对韵歌的形式，让学生在识字的同时初步感受汉语的节奏，感受语言的音韵美，提升学习语文的兴趣。《对韵歌》共 3 句。第一、二两句以单字对的形式，包罗自然现象“云、雨、雪、风”和动植物“花、树、鸟、虫”。第三句是双字对的形式，呈现山清水秀和柳绿桃红的美丽景色。

本课的学习，体现了语言文字的音韵之美，可以拓展相关的对子、对联等，丰富学生的语言，使学生感受中华语言文字的优美与精深。

【学习目标】

1. 认识“对、云”等 7 个生字，会写“提、撇折”2 个基本笔画，规范书写“虫、云”2 个生字。
2. 正确朗读课文、背诵课文，感受“对”与“韵”的特殊美。

【评价设计】

1. 现场书写展示“虫、云”，检测评价目标 1 的达成。
2. 对对子游戏，检测评价目标 2 的达成。

---

① 部编教材《小学语文》一年级上册识字单元第 5 课。本课实际授课时间为放在学生汉语拼音学完之后。

【学与教活动设计】

（一）导入

（板书课题）小朋友齐读课题。（生读）什么是“对”？一起来读一读课文（一人一行，评价要点：正确、流利）

（二）悟“对”

（1）齐读前两行。（课件出示：云对雨，雪对风）

你读到了什么跟什么对？（云对雨，雪对风）（课件：云）这就是“云”，你可以用“云”组什么词？（白云、云朵、云霞……）如果请你来教小朋友写“云”这个字，你会怎么教大家？（小先生：二，撇折，点）在课后田字格中描两遍。（巡回指导）

“云”对的是？“雨”，“雨”能组什么词？（雨水、大雨、小雨……）秋天下的雨，我们还可以称它为“秋雨”。

还有什么对什么？（雪对风）来组个词（生组……）

前两行，我们知道了______对______，______对______。（单人讲、集体讲，前两句基本背下来）

（2）现在来看第三、四句。

又讲什么对什么？（课件跟着放：花对树，鸟对虫）

这组是？（植物对植物）这组是？（动物对动物）

这是一条虫子，我们的祖先照着它的样子把它画了下来，你看，大大的脑袋，下面是长长的身子和尾巴，不太好画，后来又变成了这个样子，齐读“虫”（生齐读），组个词？（虫子、害虫、益虫……）这就是从甲骨文到现在“虫”字具体的演变过程。

“虫”字怎么写呢？谁能对照着大屏幕的笔画顺序，教给小朋友书空写一写。（略）看看田字格中，它的定位笔画是什么？（竖、在竖中线上，第三笔“横”，从横中线下起笔，横中线上收笔）描两遍。（巡回指导，展示漂亮字或有问题字，再仿写一遍）

（3）小结一下，“对韵歌”前两句讲了“云对雨，雪对风”，第三、四句讲了“花对树，鸟对虫”。

（4）最后两句讲了什么对什么？（课件出示：山清对水秀，柳绿对花红）

这之前是几个字对几个字？（一个字对一个字）这里呢？（两个字对两个字）如果我说三个字，你会对几个字？（三个）五个字呢？（五个）一百个字呢？（一百个）也就是说，“对”的前后，字数一定相同，对吗？（**板书：字数相同**）

按照这个规则，小朋友来看一看，我给“山清”加一个字——“青”山清，你会对什么？（绿水秀）

三个字对三个字，而且是颜色对颜色！

（5）小结：现在告诉老师，你知道什么是“对”了吗？（对是一种活动，字数要相同，颜色对颜色）“对”要有一定的规则。

（三）认识“对联”

1. 认识“对联”名字

“对”，在古代小朋友的课堂中，就是一种文字游戏，就像我们刚才这样，老师出一个字，小朋友对一个字，老师出两个字，小朋友对两个字，逐个加上去。那叫“对课”。对课上完后，小朋友就会作“对联”了。什么是“对联”呢？（生谈：门上贴的）

贴在楼堂的楹柱或门框上的两行字，就是“对联”。又叫“楹联”或“对子”。就像小朋友有两个名字，一个是在家里爸爸妈妈爷爷奶奶叫的，一个是学校老师小朋友叫的一样，它有三个名字，当你想儒雅一点儿时，就叫它——（生齐）“楹联”；师：想通俗一点儿，叫它——（生齐）“对联”；师：老百姓喜欢叫它——（生）“对子”！

2. 了解对联结构

对联贴到门上是有讲究的。我们面对它时，我们的右手边是它的？（上联）（课件出现“上联”）左边就是它的？（下联）

春联通常还有一部分，我们叫它？（横批）

再来一遍：告诉老师，右边的叫什么？（上联）左边的呢？（下联）

3. 把握平仄特点

现在我们要把《对韵歌》中对字前后的字或词写到楹联纸上，哪个该写上联，哪个该写下联？先看小先生的做法：第一句“云对雨”，看一看（课件），再看第二句（课件演示）。

为什么要把“雨”和“雪”放在上联，“云”和“风”放下联呢？（生猜）来看一看古代小朋友读书用的声调符号，“横”表示“平声”，相当于普通话的一声二声，“竖”表示“仄声”，相当于普通话的三声四声。记住了吗？（记住了）考考你？我把这些平仄符号去掉，云，什么声？（平声）雨，什么声？（仄声）雪？（仄声）风？（平声）看看对不对？（课件出示）

你发现贴在上联的字都是什么声？（仄声）下联呢？（平声）（**板书：上联，仄；下联，平**）

看看“花”和“树”，哪个贴上联？（树）下联呢？（花）

“鸟”和“虫”呢？（上联鸟，下联虫）

这有两个字的怎么办呢？（“山清”下联，“水秀”上联；“柳绿”上联，“花红”下联）

如果不是“柳绿”，而是“松绿”呢？放在上联还是下联？（上联）对，主要看最后一个字的平仄，也就是尾字平仄（师强调板书）

你会了吗？看一看是不是这样？看两副联：“缘起国学梦，情牵联籽香。”“竹报平安，花开富贵。”（第二副贴倒了）今年过年，你家或爷爷奶奶、姥姥姥爷家的对联可不能贴倒了啊！

4. 小结

关于“对”字，我们又了解了它的一个规则。后面，我们将在下学期一直到五年级都会反复地运用这些规则。

（四）识“韵”

那么，它的名字叫“对韵歌”，“韵”又指什么呢？看一看（课件：“风”“虫”“红”字变红）。

谁来读一读？（1生读）发现了什么？（这几个字的韵母相似，而且都是平声）

在古代，这三个字都属于“东韵”，（课件）有一本书叫《声律启蒙》，它的第一部分就是（“一东”），看看它和我们课本中的《对韵歌》有什么关系？（《对韵歌》是编书的老师改编过来的）

《对韵歌》只取了其中的一部分，原文中的韵字有很多。韵字用得越好，文章读起来越有韵味儿，再加上前面我们讲的平仄变化，就更好听了，一起来听一听（课件《声律启蒙》吟咏）。

（五）课堂总结

美吗？（美）那就请小朋友们从这节课开始，从《对韵歌》《声律启蒙》开始，好好学“对联”，多多记韵字，将来，你们就会和高年级的哥哥姐姐一样，写出漂亮的楹联、优美的诗句，到那时，老师也会帮你们把作品贴到楼梯墙上，挂到校园景区中，让你们和哥哥姐姐一样享受成为小才子小才女的幸福，好吗？

（六）板书设计

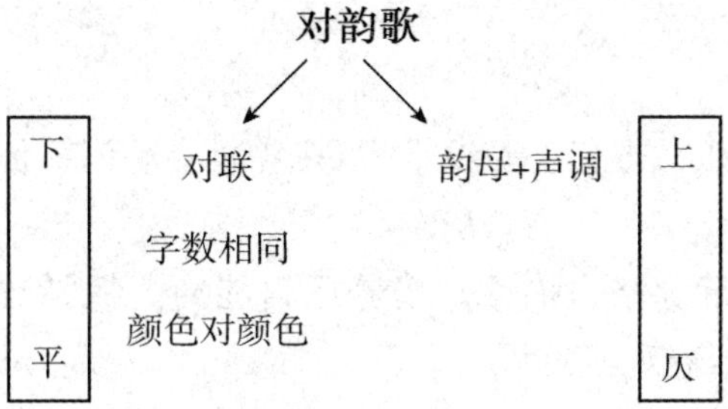

【评析】

《对韵歌》是一年级小朋友初识楹联最佳的切入点，它其实就是《声律启蒙》或《笠翁对韵》的改编内容。因此，本课教学主要分两部分，一是课例内容的学习，这一部分要有字的书写、词语的积累等，这是一年级语文课的责任与使命；二是对对子练习，这既是引领学生深入理解课文的过程，也是引领学生向外拓展的过程。因对对子活动的加入，无形加大了本课容量，因此，教师教学要注意简捷、利落，趣味性要强。

这一课例教学过后，以《声律启蒙》（或《笠翁对韵》）为蓝本的对对子游戏或练习便可推开了，游戏或练习的时间安排在地方课与楹联专题整合的课时中，与此同时，《声律启蒙》（或《笠翁对韵》）的诵读积累活动、校园生活的楹联创作活动也可加进来，楹联创作活动在一年级尤其是上学期不一定需要动笔，就坚持做一字对、两字对、三字对、五字对等对对子游戏即可。对得多了，学生对楹联的认识就慢慢加深起来，对楹联的喜爱就一点点多起来。

二、《雷雨》教学实录[①]

【教材分析】

本课以雷雨前、雷雨中、雷雨后景色的变化为主线，生动再现了夏季雷雨

① 部编教材《小学语文》二年级下册第六单元第 16 课。

的景象。全文结构清晰，用词准确，既适合二年级下学期由句向段学习的过渡，也适合学生进行仿写，尤其最后一个自然段，调整一下格式就是一首小诗。此外，本课因观察细致、描写逼真，又是引导学生提炼词语，进行楹联创作，培养逻辑能力、概括思维能力的载体。

【学习目标】

1. 通过师生对话、带任务读文，认识名词、动词，体会词句意思，培养边读边思考的习惯。

2. 通过梳理文章脉络、捎话，培养逻辑能力、概括思维能力，激发学生留心观察的兴趣，培养观察意识。

3. 通过小组合作、师生和联，营造写诗作联的体验氛围，培养对母语文化的热爱。

【评价设计】

1. 通过画读词语、分段落、捎话，检测目标 1、目标 2 的达成。

2. 通过小组合作填写诗句、师生和联，检测目标 3 的达成。

【学与教活动设计】

（一）导入

（板书：雨）看老师写一个字，读出来！谁能用它组一个词？（春雨、大雨、小雨、阵雨、雨点、雷雨……）（板书：雷）

这种雨在哪个季节最常见？（夏天）这节课我们一起看看夏天的雷雨是什么样子的。

（二）初读课文，识字学词

请大家翻开课本第 74 页，端起书，和你的同桌一起大声读一遍课文（课件出示），然后用①②③标出自然段，用“____”标出生词，想一想，你从文中知道了什么？（生同桌读）

交流：

（1）谁来说说这篇课文有几个自然段？（8 个）

（2）你画出了哪些词语呢？（生交流）

这是老师画出的词语，（课件出示：蝉、蜘蛛、彩虹、池塘）谁来读一读？（生读）说一说，你发现了什么？（都是名称）

你很善于观察！一起读一读这些名词！你来！你再来！（评价：正确）看下面一行词语，你发现了什么？（课件出示：压下来、垂下来、逃走了、乱摆）（都是动词）分析很正确！你来读一读这些动词！男孩一起来，女孩再来一起读。

（三）再读课文，理清条理

看来词语难不倒大家。谁来说说，你从课文中知道了什么？（雨前蝉不叫了；雨前蜘蛛逃走了；雨后彩虹出来了；雨中雨越下越大；雨后青蛙也叫起来了。师引导要点：分清时段）

读了一遍书，大家收获真不少！这篇课文就是按照雨前、雨中、雨后的顺序描写的。（板书：前、中、后）

下面，请大家默读课文，看看哪几个自然段是写雨前的，哪几个自然段是写雨中的，哪几个自然段是写雨后的？（生读文）谁来交流？（第 1、2、3 自然段写雨前，第 4、5、6 自然段写雨中，第 7、8 自然段写雨后）

有不同意见吗？（我认为第 6 自然段写的是雨后）

一起看看第 6 自然段："渐渐地，渐渐地，雷声小了，雨声也小了。"想一想，这时雨停了吗？（没有，在下，只是雨小了）就是说，它是写？（雨中景色的）

小结：小朋友们真了不起，不仅自己学会了字词，还一起理清了课文描写的顺序。

（四）三读课文，品味词句

不过，老师要告诉大家，读书像吃饭，得"细嚼慢咽"，反复品，才能品出滋味。接下来，我们再来读课文。

课件出示：用" ﹏﹏ "画出文中描写的景物，用"△"画出表示这些景物动作的词。

1. 雷雨前

（1）谁来交流，雷雨前，作者描写了哪些景物？（乌云、叶子、蝉）它们都是怎样的？（乌云多，叶子不动，蝉不叫）

课件出示：

满天的乌云，黑沉沉的。

满天的乌云，黑沉沉地压下来。

读一读，看看有什么不同？（第二句多了“压下来”）

观察仔细！多了这个动词，你有什么感觉？（师在生头顶做一个“压”的动作）乌云压下来，会有什么感觉？（很闷）一个“压”字就把夏天雷雨前的特点写出来了，多么精彩的一个字！你来读一读这句话。谁再来？（生读）好沉呀！大家一起来！（生齐读）

（2）雷雨前还描写了哪些景物？（风、树枝、蜘蛛）

它们怎么样？（风大、树枝乱摆）树枝为什么乱摆？（风大）（板书：大风）蜘蛛呢？（垂下来、逃走了）

这里一个动词用得特别好，你找出来了吗？（逃）为什么你说它用得好？（风大，跑得快）

你看，不仅树枝乱摆能让我们读出风大，“逃”字也能衬托出风的大！

还有哪个动词用得好？（垂）为什么？（生答）

课件出示：

比较：一只蜘蛛从网上掉下来，逃走了。

一只蜘蛛从网上落下来，逃走了。

一只蜘蛛从网上垂下来，逃走了。

三个句子，谁来读一读？（生读）你发现了什么？哪一个动词放在句子中更恰切？（学生答不上来）

老师来帮大家，接着看大屏幕——

课件出示：

《新华字典》中的解释：

“垂”——有丝线扯着挂下来。

“掉”——落下。

“落”——掉下来。

再看蜘蛛是怎样下来的呢？（课件演示）哪一个动词最恰切？（垂）为什么？（因为蜘蛛下来的时候有丝扯着）分析得太对了！

“垂”字用得这么好，我们可得把它记下来。看老师写——（师在田字格中写“垂”，边写边说笔顺）翻到课后的田字格，在“垂”字后面的空格里写一个“垂”字，要注意笔画顺序。

（大屏幕展示学生作业）我们看一看这个“垂”字写得怎么样？（生评，师指导）写垂的时候，竖在竖中线上，四条横中第三条最长，这叫“多横并列一横长”。最短的是哪个？第一个。来，再写一个漂漂亮亮的“垂”字。写

的时候脚放平，身要直、头要正，手离笔尖一寸，眼离本子一尺。（生写）

（3）雨前描写的景物还有没有了？（闪雷，师板书）

闪怎么样？雷呢？（闪越来越亮，雷越来越响）你来读读越来越亮的闪电和越来越响的雷。（生读）真好，我们一起来！

（4）小结：好了，我们一起总结一下，雨前有什么特点？（乌云密布、刮风、闪、雷）

你看，作者多么善于观察，雨前景色的特点写得多么恰切！

2. 雨中

（1）继续交流，雨中描写了什么景物？（树、房子）什么样？（看不清了）说明了什么？（雨大）

（2）但是这个大雨很快就停了，（师板书：大→小）我们一起来读一读，看谁能把雨从大读到小。（齐读，师评）再读！注意："哇"和"啊"的读音一定要读准。（生读）

（3）小结：雨中的特点是什么？（雨大很快就变小了）夏天的雨，来得猛，去得急！

3. 雨后

（1）雨后，作者写了哪些景物？（空气、太阳、彩虹、蝉、蜘蛛、池塘、青蛙）

雨后的景物，你感受到了什么？（很美）是呀，如诗如画。我们把雨后的景色编成一首小诗，好吗？

课件出示：

小组合作：根据课文填写诗句。可以填一个字，也可以填几个字。课文的景物都填完了，再想一想，还会有哪些景物出现在雨后的画面中，把它填在括号里，然后补充诗句。

组内分工：①识字最多、写字又快又漂亮的小朋友写，并补充第一个空；②其余 3 人，按序从四号、三号往前排，每人补充两个空；③剩下三行，大家一起补充。

诗句全部补充完，四个人一起坐好。现在请小组长拿出编写卡，看哪个小组最先完成任务。（生作诗）

课件：雨停了；

　　空气________；

　　太阳________；

彩虹________；
蝉__________；
蜘蛛________；
池塘________；
青蛙________；
（　　）________；
（　　）________；
（　　）________；
……

（2）谁来读读你们小组编的诗？

例1：雨停了；空气新；太阳亮；彩虹挂；蝉叫；蜘蛛爬；池塘满；青蛙叫；树叶亮；草地绿；花儿艳。

例2：雨停了；空气清新；太阳出来；彩虹挂；蝉叫了；蜘蛛爬上网；池塘水满了；青蛙叫起来；花红了；蝴蝶飞起来；小朋友乐了。

你们真是小才子，掌声送给你们！

（五）回顾小测

同学们，作者写雷雨的文字太美妙了！你们刚才作诗，老师也来了兴致，我想写联，大家听，我写的是什么时间的景色？

乌云压下，树叶静停。（雨前）
窗外雨渐大，房前景不清。（雨中）
太阳出现彩虹挂，空气清新金蝉鸣。（雨后）
谁也想出一副对联给大家猜？（1生：彩虹挂天上，蜘蛛爬网中。）

（六）拓展延伸

你看，一篇好文章会让我们都变成诗人和楹联家！那么，作者为什么能把雨前、雨中、雨后的景色写得这么恰如其分呢？因为作者善于观察！你也愿意像他一样有一双慧眼，做生活的有心人吗？课后，我们也来试着完成一次关于天气的捎话，好吗？

这几天天气不错，我们就写晴朗的天气吧，想一想，你可以说哪些景物？（太阳、风、云、天……）我们按照从上到下的顺序来说——蓝天湛蓝湛蓝的，云呢？（悠闲地飘着）太阳？（温暖地照着）风？（轻轻地抚摸着我的脸）

树（嫩芽油绿油绿）小草？人呢？（在太阳底下晒太阳）

起个什么题目？（《晴朗》）

课件出示：今天的捎话内容就以《晴朗》为题。如果你不想说晴朗的天气，还可以说下雨天、下雪天、雾天或者其他天气的景色。

（七）板书设计

雷雨
- 前：乌云　大风　闪雷
- 中：大—小
- 后：美

【评析】

本课既有楹联创作的活动，也有现代诗歌与散文创作的活动，这两项活动前者融合在“回顾小测”中，以老师作联学生猜测“这是哪个时段的景色”和学生出联学生判断时段并对句成联进行的。如：乌云压下，树叶静停。（雨前）窗外雨渐大，房前景不清。（雨中）太阳出现彩虹挂，空气清新金蝉鸣。（雨后）后一项活动设置在雷雨后学生的小组阅读活动中，以填写诗句为引领，由学生合作完成，“空气；太阳；彩虹；蝉；蜘蛛；池塘；青蛙；（　　）；（　　）；（　　）……”这里既有对学生阅读能力的检测，也有对学生合作研讨、提炼词语能力的检测，可以说是一举两得的措施。此外，对现代诗文的创作在课后的亲子捎话作业中也做了很到位的设计：“以《晴朗》为题进行捎话。如果你不想说晴朗的天气，还可以说下雨天、下雪天、雾天或者其他天气的景色。”这样，就在常态语文课的基础上，将“读”与“写”紧密结合起来，将《语文课程标准》中“语文是实践性很强的课程”落实到位，长此练习，学生对生活的观察、感悟以及由此而生的语言文字运用能力便会得到有效提升，学生的语感及概括思维能力得到加强。

三、太空生活趣事多①

【教材分析】

本课与《雷雨》同属一个单元，为本单元第 4 篇课例。课文以宇航员的

---

① 部编教材《小学语文》二年级下册第 18 课。

太空生活为内容，用浅显生动的语言，从睡觉、走路、喝水、洗澡四个方面介绍了鲜为人知的太空趣事，条理清楚，用词准确，既能激发学生探索自然科学的兴趣，又是引导学生打开思路，学习提炼语言、体验运用语言的课例，而楹联在此课学与教中的运用则能更好地落实这一点。

【学习目标】

1. 通过归类识字等方法认识“宇、宙、室、密、蜜、杯、板、稳、稍、航、舱、饮、件、题、桶”，练写“浴”。

2. 通过自由读、接读、检查读等方式指导读课文，要求：正确流利有感情。

3. 通过交流分享、楹联创作培养语言文字运用能力，并初步了解一些太空生活的常识，激发探索科学的兴趣。

【评价设计】

1. 通过学写字、多形式朗读课文，检测评价目标 1、目标 2 的达成。

2. 通过楹联创作，检测评价目标 3 的达成。

【学与教活动设计】

（一）创设情景，视频导入

同学们，自古以来，人类对太空就充满好奇，从没停止过对它的探索。而今，这一梦想早已成为现实，“上天”不再是遥不可及的事。从 2003 年 10 月起，中国航天员一批又一批进入太空，体验太空生活并进行科学实验。（**板书课题：太空生活趣事多**）

在太空和在地球上生活有哪些不同呢？这节课，我们就来学习第 18 课，请齐读课题。

读了这个课题，你能提出什么问题？（生交流）

这节课就让我们一起走进课文一探究竟吧。

（二）初读课文，扫除障碍

1. 朗读课文

请同学们打开课本第 79 页，（课件出示）自由朗读课文，要求：读准字音，读通句子，不好读的地方多练几遍。开始吧！

2. 检查字词识记情况

（1）一起来认一认字词新朋友！（课件出示词语）小老师领读、男女接读。

（2）（课件出示短语）短语能行吗？谁来读？（指名读，指导：要读得连贯，“的”字读得短而轻。）

（3）没有了小伙伴的帮助，你还认识它们吗？（课件出示生字，同桌检查读、指生读，全班开火车检查读）。

你是用什么好办法来记住这些生字的呢？（加一加、减一减、换一换、熟字组词）

还有偏旁归类识字，比如，宝盖头的“宇、宙、室、密”；木字旁的“杯、板”；禾字旁的“稳、稍”；舟字旁的“航、舱”；对比识字法：“蜜”与“密”，山上有密林，林中有蜜蜂。

还有一个字，老师要特别讲——“浴”，它不仅在生字表里还在写字表里，（课件出示“浴”字）这个字的结构是？（左右结构）特点是？（左窄右宽）因此右边要跨过竖中线。偏旁是？（三点水）它跟水有什么关系？（“浴”就是洗澡，洗澡少不了水。这个字跟水有关，所以是三点水旁）还有，原始社会人们没有浴室，就在小河里洗澡，山谷是小河发育的地方，因此右边是个“谷”。

3. 写字指导

伸出你的小手书空，“浴”是左右结构、左窄右宽，第三笔提的收笔穿插在右侧的两撇间。“谷”的撇和点左右相对，第一撇起笔于竖中线，较短小；下面的撇捺相连，要舒展大方，起笔于上部撇捺空隙的中间；口字稍扁，上宽下收。

在你的田字格里描一个，写两个。注意头正、身直、肩平、臂开、足安。（生写，师巡回指导）

（课件出示）书写姿势端正一颗星；注意左窄右宽一颗星；提的收笔穿插到两撇之间一颗星。

请同学们自我评价，得到三颗星的请举手。

4. 再读课文

现在我们把字词朋友送回到课文中，再来读读课文。

（课件出示）边读边思考：课文介绍了太空生活中的哪些有趣的事情？圈

画出来。

谁来说说你的读书收获？（写了太空生活四件事：睡觉、喝水、走路、洗澡）（板书）

（三）朗读理解，感悟升华

这些平平常常的事，到了太空中怎么样了？（有趣）

先一起看看太空睡觉有什么有趣之处吧！（课件出示该段，生读）

（1）在太空睡觉和在地球上睡觉一样吗？从哪里看出来？（不一样。站着睡觉和躺着睡觉一样舒服）地球上站着睡觉能舒服吗？（不舒服）既然站着躺着一样舒服，那在太空随便睡，行不行？为什么？（要想睡上一个安稳觉，必须把自己绑在睡袋里。不然，翻一个身，就会飘到别处去了）

什么样的觉算安稳觉？（睡得舒服、踏实）

（课件出示文中句，“必须”两字变红）如果不想这么做行吗？为什么？（“必须”是强调一定要这么做）哦，明白了！课文中还有词，也是一定要做的意思，是哪些词？（“得”“需要”，侧板书）

（课件圈出“绑”字）“绑”起到什么作用呢？（固定作用）（板书：绑睡袋）

原来在太空中睡觉有这么多讲究！真是新奇又有趣！谁能把太空睡觉的新奇有趣通过朗读让大家感受到？（指名读、范读、指名读、齐读）

（出示太空睡觉图片）这就是宇航员太空睡觉的照片，有趣吧？带着这样有趣的画面，再来读这一段。（齐读）

小结：想象有趣的画面读，你的朗读让别人也觉得很有趣。

（2）太空中不光睡觉有趣，喝水也很不一样。请同学们默读第3段，找找太空喝水有什么不同？（用一种带吸管的饮水袋，才能喝到水）为什么要这样？（水不会往下流，因为水失去了重量）

在太空中，远离地球，地心引力大大减小，因此水失去了重量，变得轻飘飘的，一旦倒出来，就会？（到处乱飘）所以，必须用特制的吸水袋，才能喝到水。（出示划线语句）

幸好，科学家和宇航员都很聪明，让喝水也变成了一件有趣的事。（板书：吸管杯）

谁能用朗读把喝水的有趣读给大家听？（生读第三自然段，师评价）

（3）太空中走路和洗澡也很有趣，请同桌合作学习这两部分，把它们的

有趣之处找出来，互相交流。（同桌合作学习）

（课件出示要求：①选择自己感兴趣的一件事，谈一谈有趣在哪？②把自己觉得有趣的地方读给同桌听）

哪对同桌来交流？要求：一位讲趣事，一位朗读。（生展示交流，走路要穿鞋底带钩的鞋子，咳嗽就可能后退好几步；洗澡水要密封，水要用吸管朝一个方向吸，双脚要固定）（板书：钩子鞋、密封桶）

太空生活处处有智慧啊！

（四）理解失重，启发想象

（1）太空生活如此有趣，原因是什么？（板书：失重）

是的！因为失重，宇宙飞船中所有的物品都要固定，不然一动就会飘起来，不仅没办法进行科学探测工作，连最基本的生活都保障不了。不过，也正是因为失重，太空生活变得很有趣！

（2）默读课文，看看还有哪里也提到了“有趣”？（第一段、最后一段）端起课本，一起读！

（3）想象一下，除了这些，太空生活还会有哪些有趣的现象？（生谈）

一起看看宇航员的生活视频。（播放视频：太空生活）说说你看到了什么？（生谈）

中国古人很早就开始观测天象，“飞天揽月”是一代又一代中国人的梦想。今天，祖国的航天科技越来越发达，探索浩瀚宇宙，发展航天事业，建设航天强国，是我们不懈追求的航天梦。一起来看一看。（播放视频：探月，宇宙空间站）说说你看到了什么？想到了什么？（生谈）

正是这些可敬的航天工作者的不断探索，才有了今天我们的航天硕果。未来，我们将揭开宇宙更多的秘密，了解太空更多有趣的生活。

（五）活学活用，自创楹联

请大家拿起手中的笔，用一副楹联表达自己的感受，可以写课文中讲到的太空生活，也可以写自己想象中有趣的太空生活。作品一定要注意“字数相同、词性相当，上联尾字仄下联尾字平”。（生创作）

交流分享：

太空生活真有趣，宇宙飞船很神奇。（二年级　肖子雯）

宇宙追梦乐，太空生活欢。（二年级　辛星辰）

飞船失重飘愿望，宇宙生活有辉煌。（二年级 王延和）

……

（六）总结交流

太空生活趣事多，同学作品精彩多！感谢同学们的分享！这节课就上到这里，下课。

（七）板书设计

太空生活趣事多

睡觉	绑睡袋		
喝水	吸管杯	失重	得、需要
走路	钩子鞋		
洗澡	密封桶		

【评析】

本课是幻想类文章阅读教学与楹联创作整合的课例，这是小学二年级下学期第六单元的一节课例，因此，本课在楹联创作指导中既有低年级“提供词汇、连词成联”的特点，又有中年级“尝试放手、拓展词汇”的特点。其中，“提供词汇”的过程即语文课例学习的过程，教师有意识地引导学生从睡觉、喝水、走路、洗澡几方面总结太空生活的特点，提炼关键词写在黑板上，为后面的楹联现场创作做词汇方面的铺垫。“拓展词汇”放在引领学生想象太空还可能有哪些有趣的现象，观看太空生活相关视频并交流的过程，无论自由发挥，还是循迹发挥，都是学生思路打开、思维碰撞、激发学习兴趣的过程，也是培养学生逻辑概括思维的过程。

另外，二年级学生在名词、动词及特殊结构的词如“寻找”“灾难”“明亮”等都有积累与渗透，这些都是培养学生语感、教授学生品味词语的训练，楹联创作恰好对此类学习可以进行有效反馈；本单元之前的第五单元，还有组词成句、用词讲故事的训练，如《小马过河》一课的课后练习，楹联创作的“连词成联”正是此类训练的提升与延展。

四、黄继光[①]

【教材分析】

《黄继光》是部编版《小学语文》四年级下册第七单元最后一篇略读课文，讲述的是20世纪50年代抗美援朝战争“特级英雄”黄继光的事迹。1952年10月在上甘岭战役中，为夺下被敌人占领的597.9高地，黄继光冒着枪林弹雨去执行爆破任务，他将生死置之度外，用自己的胸膛堵住敌人的枪口，为夺取战斗的胜利牺牲了年仅21岁的生命。

课文通过动作、语言描写，充分展示了黄继光视死如归的英雄气概。

【学习目标】

1. 通过随文识字、随文圈画关键词句，识记多音字“晕”，品味人物动作、语言，感悟英雄视死如归的献身精神。

2. 通过复习绝句格律，尝试创作绝句，作品符合“四句、粘对、押平声韵”等要求。

【评价设计】

1. 通过师生对话交流及朗读，检测评价目标1的达成。

2. 通过绝句创作，检测评价目标2的达成。

【学与教活动设计】

（一）导入

这节课，我们一起来学习《黄继光》（板书），齐读课题。黄继光是一位?（英雄）带着对英雄崇高的敬意，再来读。（生读）

（二）检查预习，整体感知

1. 词语：根据字义识记多音字“晕”。

2. 交流“六要素法”概括课文主要内容。

---

① 部编教材《小学语文》四年级下册第24课。教学方案及执教：威海高区第二小学　胡秀丽

（三）精读课文，感受品质

1. 品析环境描写

下面我们一起走进课文，请你自读第 1~4 自然段，思考这是一场怎样的战役？（学生交流）小结：这是战争的环境描写。

结合上甘岭战役资料感受战斗的激烈。

2. 品析动作、语言描写

小组讨论交流课前自学成果［自学第 5~11 自然段，找到文中对黄继光语言（用横线画出）、动作（用波浪线画出）描写的语句，批注从中体会到怎样的英雄气概］

全班交流。

3. 语言描写部分

黄继光愤怒地注视着敌人的火力点，他转过身来坚定地对营参谋长说："参谋长，请把这个任务交给我吧！"

（指导朗读，抓住"愤怒""坚定"体会）

黄继光带上两个战士，拿了手雷，喊了一声："让祖国人民听我们胜利的消息吧！"

（指导朗读，感受必胜的决心、自我牺牲的精神）

4. 动作描写部分

他用尽全身的力气，更加顽强地向上爬，还有二十米，十米……近了，更近了。

（指导朗读，感受"顽强"）

啊！黄继光站起来了！在暴风雨一样的子弹中站起来了！他举起右臂，手雷在探照灯的光亮中闪闪发光。

（指导朗读，感受在暴风雨一样的子弹中站起来的英勇无畏）

只见黄继光又站起来了！他张开双臂，向喷射着火舌的火力点猛扑上去，用自己的胸膛堵住了敌人的枪口。

（指导朗读，感受视死如归）

讨论：要摧毁敌人的火力点，除了用胸膛堵枪口外，还有没有别的办法？（武器没了，时间到了，情况严峻，战友牺牲）（上阵地前，将提前写给母亲的遗书交给了连长）

（指导朗读）

（四）课件出示补充资料

（一）

上甘岭战役是朝鲜战场上最激烈的一次阵地战。在 597.9 和 537.3 两个不到 4 平方公里的小高地上，敌人平均每天发射 30 万发炮弹，投掷 500 余枚重型炸弹，敌我双方反复争夺，战斗异常激烈。连队为拿下 597.9 高地，先后组织 3 个爆破小组出击，因敌人火力太猛，9 名战士全部英勇牺牲。

（二）

黄继光就这样用 21 岁的生命为战友铺就了一条胜利之路，战友们冲上阵地后发现，黄继光敦实的身躯仍然压在敌人的射击孔上，他的手仍然牢牢地抓着周围的麻袋，敌人的子弹穿过他的身体，在他的背部留下了一个碗口大小的窟窿，他的腿已被打断，身后是一道十多米长的血印……

在黄继光牺牲后的第十天，他的接班人吕慕翔在反击三号阵地战斗过程中，左腿被打断、身负 5 处重伤，为了完成任务，毅然滚进敌火力点，拉出手雷与敌人同归于尽。

在上甘岭战役中，像黄继光和吕慕祥那样与敌人同归于尽的英雄，有名有姓记录在册的就有 38 位。43 天浴血奋战，官兵们始终像钉子一样死死钉在阵地上，以血肉之躯筑起钢铁防线，用鲜血和生命注释了铁血忠诚。

你有什么话想对他们说？（生谈）

（五）诗联创作致敬英雄

（1）复习绝句的格律规则。

（2）现场创作。

（3）展示作品，学生互评互改。

（六）理解“英雄”的含义

（1）“勇敢”释义及传承。

（2）欣赏抗疫英雄视频，感受和平年代英雄精神。

（3）欣赏教师献给抗疫英雄的嵌名联作品。

春风十里传佳绩，燕语一声报平安。

——赠威海市立医院呼吸与危重症医学科主治医师、威海市第一批赴湖北医疗队队长　王春燕

威海高区第二小学　校长　林秀芳

谷映彩霞疫情散，柏添新意美名传。

——赠威海卫人民医院呼吸内科副主任　谷柏

威海高区第二小学　教师　何颖颖

鲁鄂并肩越寒雨，医民携手沐暖阳。

——赠威海经济技术开发区凤林街道锦宏社区党委书记　鲁越

威海高区第二小学　教师　胡秀丽

（4）从自身出发，思考如何做到勇敢？

（七）布置作业

你眼中的英雄还有谁呢？课下请你将他们的故事讲给周围人听，用一首绝句表达对他们的敬意。

（八）板书设计

24. 黄继光

环境描写	粘连
动作描写	押韵
语言描写	节奏

【评析】

这也是林志芳博士与临沂市罗庄区领导老师们来校时进行的一节展示课，也是年级学科教研组集体打磨的一节课。这一节课，以部编教材课文《黄继光》教学为主线，以绝句创作为辅助，引领学生一步步深入理解“英雄”的含义。课例设计大致分三部分：一是品读课文，尤其是对环境，对人物动作、语言的品读，抓取关键词，站在英雄的角度理解英雄的内心；二是补充资料，从他人角度看英雄，加深对英雄精神的感悟；三是绝句创作，提炼最能代表人物形象的词语，完成绝句，表达对英雄的崇敬之情。临近课堂结束，教师又播放一段抗疫英雄视频，将“英雄”二字从战争年代拉到当下，引到和平时代英雄形象的理解，并落到学生自身：思考你眼中的英雄还有谁？课后用一首绝句表达对他们的敬意。

应该说，这是一节真实、朴实、扎实的课。教师的设计可谓用心，绝句创作也给学生、给听课教师一种震撼。学生震撼，因为只有当他们拿起笔要写英雄故事的时候，才会更深层次梳理英雄故事并为英雄而感动，为英雄精神而震撼；听课教师震撼，是因为他们当堂看到了学生的绝句作品，而且有一学生平仄不对，另一学生提出修改建议，并阐述理由，一切都来得那么自然，看不出任何编演的痕迹，学校楹联诗词教育如此扎实令大家为之动容。

然而，静下心来反复咀嚼这节课，个人认为有的环节还是需要进一步探讨的。比如，最后一个环节，学生已创作出作品，老师又布置一个绝句创作作业，这无疑加重学生负担，适得其反。其一，一旦学生将楹联诗词创作当作负担的话，我们的"大诗教"就适得其反了；其二，即使学生不将此事作为负担，作为《语文课程标准》要求之外的绝句创作要求，也不应该放到课后作为作业布置给学生；其三，从课堂结构来看，学生第一次绝句创作、分享已经将课堂推至高潮，教师接着又抛出一个抗疫英雄话题，虽然其意在使学生将课堂所学与生活结合起来，但没有下文的创作是很难将课堂推向第二个高潮的，一旦推不到高潮，那么，此事好比一块赘肉。倘若能将后面的内容前移至第一次创作前，绝句四句话，前两句写战争年代英雄，第三句话锋一转，延至今天，最后落到自己身上，不仅"起承转合"的篇章结构落实了，而且对学生的触动也会更大，其绝句创作的整体构思练习也会多一次机会。课堂该上高潮上高潮，学生该下课下课，或许会更好一些。当然，没有实践就没有说服力，期待感兴趣的老师共同实践探讨。

附：学生作品举例

本课老师给出了绝句的后两句，学生主要填写前两句。

英雄

四年级　于松玄

硝烟滚滚升启明，大炮发发染红云。
枪林弹雨何所惧？一腔热血铸英魂。

英雄

四年级　左欣露

五天四夜战无功，抗美援朝护国春。
枪林弹雨何所惧？一腔热血铸英魂。

英雄

四年级　丁立超

大炮轰鸣尘土起，烟火弥漫战友晕。

枪林弹雨何所惧？一腔热血铸英魂。

英雄

四年级　张辰泽

浓烟滚滚烈火熊，视死如归勇心存。

枪林弹雨何所惧？一腔热血铸英魂。

五、桂花雨①

【教材分析】

本文以“桂花”为线索，通过回忆童年与桂花相关的生活场景，抒发了对故乡的思念，情感饱满真挚，易引发学生共鸣开展练笔。文章语言清新质朴，画面唯美清晰，既便于学生提炼词语，又留有画面想象的空间，是语文与楹联整合的良好载体。

【学习目标】

1. 品味美文，再次感悟“桂花雨”里藏着的情与思，感悟人物内心的真善美。
2. 通过创作绝句，进一步体会诗教所承载的中华民族传统文化。作品符合“四句、两联成一诗、粘对、押平声韵”的要求。篇章结构安排合理。

【评价设计】

1. 通过对话交流，检测评价目标 1 的达成。
2. 通过绝句创作，检测评价目标 2 的达成。

① 部编教材《小学语文》五年级上册第一单元第 3 课。

【学与教活动设计】

（一）赏评作品

赏评上一次班级绝句作品：

绝句

——根据《三国演义》创编

于景赫

心有疑攻城不力，偃旗鼓智退神兵。
幼常违令失要塞，关羽英才塑和平。

绝句

——根据《三国演义》创编

罗铭慧

周瑜讨要万支箭，诸葛妙装廿艇船。
遇雾曹营中谋计，未达限期已归还。

绝句

——根据《西游记》创编

傅郁和美

悟空生气闹天界，佛祖一怒镇泼猴。
三藏取经不认怪，白骨森森妖媚柔。

梦水浒

——根据《水浒传》创编

侯昀佳

张顺奏响好汉曲，武松写就英雄诗。
梁山壮志梦水浒，忧虑国民忠胆痴。

（二）温习旧知

绝句创作的基本要求：“四句、两联成一诗、粘对、押平声韵”，篇章结构安排合理。

联诗中常用的手法：叠字、复字、顶真、拆字、嵌字、回文、比喻、夸张……

（三）品读课文

接下来我们一起聊三个问题，同学们请把自己的本和笔准备好，还是像以往一样，边互相交流边提取能触动你的点记录词语。一会儿我们分享一下，看谁既记得有层次，又有具体的词语分类。

1. 课文给你总体留下了什么印象？（快乐、美好、难忘、迷人……）

2. 你最喜欢课文中哪个场景？（摇桂花、做桂花糕……）

3. “这里的桂花再香，也比不上家乡院子里的桂花。”妈妈这句话有几层意思？

［三层：（1）这里的桂花的确比不上家乡院子里的桂花香。（2）这里的桂

花再香也比不上家乡院子里的桂花，妈妈想家了。(3) 妈妈不仅是想家，更是想家乡的人。第三自然段，妈妈每天都要在前后院子走一回，嘴里念着："只要不来台风，我就可以收几大箩。送一箩给胡家老爷爷，送一箩给毛家老婆婆，他们两家糕饼做得多。"最美不过乡情，妈妈和家乡的老爷爷、老婆婆情谊深厚]

是啊，所以当我听到母亲说这话的时候，便又想起了故乡童年时代的"摇花乐"。这"乐"里都有什么？(乐在眼前景，乐在桂香中，乐在亲情里……)

（四）积累交流

谁来分享你记录的词语。(生读)

关注点：①词性是否分类；②词语对文章核心内容是否有提炼或概括；③是否有自己阅读感悟的词语；④精彩词语请分享的同学自己写到黑板上，以鼓励大家多记多思。

（五）创编对联

1. 自己尝试创编对联，要求字数相同、词性相当、内容相关、平仄相谐。
2. 小组交流互评互改对联。
3. 选择优秀对联写在黑板上共同品评欣赏。
4. 鼓励没完成作品的同学可以课后继续完善修改。

（六）总结

琦君在《留予他年说梦痕》中写道："面对着姹紫嫣红的春日，或月凉似水的秋夜，我想念的是故乡矮墙外碧绿的稻田，与庭院中淡雅的木樨花香。我相信，心灵如此敏感的，该不止我一个人吧！"的确，心灵如此敏感的，还有在座的各位同学，你们的作品很有灵性，愿你们在这灵性的相伴下，走进诗词的更广阔的天地，走进阅读更广阔的天地。

这节课就上到这里，下课！

【评析】

这是一节阅读心得写作课。通常语文课的阅读心得以白话文片段呈现，我们以楹联或诗词呈现。倒不是因为我们在推"从小楹联到大诗教"课程，而是因为前面几章谈过的——楹联诗词字数少，教师浏览批阅用时短，可以很快进行反馈；且虽然字数少，但楹联诗词非精读并深刻理解后不能创，它对学生提炼词语、逻辑概括能力有很明显的促进作用，学联学诗、作联作诗的人，与从未接触联诗创作的人在读文、品文方面的深度明显更进一层。

本课有两点闪光处：一是赏评环节设置。这一环节对提升学生审美能力有极好的效果，绝句作为诗的一种，其本身就具有艺术性，而艺术界对艺术学习有一句很经典的话："当一个人眼高手低的时候，即是他马上要翻倍成长的时候。"什么意思？意思是当一个人的审美水平提高了，他的实际创作水平就会很快提上去，因为他知道，什么是美什么是不美。二是边听边记笔记，并要分类梳理词语这一环节。这一环节看起来似乎没什么奥妙，实际上记录词语很简单，而要边记边分类是需要很好的逻辑思维能力的，长期这样训练下去，学生提升的不仅是楹联诗词水平，还有思维力！这也是我们坚持做"从小楹联到大诗教"课程的原因之一。

附：学生作品举例

忆香

——根据《桂花雨》创编

五年级三班　刘轩歧

黄花摇下落如雨，金桂飘扬香满园。
嫩叶泡茶做糕饼，异乡漂泊忆童年。

思乡

——根据《桂花雨》创编

五年级三班　纪林彤

桂花香气飘十里，花瓣金黄落满园。
长大在外念亲友，思乡感情溢心间。

绝句

——根据《桂花雨》创编

五年级三班　李菲儿

归雁高空人字队，桂香院内飘满家。
挂牵亲友抒情意，思念家乡忆黄花。

六、四季之美[①]

【教材分析】

本文按四季顺序描写了春天黎明、夏天傍晚、秋天黄昏和冬天早晨不同时

① 部编教材《小学语文》五年级上册第七单元第 27 课。

段的景致，结构清晰，笔触细腻、用情真挚，动静皆美，是很好的诗意散文与楹联整合的课例。古今相应，情文相和。

【学习目标】

1. 通过多形式朗读、抓关键语句、联系上下文理解的方法，引导积累并体会景物的动态描写。

2. 通过绝句创作，促进学生对作者独特审美情趣和四季景物独有韵味的深层次理解把握。

【评价设计】

1. 通过背诵，检测评价目标 1 的达成。

2. 通过绝句创作，检测评价目标 2 的达成。

【学与教活动设计】

（一）导入

同学们，一年有四季——春夏秋冬。四季风景是大自然对我们的馈赠，也是各自独特韵味的展示。你最喜欢哪个季节？在你眼里这个季节是什么样子？（生谈）

（二）品读课文，整体感知

课前已经布置大家预习课文了，今天就让我们跟随作者清少纳言一起欣赏四季的美景。齐读课题：四季之美。

请同学们快速读课文，找一找作者的眼中，四季各在什么时段最美？请你边读边圈画词句，一会儿分享。

谁来交流？（春黎明、夏夜晚、秋黄昏、冬清晨）

通常我们读到写四季的文章都是写什么？（整个季节景色）清少纳言却只取了每个季节的一个时间段，这正是她写作视角的独特。而这四个时段分别出现在每一段的？（第一句）总领全段，这样的句子叫？（中心句）这样的段落结构是？（总分结构）不仅如此，你有没有发现，每一段的句子长短都？（差不多）结构非常匀称。

（三）精读课文

1. 春天

（1）我们一起走进春天看一看。大声朗读第一自然段，边读边想象，作者写了景物的什么特点？你感受到了怎样的美？

黎明天边颜色变化美：鱼肚色、红晕、红紫。（**板书：春　黎明鱼肚色　红晕　红紫**）

（2）作者是怎样写出这一特点与美的？

叠词音律美、节奏美，还有情感的亲近。（**板书：叠词**）

你如何理解“泛”“染”“飘”这三个字？（泛是颜色微微透出来，染是一点点的晕上去，飘是浮在上面）一连串的动词，让我们体会到春天黎明的变化美。（**板书：动词**）

再来读一读，感受这黎明天空的变化美。（生读）

2. 夏天

走过春天的黎明，来到夏天的夜晚，请你自己读一读，边读边想象画面，你都看到了什么？把你的想法在小组间进行分享。（小组合作学习）

谁来交流？（寂静的夜晚，萤火虫在翩翩起舞）

很美的画面，在这一段，作者描述了三种夜晚，哪三种？（明亮的月夜、漆黑的暗夜、蒙蒙细雨的夜晚）

三种夜的描述中，有些词虽然没有画面感，却可以把这三种夜晚串联起来，一层一层润入我们心里。哪三个词？（也有、即使、也有）

这是一组关联词，串起了三种夜晚。在这夜晚中，最令作者着迷的是？（起舞的萤火虫）

如果说夜是大背景，是静态的风景，那么，萤火虫的点点微光就是？（动态描写）这叫“动静结合”。（**板书：夏　夜晚　萤火虫**）

3. 秋天

秋天呢？请大家自由读第三段，看看秋天美在哪儿？（生交流）（**板书：秋　黄昏　归鸦、大雁、风声、虫鸣**）

“归鸦”二字，最触动你的是哪一个字？（归）是的，归巢、回家，家是每个人的眷恋，包括这乌鸦。

“窠里”又是指什么？（动物的窝，动物栖息的地方）还是“家”！

同学们，自古逢秋悲寂寥，秋天伴随的总是树叶的凋零，秋天的伤感、秋天的悲凉似乎是永恒的色调。但作者笔下，秋天的“归家”平添了许多生活的美好。

4. 冬天

刚刚过去的周末，威海也迎来了今年的第一场雪，推开大门，我们都会大呼：“好冷啊，下雪了！”但作者眼中，冬天的早晨又是什么样子的？（有炭火、暖和、闲逸）（板书：冬　晨　炭火　暖和　闲逸）

四季皆有美，四季之美皆不同于人。我们一起分段分角色读，看谁能读出清少纳言笔下的美。（男、女、师、齐分段读）

所谓“独具慧眼”应该就是指清少纳言这样的吧，绿中观变，夜中有美，悲中有家，冷中有暖。一切事物，从另一个角度看，便有另一番美妙。我们写文章，也要善于发现不同的美。

（四）楹联创作

1. 现在请你再回头，细细地默默地品味清少纳言的文字，用你独特的目光，找到或提炼出最触动你的文字，创作一首绝句。可以写四季美，也可以写某一季节的美。作品要符合大屏幕要求。

课件出示：

（1）意境（要符合文中所写季节的特点）；

（2）平仄；

（3）押韵；

（4）粘对。

2. 生创作，师巡回指导，作星号评价。

3. 交流

感谢同学们整节课的投入，你们的作品很精彩！这节课就上到这里，下课！

（五）板书设计

四季之美

春　黎明　鱼肚色　红晕　红紫	颜色
夏　夜晚　萤火虫	叠词
秋　黄昏　归鸦、大雁、风声、虫鸣	动词
冬　晨　炭火　暖和　闲逸	动静结合

【评析】

这是一篇很美的散文。作者以自己对四季不同美的感受，展现四季不同的韵味，所写景致不多，却观察细致、角度独特，营造出美的氛围。怎样充分利用文本，挖掘其中的语文要素，带学生进行一场语言文字和美与生活的链接之旅，让每一篇课例都成为学生语文综合能力提升的关键点？我们想到的最好途径还是随文楹联诗词创作。对已经历了三年多楹联学习的五年级同学来说，楹联创作挑战性已不大，而绝句创作正是进行时，且绝句本就四句，本课又是以四季不同的景色为描述内容，因此，以绝句创作为任务，倒逼学生深入理解课文，成为本课教学设计的思路。

但是，想法是美好的，具体操作时还有很多问题需要提前思考解决。就学习目标来看，“怎样读透写轻松”是落实的关键七字。其中，“读透”需要教师引导学生对文本描述四季特点的词语进行提炼品味，“写轻松”则需要放低起点、减少难度，因为五年级学生虽然在绝句创作上已有四年级下学期的初学基础，但毕竟时间短，学生创作过程既要有对文章深度理解后的阅读所得，又需要选用并设定合适的韵字，这就在一节普通的语文课基础上拔高了很多。因此，本课采用三年级常用的逐段品读的方法，一边读、悟，一边引导交流“让你心动”的词、句或景，教师结合学生所谈随听随记，写在黑板上供学生借鉴使用，这就从高年级一下子回到低中段楹联创作的模式上了，从课堂效果及学生作品来看，这个思路还是符合实际的。

附：师生作品举例

四季之美

——根据《四季之美》创作

五年级　朴俊达

春黎染彩晕，夏夜飞萤虫。

秋晚奏虫韵，冬晨燃炭红。

四季之美

——根据《四季之美》创作

五年级　吴勇卓

春季黎明色彩美，夏天月夜萤虫飞。

秋阳斜照虫鸣怡，冬日晨霜炭火没。

春

——根据《四季之美》创作

五年级　侯昀佳

旭日初升红晕洒，祥云飘落金光留。

风声虫乐皆成趣，随景而欢自在游。

夏

——根据《四季之美》创作

五年级　韩嘉玉

暗夜萤虫舞，夏空月色明。

凉风吹草动，雨内闪光晶。

第二节　诗教与数学整合课程

数学是与人民基本生活需求联系最紧密的学科。生活处处有数学，建筑、园林、民间艺术、饮食、种植等更是离不开数学。而这些与数学离不开的建筑、园林等又常与楹联诗词并存。而楹联诗词，因其创作中的对仗或对偶要求，以及记事叙述的需求，使一些数字、方位等特别的字词格外受诗家关注。挖掘楹联诗词中的数学信息，不仅是教师引领学生从另一角度发现联诗创作的一些小技巧，也是教师借以将诗教与数学课程整合的路径。

一、认识10以内的数字①

【教材分析】

本课是小学生的第一节课，也是今后学习的基础。从生活情境入手有顺序地数数，既能学会数数的方法，发展有序思维，培养数感，又有助于体会到数与生活的密切联系，有助于综合能力的提升。

【学习目标】

1. 通过在情境图、教室里数数，学会数与物一一对应的数数方法，培养初步的数感。
2. 通过在按顺序数数时填上空缺的数字并阐述方法，发展有序思维。

【评价设计】

1. 通过数图片、教室里物品的数量，检测评价目标1的达成。
2. 通过填空缺的数，检测评价目标2的达成。

① 《小学数学》教材（青岛版）一年级上册第一单元。教学方案及执教：威海高区第二小学　程淳

【学与教活动设计】

（一）情境引入，激发兴趣

同学们，这节课老师想先跟大家分享一个小故事，让我们一起来看一下吧！

邵雍是北宋著名的诗人，一次，他在外出游玩时，看到了迷人的风光，心情十分舒畅，便写下了一首诗："一去二三里，烟村四五家。亭台六七座，八九十枝花。"意思就是不知不觉一走就离家二三里远了，轻雾笼罩着四五户人家。路边亭台楼阁有六七座，还有八九十枝的鲜花在绽放。诗人巧妙地借用数字勾勒出一幅美丽的田园风光图。同学们，你能按照诗中的顺序，找到里面的数字吗？

（二）合作交流，探究方法

1. 谁来说一说你在这首诗中找到了哪些数字？如果能按顺序说就更好了。（一、二、三、四、五、六、七、八、九、十）

2. 揭示课题：认识10以内的数字。

3. 老师把这首诗中的内容画在了一幅画里，下面请大家观察一下，你发现了哪些数学信息？（2个人、2棵树、5座房子、7座亭子、9朵花……）

4. 能说一说你是怎么数的吗？（按顺序数：从左往右、从上往下等）

5. 你能数出我们教室里哪些物品的数量呢？先同桌互相说一说，然后我们一起交流。

（三）应用方法，解决问题

1. 看来大家已经会数数了，谁能按顺序数出10以内的数字？（按从小到大、从大到小的顺序）

2. 有关按顺序数数字还有一个有趣的小故事，想不想听一听。

相传，清朝文学家郑板桥在任县令时，经常微服私访，体察民情。一次，郑板桥带着随从私访，走到一农家门口，只见大门上写着这样一副对联：上联"二三四五"，下联"六七八九"，横批"南北"。郑板桥看后，立刻让差役回去取些衣服、粮食和银两来，交与这一农家。农户感激不尽，连连磕头。

同学们，你知道郑板桥为什么要给农户送东西吗？（提示：思考少了哪两个数字?）

（上联“二三四五”中前面少“一”，“一”与“衣”谐音；下联“六七八九”后面少“十”，“十”与“食”谐音；方向中有“南北”，少“东西”。所以，这副楹联所表达的意思是：缺‘衣’少‘食’，没有‘东西’。郑板桥正是看明白了这副对联，给他们雪中送炭，成为千古佳话）

3. 在有序地数10以内的数的过程中，如果老师将其中的1个数字去掉，你能填上吗？请把你的想法写在练习纸上，然后我们来交流。

（1）1，2，（　　），4，5，6，7，8，9

（2）9，8，7，6，5，（　　），3，2，1

（四）引导回顾、总结梳理

古人经常用数字作诗或楹联，表达出某一意境。比如清朝乾隆皇帝写的诗：一片二片三四片，五片六片七八片。九片十片十一片，飞入芦花皆不见。描绘了下雪时的美丽情景。再比如李峤的《风》：解落三秋叶，能开二月花。过江千尺浪，入竹万竿斜。诗中让我们看到了风的力量。

这两首诗中也藏着？（数字）说一说有哪些数字？（生谈）

其实，不止这节课我们接触到的诗，还有很多诗和楹联也藏着数字。课后，欢迎同学们继续积累含有数字的诗词、楹联，下节课我们来比一比谁的发现最多。

（五）板书设计

认识10以内的数字

从小到大：1，2，3，4，5，6，7，8，9，10

从大到小：10，9，8，7，6，5，4，3，2，1

按顺序填数：

（1）1，2，（　　），4，5，6，7，8，9

（2）9，8，7，6，5，（　　），3，2，1

【评析】

当“从小楹联到大诗教”课程走进数学领域时，就已经不再是“小楹联”了，它已经走到了“大诗教”。“大诗教”之“大”，不仅仅在其所包含的内容多，更包含其带来的教化作用之“大”。

对儿童来说，不管他上的是什么学科的课，语文也罢，科学也罢，数学也罢，他最喜欢的总是“故事”。我们曾做过调研，问学生在学科课堂中最喜欢的活动是什么，学生无一例外选择的是“故事”。细究其原因，一是儿童自出生起，就伴着大人讲的故事长大，从生命个体发展来看，故事既能给他们以趣味，又能给他们带来安全感。而作为中华优秀传统文化精粹的楹联诗词皆是伴着故事产生的，因此，将楹联诗词中有数学元素的故事引入数学课堂，无疑是对学生个体成长的尊重。二是，楹联诗词故事进数学课堂，与常规的数学应用题或数学信息窗进课堂相比，前者自带的语言艺术、承载的传奇故事以及隐含的思维训练对小学生更具吸引力。当学生听着故事做完题时，他们不仅心理上获得了满足，更在阅读故事、分析故事的过程中得到了有效的逻辑思维训练。

二、表内乘法的复习①

【教材分析】

表内乘法是我国自古就有的一种算法，为今后学习表内除法与多位数乘、除法奠定基础。教材在初步认识乘法的基础上，主要讲了乘法口诀及用乘法口诀解决问题，这是日常生活中经常用到的数学知识与技能，有着十分重要的作用。

【学习目标】

1. 通过选择合适的乘法解决问题，增进对表内乘法的理解及应用能力。

2. 通过课后积累有关口诀的联诗，体验数学与传统文化的联系，激发学生的学习兴趣。

---

① 《小学数学》教材（青岛版）二年级上册第三单元。教学方案及执教：威海高区第二小学　程淳

【评价设计】

1. 通过补充口诀、求《弟子规》《百家姓》中汉字的数量，检测评价目标 1 的达成。

2. 通过交流积累的联诗，检测评价目标 2 的达成。

【学与教活动设计】

（一）情境引入，激发兴趣

（1）同学们，我们已经学过表内乘法，这节课我们将楹联与表内乘法相结合，一起来复习一下。

（2）请看这样一个小故事：

相传，有一个书香门第的秀才，爱上了邻家庄户的女子，秀才的父亲因为女子的出身低，不想成全这门亲事，便想以对对联来为难女子，借机退婚。秀才遵循父命出上联："乾八卦，坤八卦，八八六十四卦，卦卦乾坤已定。"不料那女子从小和秀才在一起，通晓诗文，随即对出："鸾九声，凤九声，九九八十一声，声声鸾凤合鸣。"秀才的父亲见两人感情如此深厚，便点头应允了。

（二）合作探索、回顾口诀

（1）找一找故事中的乘法口诀，你就找到了一副联，说说是什么口诀？

（课件出示：上联：八八六十四，下联：九九八十一。**师板书**）

这两个口诀我们在生活中也经常会提到，如卦象中的"八八六十四卦"、《西游记》中的"九九八十一难"等，谁能说一说"八八六十四"和"九九八十一"对应的乘法算式分别是什么？（生谈）

这两个算式分别是什么意思呢？（8 个 8 相加得 64，9 个 9 相加得 81）

（2）你还能说出其他口诀吗？请在小组内按顺序背出乘法口诀表（见表 5-1），比一比谁背得又快又准确。

表 5-1　乘法口诀

一一得一								
一二得二	二二得四							
一三得三	二三得六	三三得九						
一四得四	二四得八	三四十二	四四十六					
一五得五	二五一十	三五十五	四五二十	五五二十五				
一六得六	二六十二	三六十八	四六二十四	五六三十	六六三十六			
一七得七	二七十四	三七二十一	四七二十八	五七三十五	六七四十二	七七四十九		
一八得八	二八十六	三八二十四	四八三十二	五八四十	六八四十八	七八五十六	八八六十四	
一九得九	二九十八	三九二十七	四九三十六	五九四十五	六九五十四	七九六十三	八九七十二	九九八十一

哪个小组展示一下你们小组的口诀背诵？（生展示）

说一说，你们记忆乘法口诀表的秘诀是什么？

（分别从竖着、横着两个角度来找规律，竖着看第一个因数相同，第二个因数依次变大；横着看第二个因数相同，第一个因数依次变大）

（以 9 为例：①后一句比前一句多了 1 个 9，那么得数就依次大 9，反之，就依次少 9。②每句口诀的得数的个位与十位上的数字加起来都等于 9，而且得数的十位比与 9 相乘的因数少 1）

有了秘诀，再来背能更轻松，一起背背试试。（生齐背）

（3）背得如此流利，敢不敢挑战一下？

①老师说乘法算式，你们接乘法口诀，看谁接得快！

$3×5=$　　$4×5=$　　$5×5=$　　$6×5=$　　$7×5=$

$2×6=$　　$3×8=$　　$4×7=$　　$6×9=$　　$7×8=$

②换过来，老师说乘法口诀，你们说算式，举手抢答，谁抢到谁站起来接。

一五得五　　二四得八　　三六十八

六七四十二　　七七四十九　　八九七十二

③再换一种形式，老师出一副对联，认真听对联的意思，看谁能找到里面含着的乘法算式和口诀！（课件呈现对联及音频）

“北斗七星，水底连天十四点；南楼孤雁，月下带影一双飞。”这副对联上联的意思是天空的北斗七星，就是连起来像个大勺子的那七颗星，倒映在水中，水天相连，天上七颗星，水中七颗星，一共十四颗星。下联讲，一只大雁和它的影子像一上一下的好朋友双双飞在夜空。

上联的算式是？（2×7＝14）口诀是？（二七十四）

下联的算式是？（1×2＝2）口诀是？（一二得二）

（三）应用方法，解决问题

（1）请将口诀补充完整。

三六（　　　）　　二九（　　　）

四五（　　　）　　五（　　　）四十

五七（　　　）　　（　　　）九六十三

（　　　）九得九　　（　　　）八三十二

（2）我们对《弟子规》特别熟悉，其中“凡道字，重且舒，勿急疾，勿模糊”告诉了我们上课回答问题时应该怎样做，你能用乘法算一算这几句话一共有多少个字吗？

（3）《百家姓》中这几句话一共有多少个字？

赵钱孙李　周吴郑王

冯陈褚卫　蒋沈韩杨

朱秦尤许　何吕施张

孔曹严华　金魏陶姜

（四）引导回顾、总结梳理

乘法口诀，也叫“九九歌”，早在春秋战国时期就已产生。最初的九九歌是从“九九八十一”起，到“二二如四”止，共36句口诀。“九九”之名就是取口诀开头的两个字。大约公元5～10世纪，“九九”口诀扩充到“一一如一”。大约在宋朝，九九歌的顺序才变成和现代用的一样，即从“一一如一”起，到“九九八十一”止。此外，我国的乘法口诀还传播到国外，是中国数学史乃至世界数学史上的一项重要发明。

说一说这节课你的收获！（生谈），课后欢迎同学们积累含有口诀的诗词、楹联，积累一首就送给自己一分，看谁的收获多！

（五）板书设计

表内乘法的复习

	上联	下联
口诀：	八八六十四	九九八十一
算式：	$8\times8=64$	$9\times9=81$
意义：	8 个 8 相加得 64	9 个 9 相加得 81

【评析】

很欣慰看到程淳老师做的这些尝试，也很感恩自己生长在这样一个国度、这样一个拥有博大精深的文化的民族。很多人想到楹联、诗词，首先想到的是它们的音韵美，它们的内涵美，它们的人文美。于是，楹联诗词也就在这样的思维定式下，在语言学领域、在语文学科领域中行走。实际上，中华民族是一个开放、包容、充满智慧的民族，中华优秀传统文化也是最具有海纳百川、有容乃大特点的文化。中华文化的各个领域都是相通的，因此，中国古代的教育从不分学科，但中国自古以来从没缺少任何一个学科的人才或者任何一个行业的人才。语文中有数学，数学中有语文，语文中有艺术，艺术中有养生……

就程淳老师的这节课来说，楹联、诗词、经典著作作为一种阅读资源，成为一年级数学课堂上训练思维、诗意学习的载体，这不仅需要丰厚的底蕴，更需要一种情怀，一种对中华优秀传统文化热爱的情怀，一种对诗词教育、对大诗教的深刻领悟。程淳老师近几年一直教低中学段的学生，每学年都是同时任教于两个班级，两个班的成绩皆稳居前位，这也许与她个人的底蕴、与她无痕带给学生的诗教有关吧。

三、混合运算①

【教材分析】

混合运算是在初步接触了乘加、乘减计算的基础上，对四则计算的综合应用。注重分析分步算式与综合算式的联系以及混合运算的运算顺序，学会在解

① 《小学数学》教材（青岛版）三年级下册第十单元第 1 课。教学方案及执教：威海高区第二小学程淳

决较复杂问题时利用混合运算解决。

【学习目标】

1. 通过求楹联故事中人物的年龄，学会利用综合算式解决问题的方法。
2. 通过分析混合运算与分步算式的关系，增强对混合运算的理解。

【评价设计】

1. 通过列综合算式求出年龄，检测评价目标 1 的达成。
2. 通过阐述关系，检测评价目标 2 的达成。

【学与教活动设计】

（一）创设情境

楹联是我们的国粹，它无处不在，今天的数学故事也藏着楹联，我们一起看一下吧！

相传在清朝，乾隆五十年（1785 年）时，在乾清宫举行了千叟宴，参与者中有很多高龄老人。乾隆帝以其中一位最年长的老者年岁出了上联“花甲重逢增加三七岁月”，让大臣猜这位老者的年龄，并也用这位老者的年龄对出下联，纪晓岚非常聪明，稍作片刻，对道：“古稀双庆更多一度春秋。”

谁来说说你找到的楹联？（生谈）同学们你能根据上联或下联算出这位老者的年龄吗？

温馨提示：

①花甲：指六十岁。

②古稀：指七十岁。

③重逢：指两个花甲，一百二十岁。

④三七：三乘以七。

⑤双庆：指两个古稀，一百四十岁。

⑥一度春秋：即一岁。

（二）解决问题

1. 请把你的想法写在练习纸上，写完以后思考一下为什么这样列式。
2. 交流算式：

上联：$60\times2=120$　$3\times7=21$　$120+21=141$（岁）

下联：$70\times2=140$　$140+1=141$（岁）

你能分别用一个综合算式求一求上联和下联中的岁数吗？

3. 小组代表交流：

（1）上联：$60\times2+3\times7$

计算方法：

$60\times2+3\times7$

$=120+3\times7$

$=120+21$

$=141$（岁）

每一步求的是什么？综合算式与分步算式有什么联系？（都是先求两个花甲之年——60×2，再求三七岁月——3×7，然后把它们相加就能算出年龄）

综合算式的运算顺序是怎样的？（先算乘法，再算加法，乘法的运算等级高于加法）

（2）下联：$70\times2+1$

计算方法：

$70\times2+1$

$=140+1$

$=141$（岁）

为什么要这样列式？运算顺序是怎样的？

归纳总结：请你对照这两组综合算式与分步算式，思考一下它们之间有什么联系？有什么不同之处？

出示课题：混合运算。

（三）巩固练习

古代有一个大户人家，在过年时让子孙们分别以一对长者的年龄为题送上祝福，一位9岁的孩童当即写出联句："逾重不惑又二八年可喜慈颜久驻，去双古稀尚五九载预征后福无疆。"众人纷纷惊叹不已。

注释：

①不惑：指四十岁。

②逾：超过。

③去：距离。

你能根据楹联内容算出这两位老人的年龄吗？请将想法写在练习纸上。

学生交流：

上联：	下联：
2×40+2×8	2×70−5×9
=80+16	=140−45
=96（岁）	=95（岁）

（四）课堂小结

说一说，本课学习，你有哪些收获？（生谈）

古人非常敬畏生命，对人生不同时段的重要年岁皆有专用词语：豆蔻指女孩13岁，及笄指女孩15岁，加冠指男子20岁，而立之年为30岁，不惑之年为40岁，下寿为60岁，中寿为80岁，上寿为100岁。中国的先哲们对人生各年龄段的描述莫过于那句我们很熟悉的古训：十岁不愁、二十不悔、三十而立、四十不惑、五十知天命、六十耳顺、七十古稀、八十耄耋。

课后欢迎同学们积累含有这些年龄的诗词、楹联，积累一首就给一个星星涂上颜色，看谁的收获多！

☆☆☆☆☆

（五）板书设计

混合运算

上联：花甲重逢增加三七岁月		下联：古稀双庆更多一度春秋	
分步算式：	综合算式：	分步算式：	综合算式：
60×2=120	60×2+3×7	70×2=140	70×2+1
3×7=21	=120+3×7	140+1=141（岁）	=140+1
120+21=141（岁）	=120+21		=141（岁）
	=141（岁）		

混合运算计算方法：先算乘法，再算加法。

【评析】

苏霍姆林斯基曾讲过一位姓特卡琴柯的优秀数学教师的故事。这位教师教的学生没有不及格的。他的创造性劳动的一个最突出的特点，就是他善于合理地组织阅读，通过阅读发展学生的智力才能。特卡琴柯从五年级教到十年级，他教的每一个年级都有一个绝妙的小图书馆，里面有不止100种书籍，里面以鲜明的、引人入胜的形式来讲述他觉得世界上最有趣的一门科学——数学。如果没有这些图书，那么他的某些学生是永远也不会达到及格的。例如，在教方程以前，学生们就读了几十页关于方程的书，这种书首先是些引人入胜的故事，讲的是方程怎样作为“动脑筋习题”存在于民间智慧中的。程淳老师这一节课虽不是方程，但混合运算的复杂，能通过几副小楹联、几个有趣的故事传递给学生，“大诗教”便在其中了。

第三节　诗教与综合学科整合课程

诗教的内容有广博性的特点，借助这一特点，将其与道德与法治、科学、综合实践、音乐、美术、信息技术、STEAM等整合，不仅可以增加课堂的文化厚度，起到优化课堂、融洽师生关系的作用，也同步落实了《中华优秀传统文化进中小学课程教材指南》中“全科覆盖”的要求。

一、登上月球[①]

【教材分析】

本课是在探索太阳、地球基础上，对另一个与地球紧密相联的星球——月球的探索。“月”是中华文化的意象之一，月球承载着中华民族的宇宙探索梦想与实践。将“月”意象文化，“月”主题诗词融入教材教学过程中，将增强学生民族认同感、自豪感及科学探索信心。

【学情分析】

学生喜欢探求月球的知识，如环形山的形成原因、月球的背面是什么样的、月海盆地又是什么样等。但学生更喜欢有诗意的学习生活，尤其四年级学生本身从其他学科领域也接触到月球，整合这些零散的认识，是四年级学生期

---

① 《科学》学科青岛版（五四制）四年级下册“太阳、地球和月球”单元的第4课。教学方案及执教：威海高区第二小学　于笑蕾

盼且有能力接受的。

【学习目标】

1. 通过搜集、阅读资料以及观察、讨论等，了解从古至今人类对月球的不断探索及认识，了解月球在人类的发展中起到的关键作用。

2. 通过猜想、验证，并动手实验环形山的形式，培养学生体验科学探索的乐趣，激发科学探究和勇于探索精神及空间想象能力。

3. 通过对月球环境的探究及对中国航天事业的了解，增强学生的环保意识与责任意识，培养爱国之情。

【评价设计】

1. 通过交流、探讨，检测评价目标 1、目标 3 的达成。

2. 通过实验，检测评价目标 2 的达成。

【学与教活动设计】

（一）温故激趣

1. 与月球有关的诗词和传说

同学们，古往今来，人们对宇宙的向往和探索一直没有间断过，而其中离我们最近的月亮更是被众多文人墨客披上了一层神秘而浪漫的面纱，课前老师让大家搜集关于月球的诗词和传说，下面我们一起来交流一下吧。

（学生交流背诵，师总结并 ppt 展示）

关于月球的诗词：李白《静夜思》《古朗月行》，白居易《暮江吟》，张继《枫桥夜泊》，王安石《泊船瓜洲》，苏轼《水调歌头·明月几时有》……

关于月球的传说：嫦娥奔月、吴刚伐桂、天狗吃月……

月球，俗称月亮，古时又叫太阴、玄兔、婵娟、玉盘……它是中华优秀传统文化中很重要的一个话题。传统节日离不开它，文人思乡离不开它，历法计算离不开它……“飞天揽月”一直是人们的梦想。今天就请你做一名月球探险家，登上月球，去探索月球的无穷奥秘，好吗？（**板书课题：登上月球**）（生齐读）

2. 了解月球

想登上月球，就要先了解它，所谓“知己知彼，百战不殆”，那么关于月

球，你们还知道些什么？（离地球最近，不停绕着地球转，是地球的卫星。没有空气、没有水、重力只是地球的1/6）

什么是卫星？（课件出示：恒星、行星、卫星，师介绍）

下面我们通过一段视频来进步一步认识月球。（播放视频）

这段视频应该可以打开大家认识月球的思路，说说，要登上月球需要带些什么？请小组讨论，填写学习单。（小组为单位完成学习单上）

（小组交流）

（二）模拟实验识月球

刚才的视频我们看到月球表面有很多坑坑洼洼，我们称之为“环形山”，为什么月球有那么多环形山呢？（可能是因为月球没有大气层，不同大小的陨石会击中月球，形成环形山）

下面我们通过模拟实验，来验证我们的猜想。实验前想一想，要验证环形山是因为陨石击中月球形成的，我们需要准备哪些器材？如何去验证？（生谈）

师示范并总结实验步骤：

（1）把细沙平铺在托盘里；

（2）用大小不同的球撞击沙盘；

（3）试着撞击出大小重叠的“环形山”；

（4）讨论和描述实验过程，理解“撞击”是形成环形山的成因。

请小组为单位开始实验。（生实验，并做记录）

（小组交流汇报）

通过实验，我们可以推测：环形山是宇宙中的陨石、流星体等撞击月球表面形成的。接下来，请你把模拟实验中撞击出来的沙盘“环形山”画在活动手册上。

（三）人类探索月球的历程

1. 想一想

“根据我们查找的月球资料，月球适合人类居住吗？”（学生从人类居住需要的必要条件，对照月球的条件谈）

看来，我们要更加保护好我们的地球，保护好地球的环境。

2. 人类探月历程

（1）嫦娥奔月：古代人类对登月的向往。

（2）明朝人万户：世界上第一个试图用火箭飞天的人，为了纪念这位勇敢的探索者，月球上有一处环形山以他的名字命名。

（3）美国宇航员阿姆斯特朗（Neil Alden Armstrong）：1969 年人类首次登上月球的代表。（播放视频）

（4）中国的探月工程——嫦娥工程：2004 年，中国正式开展月球探测工程，并命名为“嫦娥工程”。嫦娥工程分为“无人月球探测”“载人登月”“建立月球基地”三个阶段。

（三）拓展

“嫦娥奔月”是中华民族几千年来流传最为广泛的美丽神话，以“嫦娥”命名的登月工程被赋予了更多的历史内涵和人文气息，更加体现了我国传统文化与现代高科技的贯通、融合。除了嫦娥工程外，你还知道哪些航天工程与传统文化有关呢？（视频播放）

现代科技与传统文化的融合，是智慧与未知探索的碰撞，也是中华民族梦想与文化的传承。今天，在我们自信地屹立于世界东方的时代，未来主人的我们该用怎样的行动传承这梦想与文化？（生谈）

时间关系，我们不能一一交流，请同学们拿起笔，用一首诗或楹联把你的感想写下来。（生创作后交流）

学生作品：

神箭飞天太虚境，嫦娥戏兔广寒宫。（李思辰）

登月千秋逐新愿，造福万里振雄风。（侯昀佳）

皎洁明月耀乾坤大地，浩瀚神州扬宇宙长空。（郑紫萱）

圆月承清梦，载人览星空。（张雅萱）

明月升空遂心愿，探星圆梦思家乡。（王怡涵）

（四）板书设计

登上月球

嫦娥奔月—伽利略—人造卫星—登月

（1）大小、距离	实验步骤：
（2）没有大气、风、声音、氧气	（1）把细沙平铺在托盘里
（3）引力，跑跳	（2）用大小不同的球撞击沙盘
（4）环形山	（3）试着撞击出大小重叠的“环形山”

（5）月海　　　　　　　　　　　（4）讨论和描述实验过程，理解“撞击”
（6）陨石坑　　　　　　　　　　　　是形成环形山的成因
所以登上月球需要带________________

【评析】

中国的楹联诗词自古以来就与自然科学密不可分。“天街小雨润如酥，草色遥看近却无”是对自然生命成长规律的描述；“野旷天低树，江清月近人”是从视觉角度描述的自然之景；“沾衣欲湿杏花雨，吹面不寒杨柳风”是对季节特点的描述；“池中荷叶鱼儿伞，梁上蛛丝燕子帘”是自然生命间互生互育关系的描述……可以说，楹联诗词与自然科学天然缘深。因此，让小楹联与大诗教走进科学课堂应是一件轻松而自然的事情。于笑蕾老师的课也没有让我们失望，其从“与月球有关的诗词传说”开始，经历中间的模拟实验识月球、回望人类探月历程，到学生挥笔作联有感而发，理性与浪漫、科学探究的严谨与诗歌雅韵的优美融合在一起，不仅“使学生感悟古人对自然的探索精神和创造智慧”[①]，学到了知识与技能，还有对诗意生命的赞美，对诗意未来的憧憬，这应该就是“大诗教”吧。

二、春天的约会[②]

【教材分析】

本课为四年级下册第一单元“带着问题去春游”第1课，属于综合实践“考察探究”一类课程，这类课强调基于学生自身兴趣，主动获取知识，分析并解决问题。

【相关资料】

朱熹《春日》；杜甫《绝句》（两个黄鹂鸣翠柳）；贺知章《咏柳》；杜甫《春夜喜雨》。

---

① 中华人民共和国教育部：《中华优秀传统文化进中小学课程教材指南》，中华人民共和国教育部网站，2021年1月19日，http：//www.moe.gov.cn/srcsite/A26/s8001/202102/t20210203_512359.html。

② 小学《综合实践》（山东科技版）四年级下册第一单元“带着问题去春游”第1课。教学方案及执教：威海高区第二小学　宋研华

【学习目标】

1. 通过设计春游路线、确定研究主题以及制定春游方案，让学生学会规划。

2. 通过实践活动，培养学生搜集信息、观察等综合能力，让学生感受到春的文化气息同时激发学生对美好生活的热爱之情。

【评价设计】

1. 通过春游方案的呈现，检测评价目标 1 的达成。
2. 通过在小组交流、汇总，检测评价目标 2 的达成。

【教学过程】

（一）导入

春天来了，万物复苏、百花争艳，它给大自然带来了无穷无尽的美，让我们走进它，来一场和春天的约会吧！（播放春天美丽景色的视频）

学生谈眼中的春天。（春天万物复苏，是个多彩的季节，小草绿了，小花红了。冬眠的小动物都会在春天这个季节醒来，要出来活动活动。“等闲识得东风面，万紫千红总是春。”古诗里也有春天）

在春游前我们先做好春游的规划与准备，带着问题去春游，才能有更多的收获。

（二）实践与体验

1. 设计春游路线

（1）请学生以小组为单位，完成“春游路线”。

春游路线
出行方式：步行（　　）乘车（　　）
路程：（　　）千米
具体路线：
注意事项：

（2）小组展示各自设计的“春游路线”。

2. 提出研究主题

确定了路线后，小组讨论、确定自己的研究问题。

小组交流，师生共同确定最终的研究主题：

主题一：研究大自然中的春天，包括动植物、人们的变化。

主题二：研究楹联诗词中的春天与生活中春天的关系。

主题三：研究关于春天的谚语，了解春天的节气与我们生活的关系。

主题四：研究春天的颜色，收集春天有关的成语，并将春天的美景画下来。

各小组自行选择自己感兴趣的主题进行探究，并根据自己选择的主题对前面的路线图进行修改。

3. 设计春游方案

（1）请同学们春游前，根据自己小组选择的研究主题，制定春游方案。

春游时间		春游地点	
参加人员		研究主题	
分工			
具体安排			
安全保障措施			
携带物品			

（2）小组讨论、交流制定好的春游方案。

（三）交流与评价

（1）学生根据完成的春游方案，互相提出存在的问题。

（2）结合互评建议，进一步修改、加工方案，使之更加细致。

（四）春游实践

选择到大自然中寻找春天变化和结合成语描绘春天的小组成员，需要家长陪同走出去进行问题的探究；选择探究古诗词、楹联中春天的以及探究春天和生活的小组，可以先到图书馆或者利用家中的网络进行信息的搜集、探究、整理，再到生活中进行验证。

学生利用周末时间，分头开展实践活动。

第二课时（小组交流汇报展示研究成果）

（一）课前回顾

上节课每个小组都设计了春游路线、选择探究主题以及制定实施方案，并且都结合自己选择的探究主题进行了实践探索。下面，小组内先交流，小组梳理研究成果，进行汇报。

（二）组内交流

组内交流自己的探究成果，小组长指定一位成员记录，最后小组成员一起梳理，形成小组汇报材料。

（三）小组展示

各组长派代表到讲台前，逐一展示。

小组一：走进大自然探究春天的变化。

树木的变化，柳树是最先发出新芽的，杨树结出棉花一样的杨絮；春天开出花朵，粉嫩的桃花极具观赏和药用价值，校园里的玉兰、月季等也都开了花，春天就是花的海洋；小动物们除了冬眠的蛇、青蛙开始活动，各种昆虫也都出来活动，小区里又出现了小燕子的身影；春天里小朋友们都脱去了厚棉衣，农民开始忙碌，忙着春耕和播种。

小结：你们小组观察到了春天里的植物、动物、人们的变化。

小组二：走进楹联诗词中寻找春天与生活中春天的关系。

《绝句》中“两个黄鹂鸣翠柳，一行白鹭上青天”描绘了一幅春暖的动态图；《春日》中诗人外出河边寻春踏青，一眼望去就感觉到处焕然一新，和煦的东风催得百花齐放，百花为人们捧出万紫千红的春景；从《咏柳》“不知细叶谁裁出，二月春风似剪刀”的诗句中能感受到春风的力量；《春夜喜雨》描绘春夜雨景，赞美了春雨的“润”，从诗中能感受到人们对春的喜爱；楹联“赤日更光明，一道东风吹世界；春天何浩荡，万方霖雨泽群生”是晚清的一位秀才创作的，这副联中既赞扬了春风，吹醒万物，也赞扬了春雨，润泽群生。春天真的是个让人敬佩的季节。

小组三：从春天的谚语中，寻找春天与我们生活的关系。

“一年之计在于春。”一年的开端在春天，我们要抓住机会，做好计划，让一年有个好的开始。做事情也是一样的。“清明断雪，谷雨断霜。”这类谚语与农时有关，告诉我们相应节气的自然现象，让农民早做种植打算。

小组四：描绘春天。

春天的景色很迷人，我们小组不但查找了关于春天的成语，还将春天的美丽描绘了下来，“鸟语花香”，小鸟们争相展现自己的歌喉，五颜六色的花朵让我的画作看起来更加炫彩；“欣欣向荣”，你们看春回大地，万物复苏，所有的一切，在我的画作里都是那样美好。

总结：

这三个小组分别从古诗词、谚语、成语中寻找春天，并以多种形式记录下来。就像同学们刚刚说的那样，一年之计在于春，希望在春天这个美好的季节里，大家都能抓住机会，做好规划，播种希望的种子，相信你们都能收获丰硕的成果。

六、板书

春天的约会

春游路线	春天的变化
研究问题	诗词中的春
春游方案	春天与生活
小组展示	春天的美丽

【评析】

综合实践不在《中华优秀传统文化进中小学课程教材指南》提到的学科名单中，但综合实践与生活、社会、研学、考察、设计制作等密切相关，而社会生活、自然世界、生命成长、艺术制作等皆是楹联诗词创作的素材来源。中华文化长河中有大量的描述——“立春喜得晴窗好，为爱梅花写一枝”是写二十四节之“立春”的；“微雨众卉新，一雷惊蛰始”是写二十四节气之“惊蛰”的；“春种一粒粟，秋收万颗子”是写劳动人民生活的；“两水夹明镜，双桥落彩虹”是写桥梁建筑的；“手持未染彩，绣为白芙蓉”是写绣工的；“鲜鲫银丝脍，香芹碧涧羹”是写美食的……无论读这些诗词还是创作这些主题诗词，都是培养观察力、创造力、逻辑思维及文化素养的极好载体，因此，我们将综合实践也纳入“从小楹联到大诗教”课程整合名单中，以期全方位落实《中华优秀传统文化进中小学课程教材指南》精神。

本课例便是宋研华老师在上述大诗教课程理念下设计的。课例安排了两个课时，第一课时师生一起“做好春游前规划”，“带着问题去春游”。第二课时在学生出游归来后进行“交流汇报展示”，展示有以观察植物、人物变化为主的，有以积累描写春天的诗词、楹联为主的，有以节气谚语与生活关系为主的，有以成语与绘画为主的。整个实践活动充满诗情画意，充满科学与诗意交融的温馨，这是在学校大氛围下，教师创造性地将诗词文化与综合实践进行整合的可贵之处。但细细回味整个活动，总觉得还差了一小步。从第一课时的设计规划，到第二课时实践归来的交流评价，“探究”二字用得充分，但“创造”却似乎少了些，反思改进似乎少了些。孔子讲“吾日三省吾身”，“学而不思则罔”，没有创造的实践，学习深度只会落在大脑皮层浅处；没有反思的探究，只会停留在繁华的表面。展示结束，写一副楹联，十几个字，几分钟，时间短，但该反馈反思的都有了，学生的学习过程是完整的。

四、忆江南①

【教材分析】

本单元主题是“绿水江南”，意在从音乐的角度引领学生领略江南风光及风土人情。《忆江南》是其中第一首，由作曲家戴于吾根据唐代诗人白居易的词牌《忆江南》谱写而成。歌曲曲调优美，旋律为五声音阶，节奏规整。结构为一段体，共五个乐句。

【学习目标】

1. 通过视听唱等，引导学生体验歌曲的意境美，感受江南乐曲的风格特点。

2. 通过朗诵歌词、视唱旋律，了解词牌格律的特点，认识鱼咬尾的创作手法和民族五声音阶。

3. 通过听伴奏、看指挥、分组合作等，体验二声部合唱，培养学生对合唱形式的兴趣。

【评价设计】

1. 通过演唱，检测评价目标 1 的达成。

2. 通过交流、探讨，检测评价目标 2 的达成。

---

① 《小学音乐》（山东教育版）四年级下册第一单元第 1 课。教学方案及执教：威海高区第二小学　相立亚

3. 通过合作互动，检测评价目标3的达成。

【学与教活动设计】

（一）情境导入：听“江南”

1. “听”江南

请仔细聆听一首乐曲，说说你从中感受到怎样的情绪？你知道这是由什么乐器演奏的？（优美、委婉，民乐）

这首乐曲叫《忆江南》，又叫《江南好》，由作曲家戴于吾根据唐代诗人白居易的词牌《忆江南》谱写而成。一起再来欣赏一遍。

2. “赏”江南（听乐曲）

你仿佛看到了怎样的江南？（生谈）

（二）新授：唱“江南”

1.《忆江南》

（1）课件出示《忆江南》词，播放吟诵。

这就是《忆江南》词，它是白居易六十七岁时，回忆自己十二年前在江南生活看到的画面而写下的。这画面是怎样的？（生谈，春天来时，太阳从江面升起，江边鲜花被照得比火红，江上水比蓝草绿）

这首词一写出，便成了传唱名篇。我们一起来了解它的词牌特点。

（课件出示，生读）词牌，就是填词用的曲调名，它有固定的旋律，词一换就是一首新歌，古人唱歌就靠词牌。每一种词牌都有自己的格律格式，按四声对五声，填进词就可以唱了。白居易填的是单调正体。全篇27字，5句、三平韵。具体为：平平仄，平仄仄平平。仄仄平平平仄仄，平平平仄仄平平。平仄仄平平。（**板书：正体单调**）

（2）我们按它的平仄规律吟一吟，注意平低仄高。打着手势一起来。（生跟师吟）

（3）老师把刚才吟的曲谱写了下来，唱唱试试？（生跟着师唱）

（4）作曲家也为这首词谱写了旋律，我们一起学一学。

2. 聆听歌曲

（1）初听歌曲，感受歌曲的优美情绪。

（2）复听歌曲，随乐律动，感受四二拍特点及强弱规律。

（3）再听歌曲，用“lu”模唱歌曲。

3. 学唱新歌

（1）随琴演唱歌一首。

民族五声音阶

找一找歌曲旋律是由哪些音符组成的？（1、2、3、5、6 五声音阶组成的，这是民族音乐特色的音阶）

鱼咬尾创作手法

师生合作演唱歌曲旋律，发现第一句的结束音和下一句的开始音相同。这种创作手法叫“鱼咬尾”。

（2）随琴完整填词演唱。（解决重难点乐句）

连音线一字多音

江南小桥也来到了我们的课堂，这就是歌曲中的连线。连线的出现让歌曲中的一个词出现了两个或两个以上的音符，这样的符号在音乐中叫作一字多音。（板书）这是《忆江南》歌曲创作特点之一，让歌曲更加委婉连绵。我们一起唱一唱吧。

（3）完整学唱二声部。

师生合作：生第一声部，师第二声部。

（4）学生跟琴学唱乐谱并加入歌词演唱。

（5）老师指挥，学生分组分别演唱第一、第二声部。

大家的歌声让我感受到了江南的美，体会到了诗人的思念，你们用歌声打动了我，演唱特别棒！

（三）创“江南”

小组创编，将白居易的另外两首《忆江南》进行填词演唱。（师生进行评价）

（四）舞“江南”

欣赏舞蹈《小城雨巷》，欣赏是如何用肢体语言来表现江南风光的。

（五）课堂小结

这节课我们从听、唱、创、舞等几个方面领略了江南风景秀丽的风光，学会了有着浓郁江南特色的歌曲《忆江南》，了解了词牌的格律特点。让我们再一次用歌声赞美江南，歌唱江南吧！（播放歌曲）

（六）板书设计

忆江南

词牌：正体 单调

连音线：一字多音

五声音阶：12356

鱼咬尾

【评析】

《中华优秀传统文化进中小学课程教材指南》在传统文化进课程教材的学科安排中设计了“3+2+N”模式。“音乐”属于“2”的序列，属于仅次于核心课程的学科。那么，传统文化在音乐学科中如何进？进到什么程度？我们在“从小楹联到大诗教”课程开发过程中做了点滴尝试。这一节便是其中一例。词牌由音乐老师来讲，说实话，的确是一种挑战。当下在一线任教的音乐教师大多在学校没有深入接触诗词文化，老师课堂上讲的全靠自己一点点现学现卖，所以能做到这一点已实属不易。

站在“从小楹联到大诗教”课程的角度来谈，词本起于民间和燕乐，本就是用来唱的，它与音乐本就是一体。因此，将词的文化与音乐课整合，不仅是一种形式，更可以做成一种音乐课堂文化，一种从音乐走向民族文化深处的教育。这一节课，老师充分利用词牌的特点引导教学，并通过同一词牌换一首词演唱的方式无痕引领学生感悟词的特点，这一点的确做得很好。但诗教的目的不在技，而在“教化”；音乐教育也不是为了教一首歌，而是通过一首歌，让学生感受到音乐美的力量进而实现音乐美的传承。每一种词牌的背后都有一个动人的故事，每一种词牌的学习都可以变为一种能力使学生学会自己编歌唱歌。引领学生倾听那动人的故事，尝试借助词牌自己编词唱自己的歌，音乐教育、诗词美育的功能便会进入一个更阔大、更迷人的空间。

五、红军不怕远征难[①]

【教材分析】

本话题以举世闻名的长征为主要内容，展示了中国共产党由幼年走向成

① 部编教材《道德与法治》五年级上册第三单元第 9 课《中国有了共产党》“红军不怕远征难”部分。

熟，带领红军不怕困难、勇担使命的精神。毛泽东诗词对这一历程叙述较多，因此，可作为加深课堂学习、引领教书育人的重要文化载体与拓展。

【学习目标】

1. 通过同桌、小组合作及观看视频，了解红军长征伟大意义、遵义会议伟大转折，感悟长征精神，激发对中国共产党的认同和对祖国的热爱。

2. 通过对话交流，感悟长征精神传承与自身成长的关联，帮助树立正确价值观。

【评价设计】

1. 通过合作学习，检测评价目标 1 的达成。
2. 通过对话交流，检测评价目标 2 的达成。

【学与教活动设计】

（一）导入

（呈现图片）在中国历史中，有一个记录挑战了人类生存的极限，成就了伟大的壮举，这个壮举让中国革命转危为安。它就是？（长征）

课件出示长征基本信息：

长征时间：1934 年 10 月到 1936 年 10 月

领导人：毛泽东、周恩来、朱德等

背景：第五次反“围剿”失败

起点：瑞金

终点：吴起

（引入本课学习）1934 年 10 月，第五次反“围剿”失败，红军被迫撤出中央革命根据地，踏上战略转移的漫漫征程。今天我们就一起重走长征路，重温那段峥嵘岁月。

（二）活动一　困难重重长征路

1. 同桌研讨

结合中国地形图及工农红军长征路线图自主探究“远征难”的自然原因。

（1）从瑞金出发，到陕西吴起镇，跨越大半个中国：路途遥远。

（2）经过草地、雪山、大江大河：环境险恶。

（3）生活艰苦。

2. 集体谈感受

3. 小结

长征初始，红军就遇到惨烈失败。湘江战役后，红一方面军由出发时的 8 万余人锐减到 3 万余人。3 万人，面对国民党几十万军队，在装备短缺、子弹不足的情况下，迎接红军的是怎样的结果？如果你是指挥官，你会在这生死存亡关头怎样做？

4. 伟大转折——遵义会议

（1）1935 年遵义会议召开，请大家自读手中资料，从中提取帮助红军走出绝境的关键信息，然后交流。

（交流要点：①确立以毛泽东为代表的新的中共中央正确领导。②纠正错误，确定正确军事路线。）

（2）正是这次会议，中国革命开始走上胜利之路。遵义会议，挽救了党、挽救了红军、挽救了中国革命，是中国共产党历史上一个生死攸关的转折点，也是中国共产党从幼年走向成熟的标志。遵义会议后，红军排除万难，挥师北上。

（三）活动二　长征故事汇

长征这么难、这么苦，为什么红军不怕？（学生自由回答）接下来我们从一个小故事中探究。（音频：《金色鱼钩》）

谈谈你的感受。（生谈）你看到了怎样的长征人？（不怕牺牲、舍己为人）

长征中这样的故事还有很多很多，接下来我们通过小组合作的形式进行长征故事分享。

全班分享，教师相机点评并总结呈现长征精神内涵。

毛泽东《七律·长征》欣赏，体会红军积极乐观的态度。

小结：毛泽东曾说："长征是宣言书，长征是宣传队，长征是播种机。"长征宣告了国民党围追堵截的破产，中国革命从此转危为安。

（四）活动三　长征精神在路上

有这样一句话："历史，不仅只被陈列；精神，应当世代传承。"谁来谈谈你的理解？（生谈，引导要点：接过先辈旗帜，传承长征精神）是的，长征没有终点，长征在路上。一起看——（视频《在路上》）

此时，你又有怎样的感触要与大家交流？（生谈：我只是普通学生，我会因践行长征精神而不普通）我们应该怎样践行长征精神？（生谈，师点拨，要点：心向阳、不怕苦、努力拼搏、要有人生大义）

举世闻名的长征，是中国共产党和红军谱写的壮丽史诗，铸就了不怕牺牲、百折不挠、浴血奋战、勇往直前的长征精神。伟大的长征精神，凝聚着中国共产党为实现崇高理想而卓绝奋斗的坚定信念，凝聚着人民军队不断走向胜利的坚强意志，凝聚着中华民族不懈奋斗、自强不息的伟大品格。如果胜利不属于这样的军队，还会属于谁呢？作为人民军队保护下的新一代少年，你打算怎样在生活实践中传承这种品格，传递这种精神呢？

（五）心语连联

请你拿起笔，把你此时最想说的话，化为一副楹联，写在作品纸上。（生创作，师巡回指导并做星标记）

有标记的作品在班级交流。

这节课就上到这里，下课！

【评析】

长征，作为一个伟大壮举孕育了伟大的精神；毛泽东作为伟大的政治家、军事家、诗人，创造了带领人民以少胜多、以弱胜强的历史神话，创造了气吞山河的红色诗词文化。从教育教学的视角看，毛泽东诗词是一个独特的存在，它既植根于中华悠久文化厚土，又孕育于跌宕起伏的革命征途，其语言文字运用之独到、意境之高远，思想之光辉、蕴涵之丰富等使其成为链接中华优秀传统文化、红色革命文化以及母语文化的极佳载体。本课例以毛泽东诗词为载体，以长征为关键事件，将诗教承载的传承文化、厚植底蕴；道德与法治课承载的“增强国家认同感和民族自豪感”“学习共产党人无私奉献的高尚品德和英勇顽强的英雄气概”的使命融于一身，在无痕落实《中华优秀传统文化进中小学课程教材指南》《革命传统进中小学课程教材指南》的过程中，将诗意与豪情化为学生内心对革命精神的内化与认同。

附：学生作品举例

冲天浩气惊敌胆，动地丰功撼人心。（崔洪源）

红军渡赤水抢湘江无所畏惧，百姓铲豪绅分土地坚持斗争。（曲恩泽）

过草地有惊有险，爬雪山众智众筹。（刘俊辰）

敌重重，会师吴起镇；路迢迢，飞夺泸定桥。（毕真瑜）

六、共和国纪念①

【教学内容】

向英雄献礼（手工艺术品制作）

【学习目标】

1. 通过动手创作作品并为作品创编楹联、诗词、散文，抒发自己内心的情感。

2. 通过搜集阅读资料了解为国家争光、值得尊敬的人，培养对社会主义建设者的尊重之情，激发爱国之情。

【评价设计】

1. 通过协同合作，动手操作，检测目标 1 的达成。

2. 通过交流汇报，填写评价单，检测目标 2 的达成。

【学与教活动设计】

（一）谈话导入

1. 了解共和国功臣

（课件出示共和国功臣图片）同学们，你们认识这些人吗？

生谈，师补充：

钟南山：他虽年近耄耋，但依然不忘被病痛折磨的人们。他勇敢逆行，是为中国请命之人，他所做的一切值得我们肃然起敬。

袁隆平：当代神农，解决了我们国家无数人的温饱问题。

李延年：他历经战火洗礼，舍生忘死、英勇杀敌，为建立保卫新中国做出贡献。

孙家栋：年过古稀未伏枥，犹向苍穹寄深情。他是中国人造卫星技术和深

① 五年级 STEAM 课程。教学方案及执教：威海高区第二小学　董晓欣

空探测技术的开创者。

2. 认识身边值得尊敬的人

他们是共和国勋章获得者，为国家做出贡献的人，在我们身边，还有哪些值得我们尊敬的人？（老师，教给我们知识。爸爸妈妈，抚养我们长大成人。消防员，也是最美逆行者，迎着火光而上。边防战士，守卫我们的祖国）

小结：他们作为我们国家的英雄当之无愧，值得我们尊敬和学习。国庆将至，我们就以此为载体，进行创作，为共和国献礼，为最尊敬的人献上一份礼物。

（二）讨论确定献礼方式

1. 讨论献礼方式

我们可以用什么方式来献礼呢？（画画、用剪纸来献礼、面塑或者彩泥、写书法、可以自己创作一副楹联或诗词等）

2. 美术构图

美术元素在构图时如何呈现？

（1）请看这幅作品，请你通过我们学过的知识分析一下画中人物的工作。（生谈）

我们在分析一幅人物画时可以从他的服装、动作、背景来入手，除此之外还有色彩和构图。

现在屏幕上有四幅作品，请你找一幅自己喜欢的作品，根据刚才我们学习的几个方面来欣赏一下。（生谈）

（2）分析喜欢的他人作品是礼物构图的第一步，刚才同学们讲得非常打动人。描绘这类作品时可以是非常多的人非常大的场景，也可以是一部分人，甚至没有人物出现，利用场景产生联想。老师这里还有许多歌颂劳动人民和英雄的作品，我们一起来欣赏一下。（欣赏作品）

3. 美术与文字的整合

每一个人都在自己的岗位上为共和国的建设贡献着自己的力量甚至生命，艺术家们用他们独有的艺术语言记录了这些精彩的瞬间，小朋友们也用自己的方法表现了对祖国的热爱、对祖国建设者的尊敬。除了绘画，也有雕塑、浮雕、剪纸、刺绣等表现形式。

（1）大家看这幅作品，它和刚刚我们看到的作品有一点点不同，你们找到了吗？（生谈）

（2）小结：在我们的绘画作品中可以适当地加入文字等其他表现形式，使画面变得更加丰富完整。

4. 文字的构图位置

（1）那文字是随便加的吗？加在画面的任何地方都可以吗？（生谈）

（2）小结：我们不能去盲目添加文字，根据画面整体效果，适当在空白处添加，使画面更加和谐。

（三）诗联创作练习

怎样才能将他背后的故事和精神体现出来？

1. 拓展词语

我们先用最精练的语言——国粹楹联的形式来表达，看看画面，你都能看到什么？用关键词的形式表达。通过画面，你还能联想到什么？（生谈）

2. 试创楹联

（1）请你用上这些词语或者你脑海中的词语试试作一副联。注意楹联的基本要求：字数相同、词性相对、内容相关、平仄相谐。（生作：医院病人等救治，家中亲友盼团圆）

（2）老师也为这幅图片配上了楹联，请大家一起来读读：肩负重责迎国难，身披战甲闯硬关。

（3）小结：文学与艺术从来都不是孤立的，我们可以发现，当文字与艺术作品结合时，传递的内容就更加饱满了。所以我们的献礼就选用艺术与文学语言相结合的方式。

（四）美术作品与楹联诗词创作

现在我们小组分工合作，讨论确定想要创作的主题，填写分工任务单，用自己最擅长的方式进行创作。要求：美术作品与文字寓意相结合、时间为 15 分钟。创作是高雅的，请大家在创作时注意自己的一言一行，轻声交谈，文明合作。

（五）作品展示

1. 请小组代表展示你们小组的礼物（生分组展示）

2. 自我评价

这节课大家通过协同合作用各种形式描绘、刻画出自己心中最尊敬的人，

那现在请大家结合自己的作品和合作情况来填写评价单。（生填）

请你来分享你的评价单。（生交流）

大家收获满满，希望通过此次评价，你们能在今后的学习和生活中改正不足，做得更好，同时这节课我们经过精心制作，为社会主义建设者、最值得我们尊敬的人献上了最真挚的祝福礼物。

（六）总结

在历史长河中，爱国主义精神始终是我们民族的核心，中国人用我们自己的行动诠释着爱国，这是传承，更是发扬，我们要将尊敬的人与精神作为自己的榜样和追求！

这节课就上到这里，下课。

（七）板书设计

共和国纪念

服装、动作、背景、色彩、构图 形式多样：绘画、雕塑、剪纸、版画文字与绘画相结合	主妇、吃饭、脱围裙 医生、防护服、年夜饭 变装、逆行、烟花 焦急、开心、团圆 亲人、期盼、舍小家为大家	家中亲友盼团圆（平）	医院病人等救治（仄）

【评析】

“艺术是落实中华优秀传统文化教育的重要课程。”艺术与楹联诗词结合，可使学生更立体地“感悟中华优秀传统文化的魅力”[①]，提高审美与人文素养、语文素养，发展逻辑思维和创造型思维。董晓欣老师很好地理解内化了《中华优秀传统文化进中小学课程教材指南》这一要求，借助 STEAM 课程开发平台，将美术与楹联创作结合，将学生返校复课后迎接国庆节的一节课定为“共和国纪念”。

围绕这一主题，教师将师生活动置于全民抗疫的大背景下，以向为共和国奋勇拼搏、不怕牺牲的英雄献礼为活动任务，以多彩手工与楹联创作整合为方式开展教学。三十分钟后，学生不仅完成了手工作品，而且有的小组竟为作品

① 中华人民共和国教育部：《中华优秀传统文化进中小学课程教材指南》，中华人民共和国教育部网站，2021 年 1 月 19 日，http：//www. moe. gov. cn/srcsite/A26/s8001/202102/t20210203_ 512359. html。

配了两副联，如“医院病人等救治，家中亲友盼团圆”“迎难向前救百姓，扛枪冲入灭火灾”……字虽不多，却情深意真，形象地将英雄们舍小家为大家的奉献精神展现出来，不仅给听课老师，也给每一位学生以思想的洗礼、情感的升华。

附：学生作品举例

作品一：

儿童画：窗外烟花，家中团圆饭，一人匆匆扯下围裙变装穿上防护服照顾病人。

配联：肩负重责迎国难，身披战甲闯硬关。

作品二：

手工彩泥：用彩泥制作的天安门，天安门前是医生、老师、警察、环卫工人，他们都是为国家、为人民做出贡献的人。

配联：协力开辟伟业，齐心守卫家园。

作品三：

水粉画：以黑色和红色为大背景，画了消防员迎着火光而上，为保护百姓生命财产安全奋勇灭火的场景，展示了消防员高大的形象。

配联：迎难向前救百姓，扛枪冲入灭火灾。

作品四：

五谷画：用五谷豆子粘出奋勇杀敌、保家卫国的战士们，红豆组成星星，绿豆粘出军服，大米和小黄米粘出皮肤。

配联：绿袄裹身披战甲，红星闪耀卫祖国。

七、孝老敬亲浓情重阳①

【教学内容】

诗画礼品制作

【学习目标】

1. 通过作品赏析、小组讨论、分工合作的方法，引导学生进一步领会美

① 五年级楹联诗词与美术整合的STEAM课例。教学方案及执教：威海高区第二小学　陈娇阳

术作品的创作方式。

2. 通过楹联诗词创作，感悟我国悠久的文化历史，引导学生对孝老敬亲之情有更深层的理解和表达。

【评价设计】

1. 通过小组合作制作礼物，检测目标 1 的达成。
2. 通过为艺术作品配联诗或小文等，检测目标 2 的达成。

【学与教活动设计】

（一）导入

播放视频，视频中是中国哪一个传统节日？（导出重阳节）

你是从哪些地方发现的？（赏菊、喝菊花酒、登高、插茱萸）

这些都是重阳节的习俗，那请问，你们有多了解重阳节？（生谈）

（结合生的交流梳理）重阳节，是中国传统节日，节期为每年农历九月初九。“九”在《易经》中为阳数，“九九”两阳数相重，故曰“重阳”；因日与月皆逢九，故又称为“重九”。九九归真，一元肇始，古人认为九九重阳是吉祥的日子，同时也有祝老人们健康长寿的美好寓意。

小结：这节课我们一起走进浓情重阳，从语文和美术的不同视角，为我们尊敬的老人备上一份真诚的重阳礼物。

（二）艺术作品欣赏分析

1. 作品赏析

首先请大家看这两幅作品，请你仔细观察，这两幅作品上分别画了哪些内容？这两幅作品作者分别想表达什么情感？

第一幅作品中有一个坐在菊花中饮酒作诗的人，他的坐姿随意洒脱，地上还摆放着他采摘的菊花，表达出一种潇洒淡然处之的感情，色彩鲜艳，人物形象也更加洒脱自然，表现了重阳佳节时的愉悦之情。

第二副作品看到一座座大山，在山脚处有一个站立的小人，在大山的衬托下，这个人物显得非常渺小、孤独，仿佛在思念自己的兄弟姐妹，带有浓浓的思乡之情。

小结：色彩、构图和画面内容的不同会使作品产生不同的艺术效果。

2. 文学与艺术相结合

重阳节又叫老人节，因此人们也绘制了许多人物作品去表达对老人的尊敬之情。（展示两幅作品，学生进行赏析）

这两幅作品在画面上有一个共同之处——画面都有文字。

中国古代的文人经常喜欢把诗文、书法、篆刻、绘画相结合，不仅丰富了画面的艺术表现形式，同时也有助于补充和深化绘画的意境，是画家借以表达感情、抒发个性、增强绘画艺术感染力的重要手段之一。

3. 文字在美术作品中的位置

思考文字位置，是不是加在画面的任何地方都可以？（生谈）

我们不能去盲目添加文字，根据画面整体效果，适当在空白处添加，使画面更加和谐。

4. 其他作品赏析

（欣赏作品：油画、插画、版画、剪纸、公益广告、儿童画）这些作品色彩丰富、构图完整，适当地和一些文字相结合，会使得整体画面更加丰富，能更好地传达出作者的思想感情。

（三）楹联诗词创作指导

1. 拓展词语

我们一起来欣赏这幅图片，你都看到了什么，想到了什么？用关键词说一说。透过画面，你还能联想到什么？

2. 试创楹联

请你用上这些词语或者你脑海中的词语试试作一副联。注意楹联的基本要求：词性相对、内容相关、字数相同、平仄相谐（生作：喝酒思朋友，赏菊念亲人）

老师在这里也创作了一副楹联，请大家一起来读一读。

黄花奉酒期归雁，红叶题诗念亲人。

（四）小组创作

今天这节课我们就用艺术与文学语言相结合的方式，为自己的亲人创作一件重阳节礼物，现在我们小组分工合作，讨论确定想要创作的主题，填写分工任务单，用自己最擅长的方式进行创作，开始吧。

要求：美术作品与联诗相结合、时间为十五分钟。创作是高雅的，请大家在创作时注意自己的一言一行，轻声交谈，文明合作。

（五）作品展示

1. 作品展示交流
2. 小组互评
3. 自我评价

这节课大家通过协同合作，用各种形式为可亲可敬的老人献上了一份礼物，现在请大家结合自己的作品及合作情况来填写评价单。（生填）

请你来分享你的评价单。（生交流）

（六）总结

这节课大家收获满满，谁来说说你有哪些收获？（生谈）

我们中华民族的传统文化博大精深，希望你们在今后的生活中能够去挖掘更多传统节日的内涵，将中华美德发扬光大。这节课就上到这里，下课。

（七）板书设计

孝老敬亲浓情重阳

九九重阳节

	黄花、酒
人物画、风景、花鸟、其他	菊花、采摘、喝酒
诗画结合	落叶、红叶
	思亲

【评析】

这是枣庄市校长、骨干教师团队来校访学时展示的一节课例。课例以即将到来的“重阳节”为主题，以“孝老敬亲浓情重阳”为着眼点，将美术设计、手工制作与楹联创作融为一体设计而成。

本课课堂结构很简单，先是教师讲解活动目标，进行艺术构思与手法、楹联创作等技术指导；然后学生以小组为单位动手制作，教师巡回指导；接着展示作品、以联介绍作品；最后小组进行课堂自我评价并交流。虽然课堂结构简单，但呈现的效果很好。首先是学生的表现，也许是因为 STEAM 课程的综合性本身就对学生具有吸引力，学生一边制作一边探讨交流，手眼脑耳无一不在工作，因此无人有暇捣乱，也无人有心偷懒，活动很热烈，每一组都能按时完成任务并成功展示。其次可能是楹联加盟带来的艺术组合的魅力吸引了听课的领导教师，大家纷纷站起来拿着手机为各个小组拍照，二三十分钟后，手工配联或画配联作品竟都完成了。虽然时间有限作品并不精致，但小楹联一上，整个作品的感觉就不一样了，学生一边介绍自己的思考，一边以楹联为媒抒发着自己的情感，楹联不仅提升了作品的档次，也成为学生表情达意的载体。

学生话音刚落，场下一片掌声。再看看学生小脸红通通、小眼亮晶晶，“从小楹联到大诗教”课程给他们带来了自信。

附：学生作品举例

作品一：

国画：一片红枫边，一老一小在喝酒，旁边有黄色菊花。

配联：黄花奉酒迎秋雁，红叶题诗敬长亲。

作品二：

儿童画：两位老人坐在椅子上看夕阳。

配联：儿孙环绕陪左右，长椅相依赏夕阳。

作品三：

水粉画：用水粉画出年轻的家长骑车带着小孩，一个青年推着轮椅。

配联：儿时车载游玩乐，长大亲推陪伴多。

八、《Windows 画图软件中的诗配画》教学设计①

【教材分析】

本节内容以动手操作为主，应用 Windows 自带画图软件中的“刷子”工具作画，并通过“文本”工具完善绘画主题，本节将诗词、美术与信息技术整合，在创作过程中增强发现美、鉴赏美、创造美的艺术素养。

① 新鲁教版《小学信息技术》第一册第二单元第 11 课。教学方案及执教：威海高区第二小学刘震

【相关资料】

技术指南：

（1）绘制群山图时，先画轮廓，后画岩石线；先画近山，后画远山。

（2）文字周围有虚线框时，文字可编辑，可更改字体、字号和颜色。虚线框外单击鼠标后，文字无法再编辑。

【学习目标】

1. 通过观察对比、分析、画一画等方式，能灵活选择不同“刷子”工具创作群山图，初步展示个人观点与创意。

2. 通过教师引导、自主尝试，会灵活使用“文本”工具及设置文本背景完善绘画主题，进一步表达个人观点与创意。

3. 通过创作作品，增加发现美、鉴赏美、创作美的艺术素养。

【评价设计】

1. 通过绘制群山图，检测评价目标 1 的达成。

2. 通过给画配诗，检测评价目标 2 的达成。

3. 通过诗朗诵，检测评价目标 3 的达成。

【学与教活动设计】

（一）听古诗，导入新课

同学们，中国古诗词文化博大精深，寥寥数字，便能写尽无限烟波，现在请同学们闭上眼睛，静静聆听，在你的脑海中会浮现一幅怎样的画面？（播放《望天门山》）

谁能简单描述脑海中浮现的画面？（生畅所欲言）

《望天门山》描写了诗人舟行江中顺流而下远望天门山的情景，描写了天门山的雄奇壮观和江水浩荡奔流的气势，赞美了大自然的神奇壮丽，表达了作者初出巴蜀时乐观豪迈的感情，展示了作者自由洒脱、无拘无束的精神风貌。

诗人用文字为我们描绘了如此宏伟壮观的画面，接下来的学习我们就将它绘成一幅美丽的风景画。

（二）自主学习——初次体验“刷子”工具

（1）尝试着选择自己喜欢的“刷子”工具画一画。（教师巡视课堂，找出范例）

请大家仔细观察这几位同学的作品，猜一猜他们选择的哪种样式？

（2）同桌两人相互猜一猜使用了哪种样式的“刷子”。

（三）学习重点的讲解——刷子工具的认识

刷子工具是比较重要的画图工具。使用它可以绘制出更加自然的画面效果。在“刷子”的下拉列表中包含书法笔刷 1、书法笔刷 2、颜料刷、蜡笔、记号笔、普通铅笔和水彩笔刷等。使用它们的操作方法一样，但是效果不同。

刷子工具和我们日常生活中所使用的画笔类似，使用它可以用选定的前景色和线宽绘制出各种形状的图形和线条。单击“刷子”下拉按钮，在弹出的列表中包含了不同粗细和不同形状的刷子工具，它们都有不同的名字，可以绘制出不同样式的线条。

（四）与美术课程整合——创作群山图

以两种比较常用的“刷子”为例来介绍它们的应用。

（1）（出示示范画）谁来猜猜老师这幅画中用的哪几种“刷子”？（学生交流并说明判断的依据）

（2）观察老师的《群山》图，想一想群山是怎样绘制出来的呢？请小组合作完成《群山》图。（学生思考、分析、交流）

（五）操作练习

接下来让我们动手画一画吧。（教师巡视，并对学生的每一点成功的操作都给予极大的肯定、鼓励和赞扬）

哪个小组想跟大家分享自己小组的作品，介绍绘制思路与过程？（选择 2~3 个小组进行分享）

对比观察几位同学的作品，同样画的都是群山，有什么不一样呢？（学生交流）

（六）与语文课程整合——完善主题

1. 认识“文本”工具

自古诗画不分家，恰当的文字可以增强绘画的艺术感染力。如何为我们的画配上文字呢？接下来，我们以《望天门山》为例，一起来研究一下。

方法：单击文本工具——单击或拖动出虚线框，输入《望天门山》——指针变成十字箭头，拖动调整虚线框到合适的位置。这样给画配诗的工作就完成了。我们还可以对文字进行修饰，添加文字时可以选择背景“透明”和“不透明”两种样式。

2. 感受文字背景效果

小组内相互合作，为你的作品配上喜欢的诗词，感受文字背景“透明”和“不透明”的效果。

（七）作品展示

把同学的优秀作品插入到幻灯片中——配乐，诗朗诵。

（八）课堂总结

同学们，学习了这节课你有哪些收获呢？（生总结交流）

古人用诗词表达对祖国大好山河的热爱。我们用画笔描绘出多姿多彩的世界，我们要用双手创造多姿多彩的未来，让祖国更加繁荣富强。

（九）板书设计

信息技术中的诗配画

“刷子”工具：

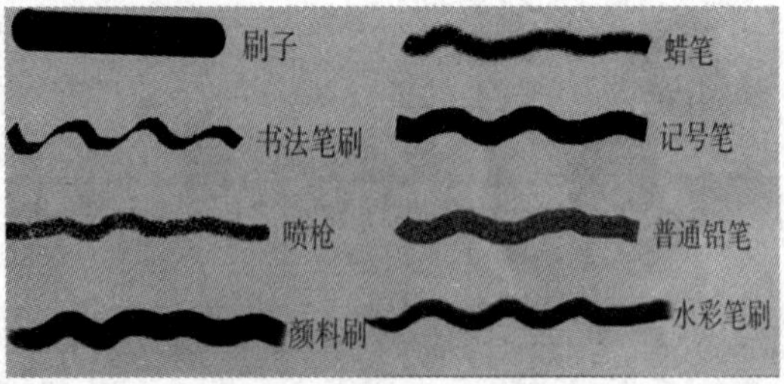

添加文本：

1. 单击文本工具
2. 单击或拖动出虚线框，输入内容
3. 指针变成十字箭头，拖动调整虚线框到合适的位置

透明　不透明

【评析】

伴随教育信息化 2.0 行动计划的推进，信息技术在教育中的应用越来越深

入。“从小楹联到大诗教”课程对信息技术的定位以平台、载体、工具为主，利用信息技术中相关工具、手段，将楹联诗词与其他学科整合开展教学活动，以期提高学生学习的兴趣，以现代化高科技学习手段与传统的诗词文化共同铺垫学生的健康成长之路。

本节课例利用电脑系统自带的画笔工具将电脑绘画与诗相配，使学生在完成过程中不知不觉地加深对所配诗句的理解、对诗句创作者的崇敬。

第六章　现代诗教课程育人价值的思考

“盛世诗联入校，春风桃李满园。”[①] 楹联课程自 2011 年在我任教的威海高区实验小学开始，至 2016 年我调任威海高区第二小学后，与学校实际结合，调整思路重新落户，成为深化学校特色发展、促进师生成长的重要举措。

2016 年 9 月，针对威海高区第二小学语文学科弱势、“文化”在教师群体尤其是语文教师群体及学生整体中的缺失状态，我们提出了“以传统文化教育深化学校特色发展”的思路，以“小楹联”为切入点，以期撬起诗教，带动传统文化教育，促进学校整体文化底蕴提升。半年后，全校所有学科教师皆会作楹联，师生楹联创作有序开展，《声律启蒙》《弟子规》《幼学琼林》等国学经典阅读全面推开，以楹联诗词为代表的中华优秀传统文化在骨干教师的学科课堂中开始常态化融入，校园内外，联诗生韵遍地香。

第一节　楹联课程育人效应反观

课程改革围绕学生的学习，课程改革的结果依靠学生学习成果和行为的变化，这是我们对现代课程设计改革的基本理解。我们将小学生的楹联作品作为语文课堂学习的反观镜，透视和总结楹联课程育人的有效性。

① 这是挂在学校楹联创作室的一副联，是中华诗词学会顾问杨逸明先生点赞学校诗教成果时创作的作品。

一、楹联课程与学生语文素养习得评价

语文课堂教学是否扎实皆能通过学生的楹联作品反馈出来，像语文基础知识，如汉语拼音、声调、识字写字、词语积累、词性等，相关能力，如观察、阅读理解、归纳概括以及修辞方法等。因此，楹联可以成为语文学科教学的随堂评价载体。具体链接方式大致有三。

一是可以根据课文主要内容创作楹联，以评价学生对文章内容的把握情况。如“做风筝憧憬希望，寻纸鹞约守童年”是三年级小学生根据《记金华的双龙洞》创作的；“波澜壮阔漓江水，危峰兀立桂林山”是四年级小学生根据《桂林山水》创作的。两幅联明显能看出第一位学生已经掌握了课文主要内容，甚至是课文作者的思想情感；而第二位学生没有完全把握课文内容，漓江水清静绿，小作者却把它写成“波澜壮阔”，桂林山奇险秀，小作者却只记住了它的“险”。

二是可以根据课文某一段落进行创作，以评价学生对重点段落的掌握情况。比如，三年级学生根据《美丽的小兴安岭》第三自然段和第六自然段创作：“小鹿侧脑赏水影，松鼠散步盼春图。”五年级学生根据《草虫的村落》第三自然段和第五自然段创作：“黑甲虫左冲右撞如场中武将，灰蜥蜴前挥后望赛宅内远亲。”两幅联皆合情合景，可见学生阅读得很用心。

三是随文进行补白式楹联创作，以评价学生对文章内容或人物情感的理解与把握。如一年级小朋友在学完课文《雨点儿》后，根据大雨点和小雨点去了自己想去的地方后那些地方发生的变化创作楹联“雨落花开草长，风吹枝展叶飘”，从联作可以看出学生不仅理解了雨点与花草的关系，而且对大雨点和小雨点的忘我精神充满赞扬之情。再如五年级学生读《四季之美》一课时，老师带着学生一起品读作者清少纳言笔下春景的独特，请学生发挥想象，用一副联补充画面，有学生作“旭日初升红晕洒，祥云飘去金光留”，用字虽然比文中更少，但一个“洒”一个“金光留”将黎明天空的画面写出动感，写出活力。

此外，将楹联专题课堂中的对词游戏植入语文课堂，以课前或课中小游戏的方式进行字词训练也是培养语感、拓宽课堂阅读的方式。如将《声律启蒙》《笠翁对韵》《千字文》《龙文鞭影》等声韵读物的某一章节提供给学生，教师根据文本出对，学生根据文本对对，像“六朝”对“三国”，“玉兔”对“金乌”，“霜菊瘦”对“雨梅肥”等，长此以往，学生不仅能轻松自然地把握名

词、动词、形容词、方位词等词性，而且对文字的敏锐感觉无形中得到提升，对对词过程中接触到的篇章书目及相关历史人物、典故无形中产生兴趣，并因此兴趣而激起对语文课的兴趣。

二、楹联课程让学生走进生活

我们常常有这样的感触：一到作文课，大部分学生的眉头就开始收紧。等到老师把题目布置下去，教室里除了一片刷刷地“爬格子”的声音外，还会有一片低低地数数的声音……数什么？数自己有没有完成老师指定的300字或400字，一旦字数达到，多一个字都不想写。等到作文收上来，老师好不容易插空儿批阅完反馈给学生时，当时的思考、当时的困惑学生早忘了！再要改，要么重头写，要么还是一片片流水账或毫无生机的美词堆砌。像——

春天：“百花盛开、百鸟争鸣……”

夏天：“酷日当头、大汗淋漓……”

秋天：“果实累累、枫叶红红……”

冬天：“大雪纷飞、蜡梅盛开、寒风刺骨……”

不管当地有没有这些特点，通用没商量！字里行间，找不到多少真实的生活体验。老师们常在一起分析交流，也许是因为条件过于优越，无须学生格外关注生活；也许是因为众星捧月，孩子们自我中心太过，不屑于关注生活；也许因为老师给的字数多些，有学生的确写不够，只能堆砌辞藻；也许因为作文字数较多，语文老师又多是班主任，事务繁杂，从交作文到批阅完发下来时间过长……

说着说着，问题似乎找到自己头上了！有一句老话“趁热打铁”，当小孩子犯错误的时候，你指出他的问题，他才记忆深刻，改得才可能彻底。隔了一段时间才见面的作文批改怎能打出好铁？还有，即使某一次当时批阅出来了，老师也很难做到一个字一个字地指导琢磨，效果依然要大打折扣。

怎么解决这些问题？我想到了楹联。接受以往的教训，我在学生下笔之前策划开展了系列观察思考指导活动，以阻止他们出现下笔不实的现象。我带领他们走进校园或者回忆生活细节，比如：校园里有什么特别的风景？它特别在哪里？爸爸或妈妈有什么让你特别难忘的表情、动作或事情？那种特别的感觉你可以用哪个词语来概括？当下的季节与刚刚过去的时节有什么不同？你是通过哪些细节观察到的？……请你用一副对联写出来。

之后的交流与解读，果然让我看到另一番景象：孩子们虽然同样皱着眉头，但很明显，他们不是发愁写不够字数，而是在翻肠搗肚地筛选、提炼词语，等到作品交上来，我大吃一惊！

一年级的孩子写疫情期间复学情景：

早晚通风学子笑，晨午测温老师忙。（一年级　吕文泽）

进门出示健康码，出校保持安全行。（一年级　杨晨瑜）

队形并列变一列，教室双桌变单桌。（一年级　董德）

保持一米防生病，坚持三不消疫情。（一年级　迟雅度）

……

句意虽然浅显，但防疫期间，校园生活的点滴变化都在孩子们的眼中，上下学原本的两队并列行变成了一列一米间距行，教室原本的两人同桌变成了单人单桌，健康码、测体温、常通风……字字句句都是实景！

再看关于家庭、亲情的作品：

捶背母子乐，扫地师生欢。（一年级　陈尚煜）

早晨吃饭身体有力，晚间睡觉健康无忧。（一年级　金龙熙）

儿子生病重，母亲照料忙。（一年级　王佳宁）

……

全是大实话，且的的确确只做到了尾字平仄对，但画面感强，母子、师生和乐融融的景象，长辈对自己的谆谆叮嘱，母疼儿子的真切，真情实意，了然入目！

写四季的，用字更是巧妙得当：

初春景象：

谷雨时节冬青嫩，清明假期桃花娇。（三年级　于佳卉）

细雨下来红花笑，微风吹过绿叶摇。（二年级　谭宇恒）

紫薇窗外初萌叶，绿草椅边已扎根。（二年级　王浩然）

……

两副联除尾字外，其余音节点的平仄还没有达到上下左右相反的要求，但从小作者对自然景象的观察及用字用词上看，则各有独领风骚之处。第一副联明显能看出小作者对二十四节气文化的阅读积累，对春天冬青新叶和新开桃花状态观察细致，一个“嫩”字和一个“娇”字写出了春天万物复苏、生命觉醒的可爱。第二副联，尤其关注自己的感觉，“细雨”中的“笑”，“微风”中的“摇”，一颦一动皆见情！第三副联更重于写实，窗外“初”萌叶，椅边“已”扎根，这是学校香草带特有的景致。

初夏风景：

初夏樱桃红，晚春柳絮白。（三年级　李子菡）

虫鸣天暖晚来乐，娃笑衣轻晨练勤。（三年级　倪嘉成）

……

第一联上联平仄不相谐，且尾字用了平声，不甚工整，但下联“晚春柳絮白”别有一番趣味，让人不由地想起“柳絮因风起”的意境；第二联不仅工整，且上联“晚来乐”三字、下联“娃笑衣轻”四字，生动活泼地写出了初夏季节傍晚放学后小朋友的开心和脱掉厚衣换轻装的愉悦。不仅如此，小作者还讲了自己家里的故事：每年天开始暖的时候，白天也开始长了，放学回家我就有时间和小区里的小伙伴留在草坪里玩一会儿了。我们捉小虫子，但不伤害它，它叫得可好听了，跟它做伴儿暖暖的充满快乐！妈妈喜欢在这个季节晨练，而且允许我跟着她，我们穿着轻快的衣服，早早就出门，哇，真清爽！从内而外都舒畅，初夏时节真好啊！一副七言联，变成了温馨的生活画面。三年级的小学生，观察细致，感受细腻，叙述完整，科学常识、生活情趣、亲子暖意皆在其中！

初冬雪景：

始进初冬雪不大，终出深秋风如飞。（三年级　常笑越）

风吹落叶空中舞，雪飘枝头树上依。（三年级　毕博宇）

……

深冬雪景：

大雪飞舞三夜不化，小寒降临十天有余。（三年级　王景）

遍地凝霜难行路，漫天飞雪乐扫花。（三年级　姜文舒）

……

这里有两组描写冬天景象的联，按楹联格律看，问题很多，但站在生活观察的角度，我们会惊喜地看到三年级学生的观察：“初冬雪不大”，“飘”在枝头“依”在树，树叶虽少依然有，风吹“落叶空中舞”；深冬大雪“三夜不化”，凝霜遍地“难行路”，如此细致，如此准确，实属难得！

我惊讶并开心着，孩子们却坦然，一副稀松平常的样子跟我说：“老师，这不是让我们写三百五百字，得想办法凑字数！这只能写十几个字呀！还要把我们见到的、想说的都说清楚，不好好琢磨哪儿能行呀！……”

我笑，楹联真像魔术师，不仅改变了孩子们写作的目的、写作的心情，而且把学生与生活的距离以及学生观察生活的用心程度都改变了！

三、楹联课程让学生表达更优雅

楹联，作为一种凝练的语言形式，它要求作联者必须用心辨字、精心用词、潜心修辞，不断地这样用心下去，学联者的辨字、组词、造句、修辞以及思维能力会得到迅速提升，语文综合能力会不断提高。这个结论不是随口谈的，而是在我和学生们的楹联学习过程中不断得到验证的。有个叫成成（化名）的孩子，属于语感比较不错的学生，但最初学联时，他仅仅能写出这样的联：

阳光照大地暖，雪儿化草儿笑。——校园风景联

秀丽手巧人人夸，芳香发散家家迷。——赠林秀芳老师

此时的联，对一年级小朋友来说已属难得，但仔细品读，你会发现，联句虽美，但这时的美，仅仅是停留在眼睛看或者嘴巴说的层面。一年半过去后，刚上三年级的他写了这样一幅嵌名联：

阔海聚水存力量，雄鹰展翅放胆识。——赠袁海鹰校长

平仄上依然还做不到上下左右相邻音节点平仄相反，但这并不重要，关键是一个三年级的小学生居然想到了用这样一些词语。问他怎么思考的，他说，校长胸怀宽广、海纳百川，大海集存了很多水之后力量就集存起来了，这个力量不仅是全校力量的源泉，也是学校展翅高飞的力量源泉。小成成已经明显有了属于自己的思考与理解。

还有一个孩子叫小雨（化名），入校时语言文字感悟能力较其他同学都落后几分，一年级时根本写不出像样的联句来，平时说话也是磕磕巴巴。经过一年的对联创作积淀后，突然有一天，她开悟了，不仅说话流畅了，而且佳联频出：

桃花红艳豪放，柳树绿雅娇柔。

早春景，红的艳，绿的雅，既是鲜明的对比，又是互相映衬的和谐画面。

小雪簌簌落，大风疾疾刮。

初冬景，小作者关注到了雪和风的速度，雪簌簌地落，风疾疾地刮，这冬虽是初进，却也是冷的。

遍地凝霜送冬至，漫天飞雪迎春归。

深冬景，相比初冬已不限于风雪的速度，而是温度的持续降低：凝霜长久不化，飞雪漫天舞蹈。但阴极生阳，深冬之后即是春，所以对春天的憧憬向往与殷殷期盼便流露到笔下。

初上三年级，她还写出了一首五言诗：

初夏风光

桑葚已深紫，香杏早变黄。
石榴花瓣艳，稻子穗儿香。

或许小女生的感官格外敏锐，小雨的联句和诗句皆色彩亮丽，不仅如此，她的视觉、嗅觉、听觉被全方位调动起来，辅助她感知美好的世界。

还有很多刚上三年级的学生，在经过两年时间的楹联创作实践后，联作水平和语言、思维能力都令人刮目：

生姜暖胃人康健，红花怡心身轻安。（三年级　姜怡杰赠老师姜小红）

张开心扉放理想，珍惜时间饱读书。（三年级　张根豪赠弟弟张珍）

当我读到他们的对联时，他们很有条理地告诉我：我们班主任老师姓姜，她脾气很好，很关心我们，不仅教我们知识，还关心我们身体，教给我们养生、做人，她就像饭菜中的“姜”一样，喝下去，让人胃里暖暖的，帮人健体强魄；她还像红花油一样，越是擦到身上不舒服的地方，越能让人立刻身心轻松、怡情悦神。弟弟张珍呢，正是学习的年龄，他应该朝着自己的理想，好好努力，饱览群书……

听着他们的介绍，读着他们的联句，谁能想到这是一群小学三年级的学生！其实，在我和学生学楹联的过程中，这样的例子举不胜举。我们曾做过对比实验，在同年级选取两个班，一个每周坚持开楹联课，一个一学期只开几次课。两年后，前者有百分之九十的学生可以用比较准确的词语描述生活中的所观所思，写成精美的语句。而另一个班，只有百分之三四十的学生能够达到这一点。同时，前者的班级里，学生的观察水平、整体语文学习成绩及作文水平都明显高于其他班级。

联启古今妙语，楹接上下锦文。如果说语文是开启一个人听说读写、交流沟通能力的大门，那么，楹联就是承启古今妙语、链接上下锦文的楹柱，它不仅可以让语文的大门更有深度、更有气势，更可以让语文的大门开得更优雅、更有品位。

四、诗教课程开发的保障因素

影响课程开发顺利实施的因素有很多，切实可行的课程方案、校长、教师、学生、社区、家长以及学校文化等皆会影响诗教课程的开发。充分考虑影响诗教课程开发的因素，才能保证诗教课程顺利实施。

（一）领导重视，建章立制

楹联诗词虽是国粹，但身边真正懂得且会用的教师可谓凤毛麟角。因此，诗教课程开发的保障首先要从领导做起，从建章立制做起。从 2011 年我在威海高区实验小学做实验教师开始到现在，前后经历的两所学校皆是以校长为组长全面统筹楹联教育或亲身实践、带头开展诗教工作的。2016 年我调入威海高区第二小学后，为促使校长保持一线研究动力与指导力，做了以下几点。第一，设“校长流动课表”，由教导处根据学校实际，提前一周安排校长下周课表，校长每周按课表巡回在各年级各班课堂实地上课或与教师同堂授课，既保证校长及时了解一线诗教课程开发落实情况，也能常态化开展校长与教师一对一进行的岗位实战式培训，为诗教课程开发提供最有力的保障。第二，组建校长直接管理下的专题工作领导小组，教导处或教科研室为具体责任部门，办公室、德育处、总务处为协助部门，共同做好诗教课程开发过程的管理、跟踪、督导、评价及宣传等。第三，年级组长、学科教研组长是诗教课程开发具体落实及管理研究的第一责任人，负责组织诗教课程开发过程中生成的或上级部门下发的各类文件的学习，并结合年级、学科特点制定相应的计划或方案具体落实。第四，班主任主要负责打通学生由诗教课堂向生活延展的通道，确保学生能在课内得法、课外用法以及家校诗教课程的有效实施。第五，通过层层会议或研讨，制定诗教课程开发计划、定期会议制度、培训制度、考核评价制度、相关研学制度，做好阶段性总结工作，将诗教课程开发与学校规划统一协调起来，从制度方面保障诗教课程顺利开发。

（二）规划长远，组织到位

如果说领导的重视是前提性保障，那么长远的规划和到位的组织则是诗教课程的持续研究动力。从 2011 年至 2016 年，我在威海高区实验小学做实验教师的这五年时间里，学校的学生培养目标为“习惯修身，经典养心，特长怡神，科学助力”，“经典养心”一项依托的重要载体就是“楹联文化教育”。2016 年我调入威海高区第二小学后，我们以“古今协同　文以化人”为课程建设理念，将学生的培养目标定为“忠义孝信、形神皆健、善学好思、尚美雅行、互助乐劳”，其中，“忠义孝信”有很重要的一方面依托于诗教带来的修齐治平的理想教育和古今伟大诗人家国情怀的榜样引领；而诗教同步带来的创造型思维和逻辑概括思维能力的提升，以及艺术的、审美的、文化的教育作用则是“善学好思”“尚美雅行”两项目标实现的重要载体。学校育人目标带来的课程规划与建设的方向，不仅指引着教师教学研究的脚步，也成为激励学生前行的动力。

组织管理方面，我们坚持做到“四结合”。

一是课程内容方面，专题课程、整合课程、研学实践相结合。专题课学法，整合课应用，研学实践融入生活，将诗教课堂墙壁打破，实现学用一体。这从本书的第四章、第五章可见一斑，在此不赘述。

二是师资培养方面，全员培训、重点关注与生活实践相结合。学校每学期设至少一次全员诗教培训，如“楹联赏评”“绝句创作教与学”“学生作品常见问题解析”等专题讲座、楹联与学科整合课接力教研等。在此基础上，重点关注诗教骨干教师、新入职或新转入教师，以及诗教课堂教学困难教师的培养与扶助。骨干教师与新入职或新转入教师每学年度开学初有一次“初识楹联”互动自训课，骨干教师授课，新入职教师或新转入教师为学生，校长陪同，以师带师，互动互助，既锻炼了骨干教师诗教专业能力，又为新入职或新转入教师补上一课；学期开始后，教导处设置每周“校长流动课表”，根据课表，校长有方向地推门进入不同层面教师的课堂，一方面关注骨干教师的提升，另一方面一对一帮助授课有困难的教师解决课堂疑难，使不同层面教师皆有前行的拐杖。生活实践以全员培训、课堂实战为基础，以春节、元宵、中秋、端午等节日祝福联诗的创作、家校生活主题师生同创以及师生教与学成果展示为平台进行，教师创作与诗教课程开发实施统一在实践中，使“在对对子中学习对对子，通过对对子学会对对子”的诗教法则落到实处。

三是学生培养方面，全员普及与个别关注相结合。全员普及以固定的课时加以保障，固定的课时一是来自诗教习作类课程与地方传统文化课整合而得的课时，二是来自诗教吟诵积累类课程与道德法治课整合而得的课时，每类课时皆是间周一节，恰好形成每两周一节习作、一节阅读积累的读写模式，相辅相成，有序列有计划。个别关注以社团形式进行，每周两节，对象为普及课中涌现出的极具楹联诗词天赋的学生，内容是有一定难度的联诗创作活动或一定深度的诗教类拓展积累活动，使诗教课程在全员普及基础上，为学有余力的学生增加了特长发展的个别关注。

四是评测评价方面，将前测问卷与过程反馈、学期综合评价、后测问卷相结合。前测问卷与后测问卷主要以感性认识为主，问卷内容基本相同，比如：生活中你在社区见到邻居或小区居民家门上的对联有何感受？亲切、偶尔会看看，还是没有注意到？节日里，你一般用怎样的方式向爸爸妈妈或亲人朋友表达祝福？口头问声好、发个网络祝福短信、送自制小贺卡，还是写一副对联或一首小诗？……过程反馈有问卷、有成长成果展示，问卷以反思性问题为主，比如：你学过楹联诗词后，写作文比以前轻松，还是跟以前一样？你发现自己学过楹联诗词习作后，对身边事物的观察更细致，没有变化，还是更有方向更想捕捉它的不同？……成果以元旦、六一为大型综合展示平台，师生同上，有联诗、口头小散文现场创作，有联诗经典著作阅读积累抽展，有吟诵与表演等，展示以年级为单位分场次进行，不提前彩排，不临时抱佛脚现编现演，只强调日常积累。学期综合评价以学子培养五目标为评价方向，以“风雅少年”为荣誉称号，将诗教评价分别体现在“联诗小才俊”“尽职小贤士”“美艺小才俊”等评价项目中。学生每有一次优秀表现或一次优秀作品出现即赋得相应分值，每月学生自己进行汇总，并根据自己表现情况申报相应称号（除诗教相关称号，还有其他领域近二十项称号），班级审核通过者上报德育处获授称号，每学期根据称号数量给予金牌风雅少年、银牌风雅少年、铜牌风雅少年称号，校报上予以表扬。问卷与评价的结合，不仅使诗教评价自成完整的体系，也使诗教评价与学校育人目标统一起来，诗教课程开发与实施有效落地。

（三）多方培训，引领成长

充分利用各种资源，开展培训，引领师生成长：一是借助学校中国楹联教育基地、山东省传统文化体验教育优秀基地“春秋课堂”、山东省“中华诗教联盟主持校”、威海市诗词楹联学会理事单位、威海市文学艺术创作基地等国家级、省市级平台优势，以及笔者自身作为山东省“互联网+教师专业发展”远程研修传统文化工作坊主持人、山东省教科院兼职研究员等个人研究优势，开展楹联诗词专题培训，提升骨干教师行动研究能力，为研究过程中有效的小结、反思、改进、提升奠定基础；二是开展核心素养研读活动，站在学科素养的高度，从语文素养提升和创造型思维、逻辑概括思维发展等方面进行培训，使教师明确诗教课程开发的目标和方向；三是借助齐鲁教育联盟①的资源，开展国家课程标准、课堂教学研究与培训，提升教师诗教课程课堂研究能力；四是以教研组接力教研为主要方式，开展岗位自训活动，利用团队力量开展专题

① 2019 年 3 月，学校成为齐鲁师范学院“齐鲁教育联盟”学校，齐鲁师范学院作为教育部国家名校长领航工程基地、“国培计划”精品项目基地，建有山东省中小学师训干训中心、中小学课程研究中心等机构，有着丰富的教师培训资源。

诗教课程、诗教专题课程与国家课程整合、诗教专题课程与生活整合课、诗教课程评价等培训，间月一总结，每学期一展示，确保岗位自训有效进行；五是利用威海市群众艺术馆非遗中心、社区文化机构等社区资源，开展传统文化艺术培训，拓宽教师视野，提升教师审美。

“满园春色关不住，一枝红杏出墙来。”从小楹联到大诗教课程开发使学校特色更加突出，在社会上引起了强烈反响，得到社会广泛关注。山东广播电视台少儿频道“铿锵校园行”栏目、威海电视台、威海诗词楹联学会公众号、威海综合新闻广播电台“教育之声”栏目、学习强国等多次报道我校师生联诗、书画等特色活动，如“七一”专题等活动；山东省内外六所兄弟学校与我校结成对子，并入校互访互学。

第二节　疫情下“中华诗教”网络教学育人策略①

全民战“疫”，中小学“停课不停学”，使学校教育从院墙内的面对面教学变为网络两端的空间教学。如何在如此巨大变化的环境下有效开展教学？本书围绕学校传统文化教育特色，从中华诗教网络课程难度调整、学习有效时机把握，以及家长教师协同教学策略等方面进行了有效探索，学生读诗、诵诗、创作兴致盎然，家长“陪”“退”“导”得心应手，中华诗教网络教与学效果明显，学生诗思、诗情如草木萌芽，舒畅条达，成长的喜悦自不能已。

一、研究缘起

疫情暴发以来，学生居家“停课不停学”，师生的教与学被疫情阻隔，分跨在网络两端。原本由师生面对面互动式教与学形成的学校教育优势难以发挥作用，而处在第三位置的家长被推动成为保证小学生“宅家学”效果的重要因素。很多家长担忧，缺少了老师面对面的监督与管教，孩子能自觉学习吗？年龄小自制力弱、家长文化水平有差异、陪伴时间有限……这些客观因素会不会导致网络学习低效或无效，使“在家学习＝爱学不学＝可以‘大闹天宫’”？

① 本节系山东省教育科学规划“疫情与教育”专项课题“小学家校协同应对疫情的网络教与学研究与实践”（批准号 2020YZJ208）研究成果。

本人在思考疫情环境下人应具有的能力与素养的同时，一方面带领教师以学校已有“中华诗教”特色教学为切入点开发相关网络课程；另一方面着力打造家校协同应对疫情的教与学环境，以期培养学生良好的人文素养，推动学生居家学习质量的不断提升。

二、疫情下小学家校协同的“中华诗教”网络教学的内涵

小学家校协同的“中华诗教”网络教学是指以家校达成的疫情下教育共识为前提，以有利于学生成长、家校稳定为目标，有效实施远程“中华诗教”活动的研究。中华诗词，作为中华优秀传统文化的瑰宝，历来以滋养心灵、感发生命，提升品味、美言雅行，陶冶情操、励志启思为特色，起着教化民众的重要作用。这一重要作用，使“中华诗教”在疫情下的教学中显得格外重要。然而，诗，因其有凝练、对仗、用韵等特点，一直行走于校园师生面对面的授课方式，行走于有一定诗词功底的人群中。疫情下的网络教学因为师生距离的变化、家长位置的前置使得这样的优势条件丧失，因此，“家校协同”成为有效落实“中华诗教”网络教学的前提与基础。而转化网络优势、利用诗词魅力激发学生诗词学习的内动力，则成为培养学生面对疫情或其他类似特殊情况所需要的责任担当、家国情怀等人文素养和实现疫情下“中华诗教”目标的策略。

三、疫情下小学家校协同的“中华诗教”网络教学的实施策略

分跨在网络两端的诗教，明显没有了师生面对面的很多优势，比如与教师现场音貌相关的色、声、形、景等的辅助，以及师生现场的互动等，而这些恰恰是激发学生内动力，突显诗教感发生命作用的有效手段。怎样补上这一缺憾，催开家校网络环境下的诗教之花呢？

我们着眼诗词自身优势，从小学生年龄特点出发，向优化学生居家学习环境发力，用“三二三”策略，即“三减”——减低理解难度、减低积累难度、减低注意力集中难度；“二选”——精选诗歌创作与社会生活链接的最佳时机、精选学生诗作的反馈时机；“三给”——给家长赋权、给家长宽心、给家长方法，既有效激发了学生读诗、积累、创作的内动力，又有效化解了家长望而生畏、心急如焚却爱莫能助的焦虑，学生学有所乐、学有所长，家长助学得法、助学有成！

（一）“三减”

一减：减低理解感悟的难度。小学生理解诗词的难度主要在于积淀少、对汉字音形义特点掌握不充分。古人读书写诗的方法——“吟诵”恰好可以弥补这一不足。我们将吟诵与网络环境中最实用的“微视频”相结合，按同一诗人的不同作品、不同诗人的同一主题作品，以及同一主题作品的品评与创作等思路，形成系列微课程，比如“品读杜诗”“品读陆游诗”等以诗人经历为脉络的品读类，“春晓”“咏柳”等借景抒志、感春惜时主题类，“以诗言情”“渔歌子”等品读创作类……这些课程不仅可以成体系地将诗歌内在的脉络呈现给学生，更可以在微视频语音的引领下，在可视的画面中，借助平仄符号及声音高低的旋律线等，直观地将学生带入吟诵“平低仄高”“高是强调”“低是延展”等规律性情境中，比如杜甫的《绝句》，按“平低仄高”的规律，“两个”“翠柳”等七个词是仄声（或入声），要读高；“高是强调”，因此，这些词语皆含着杜甫要强调的意思，强调的是什么?“两个”“翠柳”“白鹭”，强调的是春天蓬勃向上、草堂生活祥和，“西岭”“雪”是两个意象，加上“门泊”，共同强调了边境内外虽然暂时平静，但战乱的隐患依然在，他要坐着门口停泊的船，回家乡为朝廷做事。这样，整首诗就在“吟诵”规律的指引下，伴着学生高高低低的手势和口中呼应而出的声音，完整地呈现诗人藏在文字背后的家国情怀，激起学生在疫情防控特殊时期，对自我责任和使命的思考。

二减：减低大量积累的难度。积累，历来是小学生读书的难题，即使师生在校，也需要教师花费一定的心思进行督导才能完成，疫情期间，老师不在学生身边，只有动脑筋找方法了。我们依靠的依然是“吟诵”。用“1+X”的思路，将诗歌的吟咏音频推荐给学生。比如，一首杜甫的《绝句》，附带多首杜甫居蜀时期春景诗的音频，学生可以伴着音乐，一边打手势，一边吟唱，好动的还可以舞蹈……天性尽情散发，读书酣畅快乐。

三减：减低课堂注意力持续集中的难度。这是继前两项工作之后，我们推出的综合性措施。注意力难以集中是小学生独有的特点，也是影响他们学习效果的最大制约因素。居家时期的小学生，桌边有床，窗上有帘，厅中有电视，餐桌有诱人的水果……即使不常去的卫生间，上下楼倾倒的哗哗流水声也会分散他们的注意力。虽然吟诵激发了他们读诗的兴趣，但每时每刻集中注意力仍是他们的难事。于是我们推出“5+X”教学模式，将一节课四十分钟划分为

“分享好作业（品）”“观学新视频”“发送互动好声音”“分享老师讲屏”“期待新作业”五个时段，每时段少则三五分钟，多则十几分钟，且一五、二三、三四时段两两呼应，使每时段或伴随小朋友的夸赞，或伴随生动的画面，或伴随老师的精彩点评，或伴随竞赛的兴奋……变换不断，互动不断，喜悦不断。与此同时，对当堂学习效果异常的“X”位学生，老师会无痕地跟进点对点的心灵沟通，使“5+X”教学关注不断，激励不断，学生天性中向上的欲望被激发，课堂注意力持续集中的难度被有效减低，学生开心，家长高兴。每周一节诗教课，常常是下课时间到了，班级群里依然不断上传着学生吟咏的录音。很多家长反馈说，周末无事，孩子更是乐此不疲地一遍遍听诗吟诗。

（二）“二选”

一选：精选诗歌创作与社会生活链接的最佳时机。这是引导学生学会从生活中选题的最佳时机，也是学生最容易感受成功喜悦的时机。比如，疫情刚刚暴发，武汉告急，各地医护志愿者前赴后继奔往武汉，全国人民都在为武汉“加油”之时，组织学生看新闻、读报纸，开展“抗疫”专题创作，既可引发学生对时事的关注，对中国人团结互助、爱国爱家的家国传统的认识，激发其创作灵感，又可在其作品被网络传阅时，借社会对童言稚语谈家国的高度关注与赞赏，促发学生创作与生活链接的成功记忆。再如，“疫”战首战告捷，支援医疗队撤出武汉、撤离湖北，返回家乡之时，引导学生进行“为抗疫英雄撰写嵌名联、嵌名诗”，不仅可以使学生在品味英雄名字、品读英雄故事的同时，生发向榜样学习的动力，更可借助英雄们读到嵌名联、嵌名诗后的惊喜、惊叹声，极大鼓舞学生持续创作的热情。还有，疫情形势持续向好，全国有序复工复产，祖国大地一派生机蓬勃景象之时，再来创作，学生就会在一次次观察、体悟中浓厚对祖国的情感和对美好生活的向往……

二选：精选学生诗作的反馈时机。前面谈到的“抗疫”专题、“抗疫英雄嵌名联、诗”等创作的社会反馈，就是精选诗作反馈时机的成功例子。家校网络环境下师生诗作常态反馈的最佳时机，则可通过“面批群赞”“发布分享”等方式获得。“面批群赞”是指学生完成创作后，老师即刻通过私聊或网络作业软件“面”对“面”进行批改。“即刻”是加深印象、激励进一步修改热情的最佳时机。教师面向个体的“即刻”一般是学生上交作业之时，面向群体的“即刻”可以是当堂临近下课，也可以适当放宽至当日，最迟第二天，教师将学生群体创作情况在班级群内集体反馈，赞扬普遍好的地方、赏读优秀作品、评点普遍要注意的问题，学生心中所“盼”得到及时反馈，“期待期”作用发挥，持续创作或继续修改的热情就被有效保护。“发布分享”是待学生作品整体修改完成后，以“专辑”形式将优秀作品编撰成网络宣传页，以系列成果的方式在师生家长群或诗词楹联学会平台进行发布分享，来自家长、朋友及专家们的关注，将会使学生的诗思、诗情如“桃之夭夭，灼灼其华”，“中心喜悦，则其进自不能已”。

（三）“三给”

一给：给家长赋权。通过校级、年级、班级三级家访，把握学生在家学习状态，有针对性地与家长沟通，与学生聊天，有意让学生知道老师会将对他学习状态评价的权力交给家长，使家长说话有底气、说话管用。

二给：给家长宽心。通过电台、网络等平台，举行“小学生家校协同应对疫情的网络教与学”讲座，帮助家长解读学校课程及实施方向，分析学生家庭网络学习效果与家长时间的关系，提供“陪”“退”“导”三种家校协同网络教与学的策略，消除家长因担心自己忙而耽误孩子学习的焦虑心理。

三给：给家长方法。我们创意开发了“家长锦囊”，按“本课学习或做人导向”“家长策略”两个版块帮助家长明确每节诗教课的教化方向，同时，在“家长策略”中按“陪”“退”“导”三种情况为家长提供亲子交流方式：“陪”，针对有时间的家长，其内容以具体行动为主，如“看一看‘达标检测’中的评价标准，寻找孩子作品的优点，进行鼓励”；“可以和孩子一起背，或和孩子一起吟诵，背完或吟诵完给孩子一个拥抱”等。“退”，针对没有时间的家长，内容以家长上班前或下班后与孩子沟通的具体语言指导为主，如：“听说你们老师今天领着你们创作律诗了？有什么感想分享分享？”“你今天有什么收获，聊给妈妈听听。”……“导”，面向所有家长，主要提供具体的与学生诗教课程相关的引导语，比如，导向好习惯培养：“你开始关注新闻，每天读报纸报刊了！太好了！坚持下去，即使你的诗没被选为优秀作品，妈妈（爸爸）也认为你有进步！”导向对中华优秀传统文化的热爱：“原来我们的古诗如此美！”导向具体的知识技能进步：“你这一句居然将古圣贤的榜样故事引进来做对比，太棒了，这叫‘用典’！”……“家长锦囊”中的指导具体细致，既针对性强，又多样、实用，家长的信心与底气被充分调动，很多家长反馈：老师太细心了，很多工作都做到我们的心坎上。“家长锦囊”试用一周后的调研结果显示，80%以上的家长使用了“家长锦囊”，并认为很实用。不少家长还发信息跟老师说，以前面对孩子的诗教学习，脑子就发蒙，顶多告诉孩子“你快看看老师的课，快点儿写作业”，孩子听了，该什么样还是什么样，根本不当回事儿。现在好了，家长的方法多了、语言丰富了，点评也具体了，孩子愿意听，自己心里也平静多了，亲子之间和乐融融。

四、成效与反思

春风十里雾霾散，燕语一声诗蕊香。疫情的雾霾已在春风的吹拂下逐渐消散，家庭网络条件下的诗教学习花蕊，在孩子们特殊时期的特殊体验下，在一次次深入心灵的吟咏品味中，伴着稚嫩的雏燕之声悄然绽开——“学习强国”山东平台、威海市教育局官网、威海市诗词楹联学会公众号、威海市新闻综合广播电台“教育之声”栏目等发表了近百名学生的诗词联画作品：“古人吟诗最喜柳，我爱迎春花正开。”“昔日病毒来势猛，万民同力抗瘟神。”“今朝日暖春耕季，无恙山河展花晨。”……一声声感叹，一句句诗语，透着学生对诗词的喜爱，对疫情防控前后祖国大地人心齐、景象美的观察与思考，责任担当、品味高雅、家国情怀等疫情面前需要的人文素养悄悄在学生日常生活中扎下了根。但我们也清醒地看到，教师的诗教底蕴、微课程开发能力还需要长期的积累、培养和激发，家长助力诗教的协同策略还需要一定时间的探究与验证。我们将继续以激发学生内动力、形成家长诗教助力为方向，扎实行动，成就家校协同的“中华诗教”美好前景。

第三节　诗教课程与教师的文化素养

“桃李芬芳显秀色，园丁勤恳育新苗。”① 诗教课程与教师文化素养密不可分。孔子曰：“入其国，其教可知也。其为人也，温柔敦厚，《诗》教也。”（《礼记・经解》）孟子曰：“贤者以其昭昭使人昭昭……”（《孟子・尽心下》）《中华优秀传统文化进中小学课程教材指南》强调：“加强面向全体教师中华优秀传统文化教育培训，全面提升师资队伍水平。”古圣贤语言及当代教育重要文件要求皆告诉我们，在诗教课程的推行和诗教作用的发挥中，校

① 威海高区第二小学二年级小朋友李岷河在教师节时赠本书作者（林秀芳）的嵌名联。

长、教师皆为关键。

一、校长身先示范，提升自己的诗教素养

如前言所述，作为威海市首届小语名师，多年来，我坚持身先示范，深入课堂一线，主动钻研楹联和格律诗等古诗文修养与课程方法，参与省级课题“小学校园楹联文化教育策略的研究与实践”，主持市级课题“以传统文化教育深化学校特色发展的研究”。经过多年的努力，成为中国楹联学会、中华诗词学会会员，全国优秀楹联教师，山东省传统文化工作坊主持人，以及山东省教科院兼职研究员。主持开发《小学对课》等校本教材，执教多节省级公开课，有丰富的开发“对词”游戏、开展楹联诗词教学研究经验，发表《联花吐蕊　对课传香》《疫情下小学家校协同的“中华诗教”网络教学策略》等多篇楹联诗词教学研究论文。

2021 年，我开始整理自己从零起点学楹联、作楹联、教楹联这一过程中的小作。然而，整整一天过去，小作竟没有理出多少。不是没有作品，而是以今天自己的审美水平回读过去的作品，竟有那么多不理想之作。于是，删掉一副又一副，最后发现已没剩多少。倒不是今天自己的审美水平有多高，而是这一路蹒跚走来，自己与自己相比，的确进步了很多，初学楹联时的生涩作品已经不能满足我如今对创作的评价要求。读着那么多晦涩的联句，笔者感谢一路上包容、悦纳、鼓励自己，为自己点赞、为自己解惑的每一位贵人，以及一路陪伴并真心相信自己的学生们。同时，也深深感悟到：每一个人素养的提升、每一个人的成长都是不断试错的过程，学生是，教师是，笔者也是。坚守初心，发现自己，真诚分享，真心共勉，个人素养才能不断提升。

仰望云岭南竹<u>秀</u>，静品深<u>林</u>兰蕊<u>芳</u>。

这是我为自己作的一副自励嵌名联。南竹，即毛竹，是我国栽培悠久、面积最广、经济价值也最重要的竹种。它秀丽挺拔、四季常青、经霜不凋，自古以来常置于庭园小径、池畔及室内盆栽进行观赏。不仅如此，它还可供建筑、编织、造纸、饮食等多种行业使用，既可以作为装饰雅俗共赏，又能物美价廉为人们提供经济服务。此外，它还是“四君子”之一，也是“岁寒三友”之一。在我看来，它就是远方的目标，是我成长的方向，不求奢华、尽己所能、感恩奉献、为人民所用，所以我用了“仰望”一词。其实，“望”在这里平仄并不合律，但“望”本身有一种心向往之的期待和希望，我实在找不出能够代替它表达我内心的词，于是，便由着它了。下联，我用了“四君子”之一

的“兰”。“兰”本义指一种香草，孔子说：“夫兰当为王者香。”于是，后世称兰为“王者香”。“兰”的香清淡优雅，“兰”的美细长柔和，“兰”的娴静不张扬，须静品方能得，她也是我的榜样——静心研学，虚心求道。

风景名胜联

迎熏门外迎新市，青瓦檐中纳古风。横批：今古同城。（2012 年观平遥城有感）

仰头忽见悬空寺，俯首低呼奇巧阁。（2012 年登悬空寺有感）

轻拂尘雾留清境，笑纳俗缘立佛天。（2012 年拜五台山有感）

规模宏大千佛洞，雕饰伟奇三世尊。（2012 年观云冈石窟有感）

雁门点将筑天险，沙场凌风显睿才。（2012 年过雁门关有感）

灵龟静卧平遥地，商贾盛传古晋风。（2012 年游平遥古城有感）

这一组联作于 2012 年，我刚开始学习楹联创作不到一年，有意识地利用假期出游的机会练笔而成。有的联后来自己找时间修改过，但有的联还是不合律，比如第三副，姑且放着，待有灵感时继续修改。

嵌字联

东张西望观学校管理方略，北往南来写小学发展兵书。（赠张小兵嵌名联）

王者风姿胸有文韬武略，达人气度心藏江海河涛。（赠王文江嵌名联）

李桃花下佳人立，锦绣园中娇妹忙。（赠李佳妹嵌名联）

姜出沃土叶茎旺，峰入云端志向高。（赠姜峰嵌名联）

松涛阵阵颂扬英雄事，乡曲融融欢奏胜利歌。（2020 年赠威海市第一批赴湖北医疗队队长曲涛嵌名联）

春风十里传佳绩，燕语一声报平安。（2020 年赠威海市第三批赴湖北医疗队队长王春燕嵌名联）

澄明疫地阴霾色，强壮神州龙虎威。（2020 年赠威海市第二批赴湖北医疗队队长王澄强嵌名联）

拜谢中华医祖奇经术，恭添赤县瘟神败北篇。（2020 年赠威海口腔医院内科护士长、威海市第三批赴湖北医疗队成员谢添嵌名联）

这一组是为朋友家人同事作的嵌名联。其实作过的嵌名联不止这些，这一天翻找出来，发现当时为了嵌名，也为了合乎当时情景与心意，很多都不合律，罢了，选取几副作代表吧。

课堂下水

开心结束年长假，快乐启开新学期。横批：辞旧迎新。（课堂教学现场下

水作）

风雨催红瘦，甘霖润绿肥。（读《笠翁对韵》学写对联课堂教学现场下水作）

毛锥点墨写冬夏，羽扇摇风见春秋。（读《笠翁对韵》学写对联课堂教学现场下水作）

雨伯洒水润花草，雷公簇云唤甘霖。（读《笠翁对韵》学写对联课堂教学现场下水作）

邵圃秋瓜脆，严滩春景娇。（读《笠翁对韵》学写对联课堂教学现场下水作）

芍药迎风倩笑，芙蕖映水娇羞。（读《笠翁对韵》学写对联课堂教学现场下水作）

高祖腰间三尺剑，子骄手上六钧弓。（读《声律启蒙》学写对联课堂教学现场下水作）

布谷鸣声脆，提壶歌语甜。（读《笠翁对韵》学写对联课堂教学现场习作）

向阳花朵立鸿志，追梦葵芽破土出。横批：播种理想。（课堂教学现场习作）

养花种草有情趣，写作读书无闹音。（“爱劳动　爱生活”专题创作活动中，为一年级学生示范作）

凤凰花映人民笑脸，清凉水传总理祝福。（与二年级小朋友共读《难忘的泼水节》下水作）

与学生共写共练是我在零起点研究楹联教育路上一直坚持做的一件事。每每课堂上，不是我与学生出联、对联，就是我和他们一起作联，或者一起改联……现在想来，很庆幸自己有这份坚持。因为这份坚持，我在无意识中将零起点带来的谦谨，化为我与学生的零距离。学生不仅对楹联感到亲切，对老师更是亲切。有学生在日记中写道：“‘叮呤呤，叮呤呤’，这节课是地方课，我原来以为语文老师会上课，没想到林校长走进了教室，气氛一下子活跃了起来，我也是两眼放光，期待着在课上一展风采。……快乐的时刻总是短暂的，马上就下课了，可我心里却久久不平静，这一堂课使我感受到了中华国粹的魅力，这股神奇的力量让我留恋……”还有学生写道：“我喜欢林老师，更喜欢林老师给我们上的课！”

校园活动

柳弄新枝迎谷雨，燕回旧舍报清明。（2013 年迎春专题创作）

根扎沃土翠阡陌，心向娇阳锦满园。（2013 年校园文化主题对联创作）

扎根沃土葵园阡陌百花盛，簇锦成团千里杏坛桃李多。（2013年校园文化主题创作）

听听笑笑欢欢喜喜学习乐，进进出出碌碌忙忙作业急。横批：充充实实。（2014年4月26日学习加班心得，这次练笔我有意识地用叠字的手法，不练没法儿进课堂呀！）

巧种金葵厅院内，妙接锦果罐瓶中。（2015年春天师生一起种葵劳动作）

五颜六色毽花舞，七扭八歪姿态多。（2015年观运动会毽子赛随感）

团团簇锦夯真念，队队合谋落娇花。横批：天天向上。（2016年新学期“团队管理突破年”工作报告联，这次练笔方向：横批！）

心中有爱，大洋彼岸谈文化；眼内无私，学苑小屋启妙思。（2012年12月3日威海市高区妇联主席赵树然女士来校分享创意生活有感）

改革开放促经济发展，生态文明催社会和谐。（2012年11月十八大学习体会）

有一句话是这样说的：“三天不读口生，三天不练手生。”仅仅有课堂中的练笔还远远不够，我必须在进学生课堂前自己先学会相关专题创作，因此，校园生活中的每一次活动、每一个触动我的时刻都是我练笔的最好时机。

友谊笔记

金葵园内笑迎客，青柿窗前争秀姿。（2013年于威海高区实验小学迎接上海市浦东新区园西小学姚星钢校长一行来校即兴作）

星光耀海灵犀透，文韵泽江情意通。（2014年与姚星钢、徐海峰、汤文江三位校长威海再聚即兴作嵌名联）

豫园垂柳依文榭，港口群舟迎海风。（2014年3月12日，听“牵手上海”楹联课时，与上海市浦东新区园西小学姚星钢校长合作）

藏羞兰蕊频致意，含笑葵花三点头。（2014年7月15日，和上海市浦东新区园西小学孟晓军主任下联“含笑葵花三点头”）

园园相和和联和意和情和大道，海海交融融气融心融力融星华。（2014年7月14日，与上海市浦东新区园西小学访学团成员分享楹联教育作嵌字联）

寻寻觅觅园西路，笃笃实实名校行。（2015年春节赠上海市浦东新区园西小学联）

银花妆碧树，红果艳青枝。（2018冬为姚星钢校长“海海圆”群发上海雪图赋联）

从2012年至今，有多所省内外学校与我们有着共同的楹联教育梦，像上海市浦东新区、临沂市罗庄区、威海市乳山市、威海市环翠区等多所学校，我本人也曾多次受邀与大家分享楹联教育心得。上海市浦东新区园西小学是其中与我们交流最多的学校。我曾受园西小学姚星钢校长之邀与园西小学的老师分享楹联创作与教学，每一次互动都为我提供了一次练笔的机会，感恩，感谢！

生活随感

竭力一生培育联花锦秀，研磨半世促成墨韵繁英。（2014 年 7 月 22 日，悼念刚刚过世的中国楹联学会会长孟繁锦先生作）

沃土生嘉树，暖阳育英才。（2019 高考后贺威海一中）

脱贫攻困百千学者兴农业，保驾护航亿万官兵壮国威。（2020 年国庆感怀）

去岁攻坚亿万贤良情洒乡间土，今夕防疫百千医护志征魔障区。（2020 年有感白衣天使武汉救援）

木槿花开疑似雪，樱桃果挂作新灯。（2014 年夏回乡随笔，“挂”字用得不理想，但一直未思得好词，勉强留之）

嫩荷含蕊待，熟麦抱实垂。（2014 年夏回乡随笔）

好景好联好伙伴，古香古色古泉街。（2018 年与林志芳博士、朱之梅老师一起逛济南曲水亭街）

绕亭曲水迎堤柳，盈户联香润巷街。（2018 年与林志芳博士、朱之梅老师一起逛济南曲水亭街）

锦诗撰续敦煌梦，大漠坚守民族情（大漠喜拥骄子情）。（2019 年有感于文物保护杰出贡献者樊锦诗事迹，下联作了两句，待切磋。）

生活是大舞台，也是大课堂，每一次与朋友相处，每一次看新闻都是一次心的交流与笔的磨砺。

节日联

联古联今联瑞气，贺文贺理贺清心。（2014 年春节联）

福人福气福临地，才子才情才胜天。（2015 年春节联）

和和美美福福气气娇羊到，乐乐欢欢秀秀文文春鸟归。（2015 年春节联）

锦羊送暖百花盛，骏马留福千树新。（2015 年春节联）

万马扬蹄留志喜，三羊开泰携吉祥。（2015 年春节联）

客入门庭门入客，福泽院舍院泽福。（2015 年春节联）

欢辞旧岁接康禄，喜贺新年纳瑞福。（2016 年春节联）

猴年喜逅福康祥禄，鸡岁乐积才智睿达。（2017 年春节联）

百年校史传忠义，万世国学唤知音。（2017 年春节联）

协心践诺育人路，同力绘摹发展图。(2017 年春节与教师共勉)

清心笃守百年乡苑诗书乐，热血激扬千载杏坛桃李芳。(2017 年春节与教师共勉)

去岁康福绕，今朝祥瑞添。(2018 年春节联)

天开地阔生福瑞，光艳雪柔送安康。(2018 年春节联)

千转归途延福瑞，百变花灯蕴吉祥。(2018 年春节联)

机灵子鼠忙忙碌碌携瘟去，憨厚丑牛稳稳当当送福来。(2020 庚子年贺岁)

吉鼠闹春春双至，金猪送喜喜满堂。(2020 庚子年贺岁)

去岁攻坚成果硕，今夕防疫斗志高。(2020 庚子年贺岁)

吉鼠闹春春双至，金乌献瑞瑞满园。(2020 庚子年贺岁)

吉祥伴岁扬宏愿，暖日贺年送鸿福。(2020 庚子年贺岁)

柳絮因风舞，吉福伴雪来。(2021 辛丑年贺岁)

昨日风寒今日暖，昔年坎坷本年福。(2021 辛丑年贺岁)

新年新岁暖阳照，吉姓吉人福瑞随。(2021 辛丑年贺岁)

春日当空尽洒禄福寿，江山娇艳昂扬精气神。(2021 辛丑年贺岁)

雾积天地难遮福禄寿，山映河川笑露精气神。(2021 辛丑年贺岁)

祝福声里辞旧岁，春晚乐中启新篇。(2021 辛丑年贺岁)

元宵源古圆宏愿，联阕连今炼宝莲。(2015 年元宵贺联)

美传灯会灯传美，福溢汤圆汤溢福。(2015 年元宵贺联)

张灯结彩迎昌世，敬祖孝亲庆吉辰。(2018 元宵节联)

佳日宾朋聚，吉时同道归。(2018 元宵节联)

花灯摇曳传鸿运，元子翻腾聚福缘。(2018 元宵节联)

玲珑元子凝康瑞，秀美花灯送慧福。(2018 元宵节联)

米酒汤圆甜蜜蜜，花灯焰火喜洋洋。(2021 年元宵节联)

米入粽香乐，家随人聚欢。(2014 年端午节联)

线携粽叶裹香米，人寄信息送祝福。(2014 年端午节联)

动地感天屈子报国志，垂星拱月国人逐梦情。(2019 年端午节联)

七宿飞天立佳日，万众扒舟求福康。(2020 年端午节联)

古人定天象法地仪拜神祭祖，今岁观四时过八节迎瑞纳福。(2020 年端午节联)

端午日飞龙在天得中得正大吉大利，抗疫人众智成药有胆有识多贵多福。(2020 年端午节联)

香粽包福包喜包吉利，彩绳系寿系缘系健康。（2021年端午节联）

香叶包包入吉祥意，兰汤浴浴出健康身。（2021年端午节联）

圆月聚福禄，短联贺佳时。（2014年中秋节联）

国庆中秋双喜至，瑞祥寿禧众福来。（2017年中秋节联）

云瑞风柔迎满月，气和日暖待佳时。（2017年中秋节联）

天上嫦娥迎佳日，人间飞信传福音。（2017年中秋节联）

日暖风暖真情更暖，月圆人圆时事皆圆。（2017年中秋节联）

三秋之半迎满月，四季更迭纳福音。（2018年中秋节联）

举杯邀月谈诗礼，四世同堂叙亲情。（2018年中秋节联）

中秋月笑，佳日人和。（2018年中秋节联）

清风送长夏，佳节号金秋。（2020年中秋节联）

清风清气乾坤漾，佳话佳节日月新。（2020年中秋节联）

九州擂鼓歌国庆，千户踏秋话重阳。（2014年重阳节联）

气清天暖春苗盛，月朗景明烟花开。（2019年清明节联）

风和光艳佳节景，心静身轻劳动人。（2019年劳动节联）

清风传递真情意，短语记存夫子恩。（2018年教师节联）

清风暖树迎佳日，笑语短联贺金秋。（2018年教师节联）

桃李年华师者情不老，风云岁月国人梦永存。（2019年教师节联）

清风清气乾坤漾，佳话佳节日月新。（2020年教师节联）

舜得七友拥天下，君坐八方点方酋。（2018元旦联）

屠苏一盏除疲累，椒花数丛迎新风。（2018元旦联，开始尝试用典联，无奈书到用时方恨少，始终觉得读书太少，典是用进去了，但联句总难工整）

稚拙童语吟冬韵，烂漫花姿舞春光。（2020年庆元旦活动有感）

鼓琴同奏迎佳日，心手相牵贺暖冬。（2020年庆元旦活动有感）

数术环格皆入戏，联诗丝舞共生情。（2020年庆元旦活动有感）

暖冬暖日暖心语，新岁新篇新目标。（2020年庆元旦活动有感）

诗词练笔

国庆假理小儿稚笔随感

2015年国庆假作

小儿曾舞墨，廖有稚书存。
豪气盈方寸，童言点乾坤。

（后一联，原是“稚气盈方寸，豪语点风云”，但平仄实在不合律，改来改去就成现在这样子了，但读来读去总觉有些故意为之的不畅之感）

秋季运动会

2015 年实小黄小秋季田径运动会随感

秋高气爽开赛事，人悦鼓欢聚体坛。
选手承望知竞技，观众幼蒙吃态憨。

（这一首依然平仄不合律，但改了几稿，越改越觉不自然，只好作罢）

支教颂

读原上海市浦东新区园西小学张欣助理《彩云之南　我心飞翔》有感

千山万水至云南，雾重寒浓若等闲。
蚊咬虫叮浑不怕，要留真意在乡间。

如梦令·常想育人之路

原上海市浦东新区园西小学姚星钢校长《做实“大写的教育”》读后记

常念育人之路，
沉醉不知歇宿。
兴起夜难眠，
悟入杏坛深处。
争赴，争赴，
惊看八方钦慕。

苍梧谣·缘

《十六字令》创作课下水作

缘，
千里诗情文化牵。
杏坛梦，
携手共登攀。

2019 年春节诗三首

（一）

喜气蕴积杨柳绿，祥风吹艳杜鹃红。
春来吉瑞枝丫盛，冬去福康根叶荣。

（二）

往岁瑞福伴，今夕祥兆随。

春来盛时聚，冬去吉运追。

（三）

昔日重华祭先帝，今朝万户迎新阳。

雪携吉梦铺天地，心绘蓝图育栋梁

中秋赏月有感

2019 年

桂香飘溢传情愫，玉兔穿梭送塞音。

天上神仙亦苦闷，世间百姓何呻吟。

元旦

2020 年

重华祭尧日，百姓欣舜天。

晋书现名号，今人写新篇。

除夕感怀

2020 年疫情暴发时

圆月夜前新月夜，无春年后双春年。

贫穷尚且无多日，疫病焉能狂几天。

读“介耳画鼠”庚子贺岁帖有感

2020 年春节

化敌作友和为贵，戒贪成廉俭最荣。

翘首感知天与地，驻足悟得义或忠。

庚子年贺岁

2020 年春节有感

三十短信漫天舞，子夜燃香拜祖忙。

初一携子访亲友，恭敬作揖贺福长。

山村人家

《绝句》创作课与学生共作

秋日山乡丽，新村田舍佳。

清香绕青瓦，枫叶赛红花。

（“清香”一词为学生所填。本人创作时用了“层林”二字，但实在与“绕”不合，学生给出的“清香”倒实实在在好）

中秋夜

《绝句》创作课与学生共作

月圆云淡妆苍宇，

人悦声欢聚院中。

长女乖觉懂分寸，

小儿憨傻露痴容。

（“苍宇”一词为学生填，本用“夜空”，但不如学生填的“苍宇”大气）

四季之美

2021年读部编语文教材五年级上册22课《四季之美》带学生下水作

白红紫晓空色美，
月雨虫流光景奇。
点点归鸦展翅去，
熊熊炭火暖廊西。

二、由入门而热衷，提升教师文化素养

诗教课程的设计与实施中，教师的课程专业素养是关键。学校诗教课程开发的过程，也是不断提升教师诗教素养的过程，因此，为教师设计循序渐进的诗教素养课程，是提升教师文化素养和文化影响力的关键。

教师诗教素养课程以楹联诗词课程研究与实施为指向，引导学科教师以楹联为切入点，以楹联之“小”为关键借力点，带动诗词，带入各领域文化，使学科教师在多学科平台上感悟联诗带来的艺术的、审美的、深层次的教化作用，以促进教师文化素养、逻辑思维能力的提升，促进教师专业能力发展，营造诗意校园的教与学氛围，实现“诗教”作用的最“大”化。

（一）以两个问题为引导，激发教师楹联情趣①

跟所有老师一样，我也有一个喜好，就是爱提问。我为同事们设计的诗教课程随着两个问题的抛出，层层深入地展开。

第一个问题：你认为，一位教师的魅力在哪里？（师答）

不知大家有没有注意到，习近平主席在历次国际会议的讲话与发言中都有一个突出的特点，就是中国经典诗词、名句引用很多。为什么会有这样的特点？其实，他是在告诉我们，也是在告诉世界，中国是五千年文明古国，我们的传统文化是我们的根，是我们做人做事、交流合作的思想引领。大家也看到了，他的发言征服了世界，他的系列政治主张和举措让他成为极具魅力的领导人。

因此，我想说的是，教师这一职业本身就承载着文化传承的使命，我们的魅力当然也应该从传统文化中来，从诗教中来。

① （一）（二）部分是本人为学校全体教师培训以及应邀为威海市火炬高技术产业开发区青年教师入职培训时的讲座内容节选。

第二个问题：你认为，生活中的才子或者说才女应该是怎样的？

师答：是出口成章，出口成联，见识广博，诗词典故信手拈来的人。

本来今天的活动，我想在小范围内进行，我原本让教导处拟定了一份名单，罗列一些在学校里涌现出的积极、阳光、好学、上进，富有正能量，能很好践行学校“协同教育”特色的教师的名字，形成一份名单。但是，走进学校的这几个星期，我发现有很多我们老师自己的孩子在这里上学。说心里话，人无完人，我也是有私心的。我看着这些孩子，我觉得，应该把这次活动的范围扩大起来。不为别的，就为我们自己的孩子，为让我们自己的孩子能成为生活中的才子“才女”，让他们获得更优质的教育。我的孩子，虽然现在在学校里学习还算不错，但他在传统文化方面收获得并不多。他上小学时我对传统文化研究不深，没有及时培养他的兴趣，到中学时，我从楹联研究打开一条路了，他学校没有这个氛围，所以他的兴趣就不高，在家里想给他渗透点儿，他又忙着写作业，根本没有多少时间跟你聊。因此，趁我们的孩子还在小学，或者还没有上学的时段，赶紧把他领进去，至少让我们的孩子到中考、高考答卷时，不至于在诗词鉴赏一类的题目中后悔莫及。当然，每位老师有每位老师的独特情况，我不敢断言你参加了活动就会怎样，但最起码这次活动有三点可取：第一，语文教师可以直接影响到在校的我们的孩子；第二，非语文教师可以在亲子交流的过程中影响到自己的孩子；第三，所有学科教师都可以借助这样的活动，在提升自己文化素养的同时，在一举手一投足中，提升自己的魅力，提高自己在学生、家长心目中的形象。

（二）以三个关键词，引导教师深度学习

关键词：楹联、吟诵、意象

1. 楹联的神奇

楹联“独有”“广泛”“凝练”。说它难，似乎难，因为它凝练；说它易，其实也简单，因为应用广泛，一个事物若能被广泛应用、雅俗共赏，那它一定不难，就像手机，无论有多少功能，皆有一键操作之特点。过去私塾六七岁的小孩就学它，倘若说我们老师来学有问题那也太难看了。楹联虽短小、简单，却是提升一个人文化素养的支点或者借助支点可撬起地球的杠杆，作用非同一般。一起来看，这是学生写的一个联句，能发现什么问题？

嫩绿寒冬草

“嫩”为草叶刚刚生发出的样子，是形容春天生命萌发的样子，联句中既谈到“寒冬”，又怎会有“嫩绿”草？可以改为“苍绿”或“翠绿”。这不仅是观察的问题，也是思维的问题。再看：

秋叶瑟瑟耸立开

这也是学生常常会出现在联句中的语言组合，感觉一下怎么样？是的，既是“瑟瑟”又如何“耸立”？如何做到“开”？观察能力、语感皆需关注。

还有“雨打花美，风吹柳摇”这副联也有问题。看上联“雨打花美”，花一向是娇嫩美丽可爱的代表，谈到“花”立刻能让我们想到的是“呵护”，所以我们的学生是“花朵”，我们要爱护他们。但联句中用了“打”，如此娇嫩的花一旦被“打”，必花瓣散落，倘若想表现“凄美”，这“打”得“美”又与“风吹柳摇”的悠然不相符。因此，此联的“美”必不是“打”出来的，而应是“细雨”“春雨”“飘落的雨”润出来的，是“轻洗”微尘后亮丽的“美”……所以，不要小瞧这小小的楹联，它小，反映的却是重要的语感问题，观察问题以及逻辑思维等问题。

可见，楹联虽小，却是可以直观反映一个人语文素养及相关能力等问题的反光镜。它既能帮助我们反观自己，培养自己的语感、思维，又能帮助我们培养学生的语感、观察力、逻辑思维等能力，一举多得！所以倡议大家，自今天起，每逢节庆日，把您转发别人编的贺信改成自己编的楹联贺信，互相发一发，也在微信群里发一发，接接龙，互相鼓励，互相督促，常写常练，您的素养一定能获得快速的提升。

2. 吟诵的魅力

吟诵是古人读书的方法，也是一种创作形式。我们看到的很多电视剧中都有吟诵，比如《三国演义》曹植被曹丕算计，继承王位无望后与杨修几人一起吟诗娱乐的情境；《红楼梦》中贾宝玉跟女孩们赛诗，宝玉说：“我已吟得一首，你们别跟我争……”吟诵在中国文人中盛传了几千年，直到1905年科举制度废除，全国崇尚西学，吟诵才慢慢消失，中国人从此只知朗诵，不知吟诵。谁来朗诵一下《诗经·小雅·鹿鸣》？（师读）读出什么感觉？一起来听一听它的吟诵：

诗经·小雅·鹿鸣

! — ! — ! —

呦呦鹿鸣，食野之苹。我有嘉宾，鼓瑟吹笙。

— — —

吹笙鼓簧，承筐是将。人之好我，示我周行。

听出什么感觉？（庄重、大气，迎宾）

《诗经》是我国第一部诗歌总集。《诗经》来自民间，相传是周天子为施政有参考，命采诗官采集而来。《诗经》分《风》《雅》《颂》三部分。《风》的作者大部分是贵族，也有少数平民、农民。《雅》《颂》的作者基本上都是贵族。[①]《雅》分《大雅》《小雅》，《大雅》比较偏重朝堂之作，《小雅》比较偏重个人抒情，因此，《小雅》跟后世文人诗关系比较密切。正面的文化精神更突出，比较集中地表现了文人士大夫的心态，即济世安民与现实困难之间的矛盾，还有他们对文化理想的执着追求。[②]《诗经·小雅·鹿鸣》是一首迎宾曲，典雅高贵，传达了周代的君子之风，展现主宾之间和乐融融的状态。所以刚才大家通过吟诵感受到了这种氛围，而朗诵却难以传递这种感觉。这就是吟诵的魅力。

再听一首诗的吟诵：

登鹳雀楼

王之涣

白日依山尽，黄河入海流。欲穷千里目，更上一层楼。

听出什么样的情感？比较低沉、忧愁。这首诗用的是“尤韵”。若是朗读，或许这种韵传递的感情色彩不很明显。吟诵要求韵字要读长，这一长就把“尤韵”悠长、舒缓、伤感的感觉放大了，我们就感受到了。事实上，诗作者王之涣遭人诬陷，不到三十岁就罢官，开始了一身抱负无处施展的漫游生活。他情绪低落，用尤韵写下这首诗实是情之所至，这在本书第四章《诗韵》课例中有详细介绍，此处不赘述。我们继续“吟诵”的话题，这两个例子告诉我们，吟诵不仅可以将汉字声音的意义放大，将诗人的情绪情感充分地展示出来，而且还可以帮助作诗的人在创作过程中更贴切地运用符合自己情绪情感的字或词。

再听一段吟诵：

声律启蒙·一东

云对雨，雪对风，晚照对晴空。来鸿对去雁，宿鸟对鸣虫。

三尺剑，六钧弓，岭北对江东。人间清暑殿，天上广寒宫。

① 徐健顺：《普通话吟诵教程》，广西师范大学出版社 2018 年版，第 318 页。

② 徐健顺：《普通话吟诵教程》，广西师范大学出版社 2018 年版，第 324 页。

什么感觉？美。《声律启蒙》本就是古代小朋友学习声韵的读本，吟诵不仅能让我们很清晰地感知、记忆对字、对词、对句的平仄，为我们学习创作楹联打好声韵基础，而且能通过抑扬顿挫的旋律美让我们学得快乐。

3. 联诗的意象

意象，就是寓“意”之“象”，是用来寄托主观情思的客观物象。换一句话说，意象就是一种文化符号，一个物象，几千年前的人们用它来代表什么寓意，几千年后一提到它大家就明白什么意思，这就是意象。所以，意象指向的是人的思维活动。而楹联诗词最重要、最基本的审美元素就是意象，因此，学习楹联诗词就是传承中华优秀文化，训练思维的过程。众所周知，“月”是一种意象，“床前明月光”“千里共婵娟”牵动着多少人的思乡情；前面《诗经·小雅·鹿鸣》中讲到的“鹿”也是一种意象，是品德美好的象征，据说鹿若遇到了肥美的草一定会呼唤同伴一起来吃，所以《鹿鸣》作为迎宾曲，是在夸赞来宾品德美好。还有杜甫《绝句》（迟日江山丽）一诗中“鸳鸯”“燕子”皆有爱情、家庭幸福美好之意；杜甫《绝句》（两个黄鹂鸣翠柳）中“翠柳”有青春美好、生机勃勃之意，“白鹭”代表富裕和安详。骆宾王咏的“鹅”也是一种意象，一种富有阳刚之气、昂首挺胸、独立自主的形象代表。……所以，郭沫若会写《白鹭》，张抗抗会写《天鹅》，多少人反反复复地写“月”……我们从楹联诗词中读懂了这些，我们就知道如何指导学生进行题材选择，我们的学生就知道自己作文该写些什么，自己说话该说些什么……

孔子曾说，不学诗，无以言。这诗，在今天看来，不仅指《诗经》，也指中华优秀传统文化长河中一切优秀的诗歌。这是我们文化的根，我们希望这根能够厚重我们的底蕴，滋润我们孩子的童年，成为我们自身成长和孩子未来人生幸福取之不尽、用之不竭的营养！

（三）10分钟微课，让教师成为楹联写手①

1. 教师楹联微课1.0版——学而时习之，不亦说乎？

逢年过节，大红对联让家家户户倍显喜气！你希望，自家门上贴出自己创作的对联吗？来吧！10分钟，教你成为对联写手！

缘起国学梦，情牵联籽香。这是我们的课题，也是一副对联。有人说，不

① 此微课在作者学校及兄弟学校的教师培训中使用，效果极好。

对，这是一副“楹联”，还有人会说它是一副“对子”。这三个名称，哪一个对呢？其实，三个名称都对！就像一个人有大名、小名一样。“对联”是正称，“楹联”是雅称，“对子”是俗称。对联主要有两部分，即上联、下联。逢年过节时，门上贴的对联，一般还要加一部分，就是“横批”。

对联的种类有很多。如果大家到网上搜的话，各种分法会让你眼花缭乱……对我们初学者来说，能按照用途大致了解一些就可以了——比如，春节张贴的对联，叫“春联”；结婚时的对联，叫“婚联”；给老人祝寿用的联，叫“寿联”；风景名胜地的联，叫“风景联”；店铺门上的联，叫“行业联”；朋友聚会，互相馈赠的对联，叫“题赠联”或“馈赠联”，等等。这里就不一一说明了。

对联有一个基本的特点，就是“对仗”。对仗与声律合在一起，有四个要求：字数相同、内容相关、词性相当、平仄相谐。对我们老师来说，前三个要求都没问题，第四个要求“平仄相谐”最关键！“平声”，用普通话的四声来对应，可以理解为“一声、二声”；“仄声”可以理解为“三声、四声”。一般对联的上联，也就是张贴时在右边的联，最后一个字一定是仄声，像“梦”，是四声，也就是“仄声”；下联（左边的联）最后一个字一定是“平声”，像“香”，是一声，也就是平声。我们再来看一看几个例子——

“健康美丽总相伴，知寒知暖步鑫源。”这是鞋店的联。上联最后一个字“伴”，四声，也就是仄声，下联最后一个字“源”是二声，也就是平声。

“寿比南山松不老，福如东海水长流。”这幅寿联上联最后一个字“老”是仄声，下联最后一个字“流”是平声。

“竹报平安，花开富贵。”这副春联呢？发现什么问题了？对，上联最后一个字是平声，下联最后一个字是仄声，恰恰颠倒了！这不是作者的错，而是张贴对联的人贴错了。

所以，知道对联尾字的平仄，还可以让我们在生活中避免闹出笑话！

那么，对联的平仄只关注最后一个字是不是就可以了呢？当然不是，但对于初学者来说，尾字的平仄最重要！等大家成了对联写手之后，我们再来探究其他字的平仄，你会很快成为对联高手！

对联的创作，一般可分三步走，有时会用到第四步。第一步，要围绕主题罗列词语。比如，我们想写一副关于“夏季”的对联。可以先想一想，夏季让你印象最深刻的景物及其特点是什么？有人会说“太阳”，因为夏季的太阳太厉害了，它炙烤着大地，整个世界都变得特别燥热。与“太阳”对应的，应该是“河水”了，因为它清波荡漾，凉爽怡人，恰好帮我们减轻了被太阳炙烤的痛苦。这样，相关的词语就罗列出来了。第二步，按一定的逻辑顺序梳理一下，串在一起，初稿就成了！看：

骄阳炙烤天地燥热，清水荡漾人浪欢乐。

第三步，对照要求进行修改。什么要求呢？当然是楹联创作四要求。字数没问题，内容也相关，词性呢？骄阳、清水都是名词，炙烤、荡漾都是动词，后面名词、形容词都没问题。平仄呢？上联最后一字“热”，没问题，下联最后一字“乐”，是仄声，这就需要修改了。最简单的方法，就是把这两个字去掉，前面的“燥”恰好是仄声，后面的“欢”恰好是平声。一副对联就写成了！

第四步，如果您追求完美，希望更好一些，还可以继续提炼，比如，把“燥”改为烦躁的“躁”，这样，“躁”和“欢”都变成了前面天、地、人、浪的状态了，两句都有拟人的味道在里面：

骄阳炙烤天地躁，清水荡漾人浪欢。

在对联创作中，我们通常会遇到的问题有哪些呢？大家看这幅联：

千里姻缘一线牵，百年恩爱双心结。

发现问题了吗？对，上下联的尾字都是平声。这叫“平仄相同”，怎么办？不用删，调整一下顺序就可以了，上联变成“牵一线”，下联改为“结双心”。

这一幅呢？

今有朵朵红花枝头笑，明有串串绿果满园香。

上下联的第二字都是“有”，这叫“同字相对”，是对联创作不允许的，改一个字就可以了。

这一幅：

石榴园林红似火，西瓜地里绿如玉。

虽然不是同一个字，但上下联倒数第二个字“似”“如”意思相同，这叫“合掌”，像手掌合在一起，是对联创作的大忌，改一个字，问题就解决了。

这一幅：

五谷进补身体壮，春光孕育万物生。

主要问题在数字上，这是“词性”问题！对联中，关于词性，尤其要注意的是，数字要对数字，颜色要对颜色，时间要对时间，方位对方位，因此，对应“五谷”，“春光”要改为“三餐”，后面顺下去就可以了。

以上问题若能自觉避免，做一名对联写手就没问题了。试一试，也以“夏季”为主题作一副对联，写出你家乡的特点，然后把你的作品发到你的“作业”中！

感谢您的参与与互动！

2. 教师楹联微课2.0版——对联写手升级，不亦欢乎？

打开这个视频，相信您已经看过“10分钟教你成为对联写手”的微视频。现在我们一起来回顾一下自己的收获：

对联的组成，主要有两部分，即上联、下联。春联，一般还有“横批”。

对联最突出的特点，就是对仗。对仗与声律合在一起，有四个要求：字数相同、内容相关、词性相当、平仄相谐。关于平仄相谐，我们主要讲了尾字的要求，即上联最后一个字必须是仄声，也就是普通话的三声、四声；下联最后一个字必须是平声，也就是普通话的一声、二声。为了方便，后面我们提到平声、仄声时就用这两个符号（平：—，仄：|）表示。

好了，现在来看一下上次我们安排的创作活动：以“夏季”为主题，写一副对联。一起看看我们的老师和学生的作品吧——

太阳黄灿灿，荷叶绿油油。（一年级　周凯博）

枝叶树上微微动，荷花池中渐渐开。（二年级　孙嘉鸣）

蝉鸣阵阵如琴乐，蝶舞翩翩似娇花。（四年级　刘晓宇）

滨城处处花竞美，商场时时果飘香。（五年级　姜文舒）

翠柳欣欣梳青鬓，锦葵灿灿绽金装。（语文教师　孙老师）

清波漾漾顽童戏，蝉语声声稚子捉。（数学教师　邹老师）

漫步沙滩细数贝壳点点，徜徉林海静听竹叶声声。（英语教师　戴老师）

非常感谢老师和孩子们创作得这么有意境的作品。那么，这些作品的格律怎样呢？我们一起来品评一下：

首先，关于对仗要求的“字数相同、内容相关”这两条都没问题。接下来看词性相当：一年级小朋友的太阳对荷叶，名词对名词；黄灿灿对绿油油，形容词对形容词，而且是颜色对颜色，没有问题。

再看其他作品，枝叶、荷花，树上、池中，微微、渐渐，接着往下看……大部分都没问题，只是倒数第二副联：

清波漾漾顽童戏，蝉语声声稚子捉。

“漾漾”与“声声”对不上，“漾漾”是动词，“声声”不是。这就要修改，把“声声”改为动词，实在有些难，改“漾漾”的话，两字重叠的词语中再没有比“漾漾”更恰当的，所以，换一种思路，将这两个词都改成形容词，变成：

清波潋滟顽童戏，蝉语悠扬稚子捉。

这样就好多了，不过，最后一个“捉”字，虽然词性没问题，但建议改为“迷”。稚子想捉蝉，无非是因为喜欢，喜欢到“捉”的程度，多少有侵犯的味道，而“迷”虽然也喜欢，却没有了侵犯。

再看最后一幅联：

漫步沙滩细数贝壳点点，徜徉林海静听竹叶声声。

词性没有大问题，但“漫步沙滩细数贝壳点点”有点像我们平时的说话，直白清楚，却少了对联的凝练，所以建议缩减一下，上联改为“漫数贝壳点点”，下联改为“静听竹叶声声”。接下来，看一看尾字的平仄。上联尾字都是仄声，下联尾字是平声，没有问题。

那么，其他字的平仄怎么看呢？中国楹联学会的蒋有泉会长教给我们一个办法——我们以王之涣《登鹳雀楼》中的首联为例说一说：

白日|依山|尽，黄河|入海|流。

先把联句划分成若干个词语，也就是若干个音节，每个音节最后一个字，就是这个音节的音节点。在对联中，相邻音节点的平仄要对替；上下两句对应的音节点的平仄要相反。

按照这个方法，我们来看一看刚才欣赏过的部分联作：

一年级周凯博小朋友的“太阳黄灿灿，荷叶绿油油”，先找音节点，再标出平仄，相邻音节点平仄对替，上下两句对应音节点的平仄要相反，这幅联，没问题。

再看这一幅：

枝叶|树上|微微|动，荷花|池中|渐渐|开。

音节点、平仄，哦，这副联相邻音节点的平仄没有对替！怎么改？最简单的办法就是把中间的平仄调一调，然后，“树上”可以改为“树间”；“池中”改为“池内”或者“池面”。现在再看，相邻的对替，上下的相反，也没问题了。

树间|枝叶|微微|动，池面|荷花|渐渐|开。

这一幅“翠柳欣欣梳青鬓，锦葵灿灿绽金装”没问题，这一幅“漫数贝壳点点，静听竹叶声声”也恰好合要求。

有老师会说，有时候我会糊涂，像这副联：

蝉鸣阵阵如琴乐，蝶舞翩翩似娇花。

后面三个字不知该怎样划分，怎么办？不用担心，我们可以借用私塾先生的方法，用“一三五不论，二四六分明”的原则，找到二四六字，按照“相邻对替、上下相反”的原则评一评。

蝉鸣|阵阵|如琴|乐，蝶舞|翩翩|似娇|花。

现在看，这幅联有一点小小的问题，下联第六字应该是仄声，可以把“娇”改为“锦”：

蝉鸣|阵阵|如琴|乐，蝶舞|翩翩|似锦|花。

这样平仄就对了！

好了，现在你会整体评价自己的对联了吗？那么，继续以“夏季”为主题，作一副完全符合对仗要求的联吧！如果你已经作了，也可以自评自改。当你改完，你会发现，自己已经登上一个新的台阶，对联写手升级了！

（四）教师诗教课程的三个层次

1. 第一层次：游戏对联

（1）游戏一：借词对句

《笠翁对韵》或《声律启蒙》被称为学联者的敲门砖。两本书随意取一本，便可借力进行积累或对对。比如：

晨对午，夏对冬，下晌对高春。青春对白昼，古柏对苍松。

我出“晨”，你可以对什么字？“午”。“夏”呢？“冬”。

夏天——冬季；

夏天热——冬季寒（不一定加反义词，是形容词就可以）；

夏天热似蒸笼——冬季寒赛冰窖。

具体的例子有很多，我就不一一列举了。

（2）游戏二：咬文嚼字

这个游戏其实就是两个字“修改”，好作文是改出来的，好楹联也是改出来的。如：

桃花红红美燕舞，柳树绿绿春牛耕。

“花”“红”，“树”“绿”相邻两个音节点平仄相同，改为：桃蕊红红春燕美，柳条绿绿老牛勤。

再如：和风吹绿叶，时雨润春苗

楹联创作对一些特别的词语，如颜色、数字、方位词等，处理得工整一些，联句才能出彩。这里“绿叶”有颜色，“春苗”没有，但苗与叶皆为绿色，不可能有第二个颜色，所以改为：和风吹新叶，时雨润春苗。

窗外叶萌花枝展，路边风拂草叶摇。

词性相当是四要求中的一条，这里“叶萌”的“萌”为形容词，“风拂”的“拂”是动词，改为：窗外叶萌花枝展，路边风暖草儿摇。

对教师来说，“咬文嚼字”一定要以学生原意为基础，切不可按自己的理解做修改。如学生作“黑色病魔来捣乱，白衣天使抗新冠”，联句虽不工整，但言语中自然流露孩子的天真与可爱。老师为了平仄将其改为“黑色病魔袭人间，白衣天使抗疫病”，“袭人间”三字一出，全没了孩子的可爱。

（3）游戏三：笔练对联

回想自己印象深刻的画面，找出至少6个描写它的词语，连词成联，表达你内心的感受。

2. 第二层次：品悟诗词

（1）品联悟情

“两个黄鹂鸣翠柳，一行白鹭上青天。”这是什么？是诗句也是联句。写了怎样的景？明丽欢快的景。再看：“窗含西岭千秋雪，门泊东吴万里船。”这又是什么？亦诗亦联。写了怎样的景？有淡淡的愁。

（2）品诗悟则

第一，悟结构。两联放在一起，是什么？诗。再看，从第一联到第二联，情绪发生了转折，因此，第二副联的上联也就是诗中的第三句在篇章结构上是“转”，前面两句分别是“起”“承”，最后一句是“合”。

第二，悟粘对。接着看“一行白鹭上青天，窗含西岭千秋雪”，这是什么？是诗中的两个句子，但不是联句。继续观察，二者是有联系的！除尾字外，其余上下对应的音节点平仄相同。这叫“粘对”，是从楹联到诗最关键的一步。

第三，悟韵。除此外，诗还有一个楹联没有的特点，大家早已知道，是什么？韵。唐朝以后产生的古诗叫近体诗，近体诗全都是押平声韵。不过今天我们来和学生一起学韵，我们用汉语拼音的韵即可。韵在诗中不仅有朗朗上口之用，而且有表意之用，一般开口度大的韵，情感色彩比较明朗，如《绝句》（迟日江山丽）；开口度小的韵，情感比较细腻，如《黄鹤楼送孟浩然之广陵》。

（3）品读悟词。读《渔歌子·西塞山前白鹭飞》，看看词，与楹联有什么联系？单句中平仄规律与楹联大致相似，三四句为一联。再看它与诗有什么联系？韵，一二五句押平声韵。有了联诗学习基础，学词就很简单了。词与联诗也有不同，最主要的就是长短不一，每句字数不同。

写首诗或《渔歌子》，描述自己感触深的一件事或一个画面。

3. 第三层次：联古和今

（1）吟诗悟则。我们品过联，品过诗，品过词，也作过楹联诗词。对于诗，还有很重要的一部分，需要我们细细品读。

吟诵《诗经·蓼莪》：

蓼蓼者莪，匪莪伊蒿。哀哀父母，生我劬劳。

蓼蓼者莪，匪莪伊蔚。哀哀父母，生我劳瘁。

什么特点？重章叠唱，偶句押韵。

吟诵《长相思·山一程》：

山一程，水一程，身向榆关那畔行，夜深千帐灯。

风一更，雪一更，聒碎乡心梦不成，故园无此声。

什么特点？重章叠唱，每句押韵。

朗读徐志摩《再别康桥》：

轻轻的我走了，正如我轻轻的来。

我轻轻的招手，作别西天的云彩。

什么特点？重章叠唱，偶句押韵。

朗读《童年的水墨画》溪边：

垂柳把溪水当做梳妆的镜子，山溪像绿玉带一样平静。

人影给溪水染绿了，钓竿上立着一只红蜻蜓。

忽然扑腾一声人影碎了，草地上蹦跳着鱼儿和笑声。

什么特点？偶句押韵。

古今诗词一脉相承，有迹可循。从某种角度讲，诗的发展如认识一个事物，开始与最后相对开放，中间相对严谨。

（2）游戏文字。写首现代诗歌，描写感触深的一件事或一个画面。

附录1　本校教师作品选例

节日联诗

端午感怀

彩绳系手驱瘟祛病，绿艾悬门去秽除邪。陈伟康（语文教师）

福临端午粽香酒郁家中聚，日照天中气爽风清户外游。辛晓佩（语文教师）

龙舟竞渡展楚风余韵，粽叶飘香忆圣哲先贤。程淳（数学教师）

艾叶香飘千户福，彩丝轻绕万家康。姜晓（数学教师）

中秋节

嫦娥起舞思明月，后羿挽弓庆太平。李云云（数学教师）

一杯浊酒齐相聚，万里人间共婵娟。苗丽莎（数学教师）

当空皓月逐花影，满巷龙灯闹中秋。许媛媛（数学教师）

中天皓月明世界，遍地笙歌乐团圆。时艳红（语文教师）

庆双节（2020年国庆中秋双节同日）

月明宇阔水山秀，民富国强桃李芳。张永杰（语文教师）

幸立民安国泰世，恰逢亲聚团圆节。韩伶（美术教师）

国庆恰逢蟹肥稻香日，中秋正遇秋高气爽天。武彩凤（英语教师）

人道中秋国庆双节乐，我言国富家和万事兴。季保刚（体育教师）

圆月中秋美，欢歌国庆连。姜楠（数学教师）

虞美人·中秋国庆双节至

婉婉老师（化名）（语文教师）

中秋国庆双节至，旖旎风光日。蟾宫娥影舞忠魂，素月清明朗照赞国勋。
异地疾疫应犹在，华夏难言败。举杯同祝凯旋安，更待九州黎庶共欢颜。

（这位青年教师刚来学校时，一听要学楹联诗词，跑到我办公室哭了，直说自己不会写。但到今天，每次有新的主题，她的作品总能出新，《虞美人》这个词牌学校并没有组织学习，她是自学并主动尝试创作）

联诗贺春

贺语声喧辞旧岁，张灯结彩迎新年。侯迎春（数学教师）
祥瑞金猪辞旧岁，多福玉鼠报吉春。王红（数学教师）
红梅绽放辞旧岁，白雪纷飞盼新春。曲维星（数学教师）
春风得意平安到，和气吉祥富贵来。于潇（数学教师）
东风拂面山川秀，归燕衔歌气象新。林荣荣（语文教师）
韶华不负福星照，日月奋发瑞气盈。王春美（语文教师）
丰年贺岁岁长久，瑞雪迎春春色浓。袁志辉（数学教师）
扫雪折梅辞旧岁，吟诗作赋庆丰年。于笑蕾（数学教师）

春盼

于凤凤（语文教师）

张灯结彩迎灵鼠，包饺烹汤庆新年。
情意绵长心田暖，春风和润神州安。

除夕

婉婉老师（化名）

烟花易逝青春去，霜雪长辞志气扬。
热气氤氲携水雾，觥筹交错传幽香。
顿知袭疫人心暖，渐看归春寒意藏。
户户思亲未眠意，家家守岁祈安祥。

新岁

李佳妹（语文教师）

金猪驱晦别庚岁，玉鼠纳新聚祥年。
凌雪逆行舍春宴，祈福守夜佑团圆。

元宵节

龙腾狮跃山河美，踏歌击鼓合家福。毕军涛（体育教师）

一轮明月迎佳日，万盏花灯庆元宵。张晓飞（数学教师）

佳日庆团聚，明月照花灯。徐菲（数学教师）

火树银花歌盛世，彩灯满月焕神州。王晓秋（语文教师）

清风暖日开春景，银月花灯贺上元。丛青山（语文教师）

彩灯高挂闹佳日，绿柳吐新迎福春。常虹娜（音乐教师）

主题联诗

“九月随感”教师同韵联

温和仲夏草花，飒爽金秋落叶黄。姜忠杰（语文教师）

飘香瓜果亲情暖，溢彩兰菊师爱宽。丛青山（语文教师）

飒飒秋风送信，绵绵书韵入心。王春美（语文教师）

翠竹笔挺劲头鼓，银月空明归宿孤。董晓君（语文教师）

齐心齐力齐圆复兴梦，同气同德同创卫生城。何颖颖（语文教师）

致抗疫英雄嵌名联

并肩鲁鄂战寒雨，携手医民沐暖阳。

——赠威海经济技术开发区凤林街道锦宏社区党委书记、居委会主任鲁越　胡秀丽（语文教师）

瘟君肆虐扰民怨，谷柏逆行救助恩。

——赠威海卫人民医院呼吸内科副主任谷柏　董银（美术教师）

仁心精艺迎新霁，诚信担当谱凯歌。

——赠威海市疾病预防控制中心检验科技师曲新艺　王文焱（语文教师）

众志成城除疫去，百花争艳庆春来。

——赠威海卫人民医院急诊科副主任、威海市第三批赴湖北医疗队成员仪庆春　毕明媛（语文教师）

喜迎十九大

千家齐奏和谐曲，万户共吟祥瑞歌。张艳艳（语文教师）

百姓同迎十九大，万民共绘锦绣图。艾宏悦（数学教师）

喜迎盛会，巧绘蓝图。徐菲（数学教师）

乘十九大春风贺一方秋韵，诵仲秋节明月迎二小新篇。郑晓峰（美术教师）

九州谱写辉煌曲，四海讴歌壮丽篇。高甜甜（语文教师）

九州同庆新时景，四海共迎盛世风。陈伟康（语文教师）

教师"忠义"主题职业随想

（"忠义"为我校百年校史精神，我校自 1913 年至 1948 年 35 年时间里，以"田村忠义学校"之名办学。1948 年冬被迫停课，1949 年春，以"田村完全小学"重新复课。2012 年更名为"威海高区第二小学"）

尽忠职守守三尺讲台培桃李，笃志内修修十载韶华塑师心。于凤凤（语文教师）

清风两袖春秋渡，忠正一生日月行。董晓欣（语文教师）

一身忠正润花着果，两袖清风助笋成竹。胡秀丽（语文教师）

崇文重教添新秀，培李栽桃谢导师。李云云（数学教师）

万众一心走协同路，百年二小传忠义魂。郑晓峰（美术教师）

颂教师

婉婉老师（化名）

育德乐耕耘，授业忘苦辛。
忠魂一生铸，清风两袖贫。
青丝尘笔染，霜发墨诗吟。
言行见传承，石瓦至匠心。

联诗话节气（立冬）

秋霜缀野清云尽，鸿雁鸣空残叶归。邵婉怡（语文教师）

青女掌霜雪，露水结白晶。王春美（语文教师）

柳落寒霜凄冷，菊黄温酒独酌。宋菲菲（语文教师）

寒雨扫平落叶，西风吹尽繁花。王文焱（语文教师）

立冬

王晓秋（语文教师）

万物安止入长梦，寒风刺骨双耳红。
丹叶归根静迎冬，黄花傲骨欢戏风。

初冬诗

初冬

李佳妹（语文教师）

云淡青山远，雾浓冬日温。
菊残魂尤健，荷尽志尚存。

初冬

董晓君（语文教师）

瑟瑟秋风冷，飘飘落叶寒。
枯枝老树傲，小径空山闲。

初冬

林荣荣（语文教师）

秋菊园内正傲放，冬叶枝间着金装。
鸟雀枝头犹欢唱，儿童场上锻炼忙。

初冬

姜忠杰（语文教师）

花草枯黄残菊傲，秋风飒飒落叶飘。
冬阳暖暖老翁钓，寒雨凉凉青竹摇。

附录2 作者为外校教师进行诗教能力提升培训案例两篇

缘随桃李梦 情系联花香

——威海葵园上海园西楹联教育分享

（30分钟）

今天非常荣幸，上海市浦东新区园西小学（本附录简称“上海园西”）姚星钢校长和威海高区实验小学（本附录简称“葵园实小”）袁海鹰校长共同为我提供了这样一个与大家共品联香的机缘。为了让我们的分享既轻松快乐，又能小有成果，我想请大家把座位调整一下，葵园的老师和园西的帅哥们一个对一个穿插着坐，也就是一位园西的帅哥旁边坐一位葵园的老师。请大家抓紧时间。（徐老师同步发纸笔）

一、破冰

现在给大家两分钟时间，两人一组互通姓名、学科等，做个了解。（两分钟）

二、示范

好了，请大家往大屏幕看。既然是楹联分享，我当然得先献献丑，这是我做的一副对联：

园园相和和联和情和大道，海海交融融气融力融星华。

“园”既是园西的“园”，也是葵园的“园”，两所学校，因为一字之缘，心手相牵，在交流与共享中，品味联香，燃放真情，同悟做人的大道、处事的大道、教育的大道。“海”既是上海的“海”，又是威海的“海”，还是袁海鹰校长的“海”，“星”是姚星钢校长的“星”，海水与海水交融时，融汇的不仅仅是彼此的气概、气度，富有个性的气息，还有彼此的力量，而这一切汇到一起，最终会形成一个强大的教育磁场，这场与天上的星光互相辉映，浑然一体，灿烂美丽。

三、讲授基本知识

接下来我们一起了解楹联的基本知识。（简介概念、结构、分类、创作要求）

四、寻规悟则

有老师可能说了，你这么讲，我懂了，但让我创作，还是不知道该怎么做！接下来，我再送给大家一个梯子——《笠翁对韵》或《声律启蒙》。这两本书哪一本都可以，它们都是学联者的敲门砖。

比如《笠翁对韵》，它有三个特点。一是可以积累大量同韵字，既可以帮助作联，又可以帮助作诗。二是教给我们用典故、用谐音。如“五微”中的“黄盖能成赤壁捷，陈平善解白登危”用了两个熟悉的典故；“二冬”中的“花萼楼间，仙李盘根调国脉；沉香亭畔，娇杨擅宠起边风”，“仙李”“娇杨”本指老子李耳和杨贵妃，但又同是两种树木。三是提供了大量的对对子的素材。我们可以积累，也可以借此发挥创作。比如：“天对地，雨对风，大陆对长空。”我出“天”，你可以对什么字？（地）高天？（阔地）雨？（风）大雨？（微风）（不一定加反义词，是形容词就可以）

再如《声律启蒙》“四支”：“戈对甲，鼓对旗，紫燕对黄鹂。”鼓对？（旗）擂鼓？（摇旗）擂鼓助威？（摇旗增势）紫燕翻飞？（黄鹂鸣叫）紫燕翻飞三五只？（黄鹂鸣叫七八下）紫燕翻飞绿柳间？（黄鹂鸣叫蓝天下）早春紫燕翻飞绿柳间？（傍晚黄鹂鸣叫蓝天下）

这个过程就是“对”。“对”的过程要注意两点，一是每新加一个词，其音节点平仄一定与前面最近的一个音节点平仄相反；二是相对应的词中，颜色必须对颜色，数量词必须对数量词，方位必须对方位，时间必须对时间。

具体的例子有很多，我就不一一列举了。

四、举一反三

关于对联创作，再讲两个字——修改（举例说明，本书第六章第三节已详细讲解，此处不赘述）。

五、随情小酌

接下来，就是各位才子才女们妙笔秀联的时刻。请大家结合自己头脑中的葵园印象，或者园西印象，写一副联，表达你对两校牵手的理解、祝愿，或者是未来前景的展望。可以两人创一幅，也可以自己创作，然后两人互相帮着修改。改好后，誊抄到作品纸上，我们将把大家的作品装订成册，它将是这次分享活动的美好记忆。

（老师们现场创作）

六、更上层楼

非常感谢大家的积极参与，真心祝贺大家，你们已经迈进楹联的大门了！今天开始，只要你能常练常对，比如，走到烟台，写一副；走到济南，再来一副；深有感触写一副，久久难忘写一副……你的楹联水平一定会快速提升。

当你达到一定熟练程度后，我们就可以进行第二层次的练习（课件出示），也就是平仄的细化、规范与提升。当然，如果有机会，我非常愿意与大家继续分享。再次祝愿我们两校，在姚校、袁校两位校长的带领下，“园园相和和大道，海海交融融星华”！（此联并不工整，但为了嵌入人名，暂不深究）

（2014 年 7 月）

现场作品举例：

清纯实小聚才气，温雅园西溢芬芳。（上海园西姚星钢、葵园实小林秀芳）

炎炎盛夏园西贵客乐享联韵，款款深情葵园师生喜迎嘉宾。（上海园西丁夏娟、葵园实小杜华）

棋乐融融传经典，葵香袅袅寄深情。（上海园西陈春、葵园实小吕玉静）

高朋齐聚话葵韵，贤士满堂品联香。（上海园西章爱民、葵园实小张维婷）

葵花向阳话童趣，杨柳高风慕真情。（上海园西孟晓军）

（现场创作，时间短，因此联作大多只能做到尾字平仄相反，其余音节点平仄尚做不到上下左右相邻点相反，但首次创作，已实属不易）

缘起国学梦　情牵联籽香

——与威海乳山第二实验小学教师分享

（半天）

非常感谢于校长给我这样一个机会与大家一起分享楹联诗词教与学。

【上半场：学创作】

一、心理破冰

我先自我介绍一下：我是 2011 年从零开始学习研究楹联创作与教学的。我开始实验的年级是一年级，虽然一年级学生词汇量非常少，教他们作楹联很难，但也正是因为这份难，让我可以缓缓地一小步一小步地进行尝试与琢磨；也正是因为这份难，我从一开始就不得不用心地研究如何才能化难为易、化繁为简进行楹联创作教学。2012 年我很幸运地借学校搭建的平台，认识了原中国楹联学会会长孟繁锦先生（已故）和副会长（那时是秘书长）肖良平先生。他们给予我们很大的鼓励。2014 年我的楹联作品有幸被收录到《当代楹联家大观》，同年被中国楹联学会授予“全国优秀楹联教师”称号。2016 年我调到威海高区第二小学，不到一年，也就是今年 6 月，威海高区第二小学成为“中国楹联教育基地”，全校教师不分学科都会作楹联。

跟大家聊这些，不是为了炫耀，而是想告诉大家，几年前的我跟在座的各位一样，对楹联创作与教学一无所知；一年前威海高区二小的教师也跟大家一样，对楹联一无所知，但短短一两个月以后，一切就都不一样了，所以，请大家相信，您也一定能学会楹联创作与教学。

二、学基础

接下来，我们一起了解一下楹联的基本常识。（简介名称、结构、分类、基本要求）

三、学创作

楹联创作说白了跟一年级小朋友的词语游戏没多大区别。我曾教过一个孩子，他到二年级的时候跟我说了一句话："老师，不管您让我们作什么联，我只要会组词、能找到恰当的词语，我就能作一副联。"其实，这孩子说的就是一个方法。我们一起来试试。比如，我们以"夏季"为题，创作一副联。（此内容在本书第六章第三节已详细讲解，此处省略，不赘述）

平时的创作与修改过程中，我们还会遇到一些问题，一起来看一看吧！（举例讲明几方面问题，突出方法，如调整顺序，查看是否同字相对，是否合掌，词性是否相当，尤其要注意颜色、时间、方位、数量词一定要相当）

四、现场创作

临近教师节，请用"我的节日"为主题，写一副对联，可以表达自己的从教感想，可以写自我成长的目标方向，也可以写过去几年自己的收获，还可以写对自己或对同行们的祝福……

我今天带了学校几位助教教师，他们会在下面与大家一起切磋完成，大家创作过程中有困难可以向他们招手示意。（威海高区第二小学助教团队成员分区域与威海乳山第二实验小学教师互动，协助创作）

（中场休息，筛选教师现场作品）

【下半场：研教学】

一、作品展示

非常感谢大家，这么短的时间每个人都创作了一副作品，真太给面子了！我们一起来欣赏大家的作品。（现场赏读）

二、研教学

1. 课堂教学

接下来，我们一起进入课堂教学部分。楹联创作教学的课堂大致有三类，一是分类创作，这与前面我们讲的楹联分类相关联；二是积累练习，这与《声律启蒙》相关联；三是节日专题，这与我们的常态生活相关联。

2. 分类创作

先来看第一类：分类创作。通常与学生关联较大的几类楹联，主要有风景联、行业联、题赠联。前两个一说大家就明白，我主要说说题赠联，通常大家比较喜欢在题赠联中嵌字，因为嵌进与对方息息相关的字，比如人名、地名、校名等会给对方一种亲切感，这种亲切会快速拉近双方的距离，比如：

竹翠节高根本固，葵金盘大志心纯。

这是前几年我在实验小学时我校与环翠区翠竹小学一起分享楹联教学时作的联，里面嵌进了实验小学"葵"文化的"葵"字和翠竹小学的"翠竹"两字。

寻寻觅觅园西路，笃笃实实名校行。这是我作的赠给上海园西小学的。这一副联用了叠字手法。

客入门庭门入客，福泽院舍院泽福。这是过春节时我作的送给客人的，这是一副回文联。

这里每一种形式都可以作为一节课的内容进入我们的课堂。

3. 积累练习

第二类积累练习，是借助《声律启蒙》或《笠翁对韵》而来的，可以直接从中出词对，比如：天——地，来鸿——去雁，三尺剑——六钧弓……

4. 节日专题

第三类节日专题，创作要求上依然是四条，内容为节日文化等。

5. 课堂教学流程

一般分五步走：温习对仗要求，认识联类特点，围绕主题拓展词汇，创作楹联，评价修改上交作品。

提示：对初学楹联的学生来说，不管哪个年级，有两点都是教师要关注的，即把握特点、丰富词汇。

6. 现场备课

现在请你设计一节楹联课，简要介绍教学流程及教学点拨关键点。（助教团队成员在各自区域巡回协助）

7. 现场分享

哪位老师愿意下来与大家分享你的教学设计？（分享、点评）

感谢大家的积极配合，祝愿我校在于校长的带领下，与楹联携手，与特色相伴，让国粹丰厚我们的底蕴，让文化点亮我们的生活！

（2017 年 9 月 2 日）

参考文献

1. 吕叔湘、朱德熙：《语法修辞讲话》，商务印书馆 1979 年版。

2. 王富仁、郑国民：《当代语文教育论争》，广东教育出版社 2006 年版。

3. 王力：《中国现代语法》，北京联合出版公司 2019 年版。

4. 徐健顺：《普通话吟诵教程》，广西师范大学出版社 2018 年版。

5. 于智荣：《对联写作与考试》，吉林文史出版社 2010 年版。

6. 刘太品、叶子彤主编：《联律通则导读》（增订本），中国诗词楹联出版社 2017 年版。

7. 中华人民共和国教育部编：《语文课程标准》，北京师范大学出版社 2011 年版。

8. 周绍华：《诗词写作入门与名篇赏析》，华南理工大学出版社 2011 年版。

9. 王淼：《安德森认知技能获得理论及其对教学的启示作用》，《内蒙古教育》2017 年第 24 期。

后　记

接触楹联，是从2011年秋季学期开始的。因为学校课程特色发展的需要，我被袁海鹰校长点名成为威海高区实验小学楹联教育研究的第一位正式实验教师。那时我是学校副校长也是威海市首届小学语文名师培养人选，尽管有畏难情绪，但是感觉责无旁贷，不能推辞这个“不可能完成的任务”。

于是，我在网上左查右找买来于智荣的《对联写作与考试》，边学边卖，零起点与学生一起学习楹联创作。磕磕绊绊一个学期，我们记住了书中涉及的《笠翁对韵》的一些典故，掌握了上下联尾字的平仄要求和词性要求，虽然创作的楹联并不完全符合要求，但我和学生开心得不得了，2012年4月，我们的第一份楹联小报出炉了。

也许是上天格外垂怜并不聪灵却认真执着的人。2012年6月，我们得到了中国楹联学会原会长孟繁锦先生（已故）在青岛的消息，于是，校长与我跟着得到消息的赵树然女士一路风尘赶到青岛。孟老见到我们很高兴，看到我们稚拙的楹联小报，不仅没有责备，反而大加赞扬，给予我们充分的肯定。那一次的见面给了我很大的鼓励，尽管知道自己的创作教学还只是照猫画虎，但我还是非常兴奋并充满信心。那年寒假前，我们创办了第一期由印刷厂印制的《校园楹联报》，敲锣打鼓地将报纸送到小作者的班级里；我们组建了教师文化建设小组，为学校每一位教师做了一幅嵌名联，写在自制的贺卡上送给大家，校长带头为我们喝彩，拿到贺卡的老师们也非常激动。与此同时，我的楹联作品被中国楹联学会收入《当代楹联家大观》，我也有幸成为中国楹联学会会员。次年6月，威海高区实验小学成为威海市首家中国楹联教育基地，一种小小的成就感在心底蔓延。从此，楹联创作便成为习惯伴随着我。悄然间，我发现，一向以理性自居的我开始对感性的诗词散文有了浓厚的兴趣，叶嘉莹先生的诗词讲座，康震、郦波等学者的讲坛深深吸引了我；更让我惊讶的是，我对过去自己很满意的写作观察指导开始有了质疑，我不会再泛泛地提示学生

“仔细观察……”而是引导学生观察景物此时与彼时、此景与他景的不同，或者景物自身的独特之处……不仅如此，我对过去一直苦恼的、读不懂的散文竟然有了一种莫名的亲切感，这种感觉改变着我，也激励着我……

2014年，我被中国楹联学会授予“全国优秀楹联教师”称号。2015年，在校长的带领下，我们成功申报了省级楹联教学研究课题，楹联课堂教学研究全面推开。次年，我幸运地成为山东省远程研修传统文化工作坊主持人，我的视野进一步扩大。我开始进一步梳理自己的课堂，并将自己在楹联课上的所得写成文章《联花含笑三点头》《联花吐蕊　对课传香》，分别发表在《威海教育》《文化大观》。2016年，我们的省级课题顺利结题，我也因工作需要调到威海高区第二小学担任副校长主持工作。

也许，冥冥中，我与楹联缘未尽……

威海高区第二小学是一所百年老校。但仅仅一个月，我便发现这里有明显的数学学科优势。语文教师专业素养、全体师生文化素养的提升以及百年老校文化根基的夯实，皆是面临的课题。怎样快速打开局面，领回属于这所百年老校的厚重文化底蕴？我想到了“楹联”，自我成长的经历告诉我，这是一个很好的切入点。

命运再一次带给我幸运，也同步带来了挑战。我幸运地在一次学习中遇到了著名吟诵专家徐健顺教授。徐教授的吟诵课打开了我对楹联及《声律启蒙》《笠翁对韵》等蒙学声韵经典著作的进一步理解与认识，这大大增强了我以楹联为点提升师生文化素养的信心。与此同时，挑战也很现实地摆在我面前：我还没正式推开楹联教学，就有胆大的青年教师对我说：“校长，您别难为我们了，我们实在是对不出楹联。”我没有退缩，反复思考之后，定下了“低起点，小台阶”的推进策略。我精心设计了五分钟的教师楹联创作入门课，以小学生喜爱的组词、连词游戏入手，像教小学生一样手把手教老师们创作楹联。老师们的表情从开始的抵触、狐疑，到眉心展开，语文老师作“弘扬民意生福运，歌颂党恩正新风”，体育老师作“大圣辞岁去，小凤迎春来”。大家开心大笑，喜悦的空气充盈室内，我即时点赞，同时也很欣慰：我成功激起了教师们楹联创作的兴趣！之后，我以一对一、面对面、手把手等方式，将教师创作修改、集体备课、编写教材、指导学生活动等，台阶放矮、放小，带着师生在课堂中、在生活里不断体验，反复感受楹联创作带来的惊喜，师生楹联学习与创作兴趣持续上升。仅半年，全校29个班全部推开楹联教学。2017年4月，威海高区第二小学成为全国楹联教育基地，中国楹联学会蒋有泉会长、肖良平副会长亲自来校为学校授牌，蒋会长还亲自为教师做“楹联知识与教学”专题讲座，肖良平副会长则为学校题联：“立德修身书山学海乾坤大，养心启智化雨春风气象新”“德艺兼修毓智仁上品，古今相济携真善雅行”。中国楹联学会顾问胡春奎先生，中国楹联学会会员、北京书法家陈靛先生等国家级、省市级楹联专家纷纷寄来贺联。2017 年暑期，我有幸在山东省远程研修传统文化工作坊主持人活动中汇报我的楹联教学研究工作，山东省教育科学研究院李文军副院长和各位专家极为赞赏，并派工作坊核心专家组成员林志芳博士为代表先行来校做进一步指导。11 月，学校成功承办山东省远程研修传统文化工作坊“传统文化与学科教学”现场会，得到省内教育同仁的一致好评。这次活动，我们的工作得到了李文军副院长、山东省教育科学研究院传统文化教育中心耿成义主任和林志芳博士的进一步肯定。传统文化工作坊的主管领导山东省政协常委、齐鲁师范学院副院长刘德增先生和山东省师训干训中心主任毕诗文先生、副主任刘文华女士亲临现场会，他们对我们的做法给予了高度认可，并提出很好的建议。我和老师们备受鼓舞，也进一步明白，当“低起点，小台阶”与“重兴趣，讲体验”相链接时，楹联教学便在师生的课堂中、生活中灵动起来。

2018 年，我有幸加入山东省教育学会名师名校长专委会，主攻“楹联”专题教育研究。从此，以“小楹联”之点撬起“大诗教”之面的工作成为我的研究重点。我开始带着老师从音韵、联诗关系等不同角度尝试将楹联与诗词教学、吟诵、国学经典阅读、现代散文经典阅读写作融合。山东省教育科学研究院课程专家张斌博士站在课程的高度，从逆向教学研究的角度对学校楹联诗词教学进行课程化梳理指导；徐健顺教授多次来校从音韵格律方面对学校楹联诗词教学及国学经典阅读做指导；林志芳博士则从古今诗歌链接的角度，将散文阅读与创作引进校园；威海市文联、威海市诗词楹联学会也将我校作为“文学创作基地”，为学校引进大量诗词界及联界大家，在共享专家资源的同时共同开展活动……楹联与诗词、散文在校园中深度对话，学校诗教逐渐立体丰满起来。师生开始走出校园，走上“迦陵杯 · 诗教中国”诗词讲解大赛、市级教学成果评选等的领奖台，走上“国学小名士”“校园朗读者”“现场作文大赛”的颁奖台，走上中国教育电视台“七彩读书郎”“月之华光”的舞台……10 月，我随威海市名师送教下乡团队赴青海省门源县为那里的师生执教示范课《初识对联》并分享经验《楹联，爱上语文的筑路石》，获得广泛好评；12 月，学校获“山东省传统文化体验教育优秀实验基地‘春秋课堂’”

称号。2019年，学校又获“山东省‘中华诗教’（经典诗文教育）联盟主持校”称号。2020年，新冠肺炎疫情暴发，我带领团队申报了省级疫情专题课题，并率先开发《品读杜诗》《以诗传情》等网络诗教课程资源，组织师生以联诗创作为抗疫英雄呐喊助威，我们发布的“联诗战疫”专辑被家长广泛转载，联诗成为一种力量激励着每一个人。与此同时，我将研究成果形成文字《疫情下小学家校协同的“中华诗教”网络教学策略》发表在《现代教育》。10月，在山东省教育科学研究院传统文化教育中心耿成义主任的亲自指导下，我们又成功承办了“诗教联盟”第一次线上研修会，我代表联盟执教了一节《绝句》创作指导课，将楹联与诗的亲缘关系化为学生跨越楹联创作与绝句创作的阶梯，降低了创作难度，学生参与度高，课堂生成丰富，受到一致好评，传统文化教育专家李文军先生、徐健顺教授、林志芳博士，山东省教育科学研究院车宗哲副书记，山东省教育科学研究院传统文化教育中心耿成义主任、王宝泉副主任，威海市教育教学研究院董绍才院长、吕朝阳副院长等参加了活动，作为评课专家的吕朝阳副院长借用叶澜教授评价好课的标准评价这节课“扎实、充实、丰实、真实”，线上观课的老师评价“难得一见的真实的好课”，并纷纷要求看回放。同年，我们的“小楹联　大诗教——小学联诗创作与多学科应用”课程获山东省优秀校本课程一等奖。2021年6月，林志芳博士、临沂市罗庄区的领导老师们如约相聚在我校，共同参与师生诗教课堂展示活动。现场异常活跃，学生们从一年级到五年级，无论接触过的楹联诗词创作、现代小散文创作，还是第一次接触的古诗重述，人人皆能当堂成稿，并现场互相评改……我开心地看到2016年暑期至今，我们从无到有开展楹联诗词教学研究的成果——学生不但能叙事，还能表真情；不但有诗思，还有诗家思维。“低起点、小台阶、重兴趣、讲体验”的楹联诗词教学策略已将“大诗教”带入校园，带到师生身边。

缘起国学梦，情牵联籽香。回想自己在“小楹联到大诗教”路上的缘，点点滴滴都离不开大家的指点与帮助，从上面列了名字的领导、专家，到没有提及名字的身边领导、专家，以及师生、家长、朋友们，都在用各自的方式鼓励我、陪伴我并成就着我。无以回报，仅以个人一路走来的学习收获及有限思考向大家表示感谢！

林秀芳
2021年7月